U0948402

黑龙江省教育厅人文社会科学研究项目(1254b007)
哈尔滨商业大学博士科研启动项目(13DW021)

基于信息化水平的制造业企业工艺创新能力体系构建与投融资研究

高　巍　著

中国财富出版社

图书在版编目(CIP)数据

基于信息化水平的制造业企业工艺创新能力体系构建与投融资研究/高巍著.
—北京:中国财富出版社,2015.8
ISBN 978-7-5047-5935-1

Ⅰ.①基…　Ⅱ.①高…　Ⅲ.①制造工业—工业企业管理—技术革新—研究—中国②制造工业—工业企业—投融资体制—研究—中国　Ⅳ.①F426.4

中国版本图书馆CIP数据核字(2015)第261998号

策划编辑　寇俊玲　**责任编辑**　齐惠民　谷秀莉
责任印制　方朋远　**责任校对**　饶莉莉　**责任发行**　敬　东

出版发行　中国财富出版社
社　　址　北京市丰台区南四环西路188号5区20楼　**邮政编码**　100070
电　　话　010-52227568(发行部)　010-52227588转307(总编室)
010-68589540(读者服务部)　010-52227588转305(质检部)
网　　址　http://www.cfpress.com.cn
经　　销　新华书店
印　　刷　北京京都六环印刷厂
书　　号　ISBN 978-7-5047-5935-1/F·2502
开　　本　710mm×1000mm　1/16　**版　　次**　2015年8月第1版
印　　张　19　**印　　次**　2015年8月第1次印刷
字　　数　415千字　**定　　价**　76.00元

序 言

在中国经济进入新常态的背景下，只有实现当前中国制造业产业结构的转型与升级，抓住新一轮产业革命的机遇，继续推动产业结构的深度变革与调整，从根本上提升制造业部门、实体经济的竞争力与效益，我国经济才能继续保持一个好的发展势头。

制造业是国民经济的主体和支柱，制造业企业在社会经济发展中占有极其重要的地位。对于现代制造业企业来说，工艺创新已经成为制造业企业获得竞争优势的核心来源之一，是制造业企业生存的根基与可持续发展的动力。随着信息技术的发展，信息化对制造业企业的影响日益深入，已逐步渗透到工艺创新环节。信息化改变了制造业企业工艺创新模式，重构了工艺创新过程，成为制造业企业进行工艺创新的强有力手段。

我国虽是世界制造大国，但制造业企业的工艺创新能力较弱，核心技术大部分依赖国外，在国际竞争中处于不利地位。通过信息化提高中国制造业企业的工艺创新能力，解决制造业企业工艺创新投融资问题，由中国制造变为中国创造，由制造大国变为制造强国，是中国制造业提档升级的关键所在。同时，在推进工艺创新发展的过程中，由于缺乏有效的投融资途径，制造业企业工艺创新活动面临着严重的资金短缺，如何解决制造业企业工艺创新投融资问题，已经成为各国政府、中外学术界和企业界普遍关注的问题。

高巍博士完成的《基于信息化水平的制造业企业工艺创新能力体系构建与投融资研究》一书，是她在负责承担的黑龙江省教育厅人文社会科学研究项目（项目编号：1254b007）和哈尔滨商业大学博士科研启动项目（项目编号：13DW021）的基础上，经过两年多系统深入的研究，以其博士论文为主体内容，经过修改、补充、完善而撰写的一部专著。该书对制造业企业工艺创新理论与投融资理论进行了有益探索，是一部视角独特、理论联系实际、体系完整、精心探索的好书。

高巍博士的这部专著，正是以制造业企业工艺创新为研究对象，基于系统的研究思路和研究框架，建立起了适合我国制造业企业特点的工艺创新能力体系与投融资的理论框架，研究内容包括信息化与制造业企业工艺创新能力关系分析、制造业企业信息化水平与测度研究、信息化水平对工艺创新能力影响机理研究、基于信息化水平的工艺创新能力形成路径研究、基于信息化水平的工艺创新能力体系构建与分析、基于信息化水平的工艺创新能力体系运行效果评价、基于信息化水平的工艺创新能力体系实证研究、制造业企业工艺创新投融资模式研究、制造业企业工艺创新投融资机制研究、提升制造业企业工艺创新能力策略研究等。作者在研究方法上本着继承与创新相结合、定量研究与定性分析相结合、理论研究与实证研究相结合的原则，在信息化水平对工艺创新能力影响机理、基于信息化水平的工艺创新能力形成路径、基于信息化水平的工艺创新能力体系构建、基于信息化水平的工艺创新能力体系运行效果评价、制造业企业工艺创新投融资模式、制造业企业工艺创新投融资机制等方面做了很多开创性的工作，形成了全面、系统的基于信息化水平的制造业企业工艺创新能力体系构建与投融资理论框架。作者勇于探索的学术精神，是值得称道和学习的。

高巍博士上述具有创新意义的研究工作，初步形成了基于信息化水平的制造业企业工艺创新能力体系构建与投融资的理论框架，是对我国制造业企业技术创新理论和投融资理论的进一步丰富和充实。希望该书能有力地推动我国制造业企业技术创新理论和投融资理论的发展。

《基于信息化水平的制造业企业工艺创新能力体系构建与投融资研究》一书即将出版，我由衷地为高巍博士感到高兴。该书很好地总结了作者前一阶段的研究成果，为进一步的研究奠定了坚实的基础。我相信，该书一定能够得到广大读者的喜爱和好评。真诚祝愿高巍博士在今后的科研求索中不断取得新的成果，硕果累累，永葆科研之树常青。

是为序。

李国义

哈尔滨商业大学

2015年6月

前 言

制造业是国民经济的主体，是立国之本、兴国之器、强国之基。改革开放以来，我国制造业持续快速发展，已经建成了门类齐全、独立完整的产业体系，有力推动了工业化和现代化的进程，显著增强了综合国力。然而，与世界先进水平相比，我国制造业仍然大而不强，在自主创新能力、资源利用效率、产业结构水平、信息化程度、质量效益等方面差距明显，转型升级和跨越发展的任务紧迫而艰巨。在以创新为特征的现代经济社会，企业在创新方面的竞争日趋激烈，工艺创新逐渐被视为制造业企业最重要的竞争优势之一，工艺创新能力已成为制造业企业建立核心竞争力的必备能力之一，是制造业企业在市场中取得和保持竞争优势的基础和保证。

新一代信息技术与制造业的深度融合，正在引发影响深远的产业变革，形成新的生产方式、产业形态、商业模式和经济增长点。各国都在加大科技创新力度，推动三维（3D）打印、移动互联网、云计算、大数据、生物工程、新能源、新材料等领域取得新突破。伴随着信息技术的迅速发展和广泛应用，先进的生产技术和信息系统在企业中的作用与日俱增，信息化改变了工艺创新模式，重构了工艺创新过程，对制造业企业工艺创新产生了深远影响。信息化与工艺创新的组合，进一步促进了企业降低成本、提高生产效率、降低能耗、减少环境污染，推动了企业工艺创新的进展。因此，本书从全新的视角，对基于信息化水平的制造业企业工艺创新能力体系与投融资进行研究，以期为我国制造业企业创新建设提供理论参考和实践借鉴。

本书的主要研究内容如下：

1. 基于信息化水平的制造业企业工艺创新能力体系的理论基础

首先，对制造业与制造业企业信息化的相关含义进行了概括和界定，其次，对制造业企业工艺创新能力的相关含义进行了界定，介绍了基于信息化水平的制造业企业工艺创新能力体系的相关基本理论，包括技术创新理论、企业能力理论、企业信息化理论、组织信息处理理论。通过理论基础的研究，为后面深入探讨基于信息化水平的制造业企业工艺创新能力体系做了铺垫。

2. 信息化与制造业企业工艺创新能力关系分析

在文献综述和相关理论的基础上，重点探讨了信息化对制造业企业和工艺创新能力的作用。首先，从信息化对制造业企业的作用分析展开，梳理分析了信息化是如何带动制造业企业发展的。其次，结合制造业的特殊性，从硬信息化环境和软信息化环境两个方面分析了制造业企业工艺创新所处的信息化环境。结合工艺创新的定义，从工艺设计创新和工艺管理创新两个方面对信息化环境下的制造业企业工艺创新的特点进行深入、全面的分析。最后，研讨了信息化对工艺创新能力的促进作用。

3. 制造业企业信息化水平与测度研究

本书回顾了制造业企业信息化和工艺创新能力的相关研究，主要针对基于信息化水平的制造业企业工艺创新能力体系的构建展开。为此，对制造业企业信息化相关含义进行概括，明确了制造业企业信息化的内容、特征、功能，并建立了制造业企业信息化水平测度框架。在此基础上，针对制造业企业信息化的特点，依据测度指标体系的设计思路和构建原则，提出了由企业人员信息化水平、产品研发信息化水平、生产制造信息化水平、经营管理信息化水平、企业商务信息化水平和企业信息化基础建设水平所组成的制造业企业信息化水平测度指标体系。考虑到单纯运用主观或客观赋权方法都难以做到准确和全面，提出了基于组合赋权的信息化水平指数测度模型。

4. 信息化水平对制造业企业工艺创新能力影响机理的研究

在企业信息化和工艺创新能力相关理论研究的基础上，界定了工艺创新能力的内涵，识别了工艺创新能力的特性，分析了信息化水平与工艺创新能力之间的互动关系，从工艺创新要素和工艺创新模式两个角度，剖析了制造业企业信息化水平对工艺创新能力的影响机理。基于工艺创新要素，从工艺创新人员、工艺创新资金、工艺创新信息、工艺创新设备等方面分析了信息化水平对制造业企业工艺创新能力的影响机理；基于工艺创新模式，从模仿工艺创新模式、自主工艺创新模式、合作工艺创新模式等方面分析了信息化水平对制造业企业工艺创新能力的影响机理。

5. 基于信息化水平的制造业企业工艺创新能力形成路径研究

本书分析了基于信息化水平的制造业企业工艺创新能力路径形成的动因，

其中包括制造业企业内部动力因素、制造业企业外部动力因素和工艺创新能力形成的阻碍因素，确定了基于信息化水平的制造业企业工艺创新能力路径形成的过程，将工艺创新能力形成模式分为内生型模式和外生型模式两种，继而以此为基础揭示了基于信息化水平的制造业企业工艺创新能力形成路径，为基于信息化水平的制造业企业工艺创新能力体系构建提供了理论基础。

6. 基于信息化水平的制造业企业工艺创新能力体系构建与分析

本书界定了基于信息化水平的工艺创新能力体系的内涵，阐述了基于信息化水平的工艺创新能力体系的目标与功能，提出了基于信息化水平的工艺创新能力体系的结构模型。基于静态的角度，在明确工艺过程的基础上，提出了工艺创新能力的构成，构建了由工艺创新基础能力、工艺创新投入能力、工艺创新实施能力和工艺创新产出能力组成的基于信息化水平的工艺创新能力体系；基于动态的角度，从动力机制、决策机制和激励机制三方面构建工艺创新能力体系的运行机制，探究了工艺创新能力体系的运行方式和机理。

7. 基于信息化水平的制造业企业工艺创新能力体系运行效果评价

对工艺创新能力体系运行效果评价的意义和目的进行了分析；在工艺创新能力体系构建的基础上，建立了工艺创新能力体系运行效果评价指标体系，其中包括工艺创新基础能力、工艺创新投入能力、工艺创新实施能力和工艺创新产出能力 4 个一级指标、10 个二级指标、38 个三级指标，并确定了各个具体评价指标的含义及计算方式；选择模糊神经网络综合评价模型作为评价方法，根据工艺创新能力体系的特点，提出了工艺创新能力体系运行效果的模糊神经网络综合评价模型。

8. 基于信息化水平的制造业企业工艺创新能力体系实证研究

选取哈尔滨锅炉厂有限责任公司（简称哈锅公司）为实证案例，对哈锅公司的信息化与工艺创新概况进行介绍；通过数据收集，对哈锅公司的信息化水平进行测度；详细解析了哈锅公司的工艺创新基础能力、工艺创新投入能力、工艺创新实施能力和工艺创新产出能力；通过数据处理，对哈锅公司的工艺创新能力体系运行效果进行评价，并对实证结果进行分析。

9. 制造业企业工艺创新投融资模式研究

通过对制造业企业工艺创新领域的具体实践的研究，总结归纳工艺创新投融资存在的问题及原因，探讨我国制造业企业工艺创新资金来源与融资方式，结合我国实际情况，构建我国制造业企业工艺创新的投融资模式，为我国制造业企业工艺创新的投融资探索一个框架性的解决方案。

10. 制造业企业工艺创新投融资机制研究

对制造业企业工艺创新投融资机制的内涵进行了论述，为了保证投融资模式构建完成之后能够顺利实施，保障制造业企业工艺创新活动的顺利推进，构建了制造业企业工艺创新投融资机制的结构，投融资机制主要包含财政引导机制、金融创新机制、法律保障机制、企业信用机制、风险共担机制、风险补偿机制等几部分内容。

11. 提升制造业企业工艺创新能力的策略研究

根据前面理论分析、模型验证以及实证研究的结果，针对我国制造业企业信息化建设和提升工艺创新能力的过程中所遇到的问题，结合国外信息化建设和工艺创新的发展趋势，从宏观层面（政府）、中观层面（行业）和微观层面（企业）提出利用制造业企业信息化手段提升我国制造业企业工艺创新能力的对策建议。

本书的特色与创新：

1. 提出了制造业企业信息化水平测度模型

针对我国制造业企业的特点，在分析制造业企业信息化水平测度指标体系的测度目标和思路的基础上，依据其具体的测度指标体系构建原则，构建出由企业人员信息化水平、产品研发信息化水平、生产制造信息化水平、经营管理信息化水平、企业商务信息化水平和企业信息化基础建设水平所组成的制造业企业信息化水平测度指标体系。考虑到单纯运用主观或客观赋权方法都难以做到准确和全面，提出了基于组合赋权的制造业企业信息化水平指数模型。

2. 揭示了信息化水平对工艺创新能力的影响机理

从工艺创新要素和工艺创新模式两个方面分析了信息化水平对制造业企业工艺创新能力的影响。一方面，制造业企业信息化扩展了工艺创新人员、工艺创新资金、工艺创新信息以及工艺创新设备等工艺创新要素，为培育工艺创新能力提供了智力支持、财力支持、信息支持与设备支持，促进了工艺创新能力的持续提高；另一方面，制造业企业信息化水平的不同会对制造业企业工艺创新模式的选择产生影响，从而影响不同的工艺创新能力的产生。

3. 提出了基于信息化水平的工艺创新能力形成路径

分析了基于信息化水平的制造业企业工艺创新能力路径形成的动因，其中包括制造业企业内部动力因素、制造业企业外部动力因素和工艺创新能力形成的阻碍因素，确定了基于信息化水平的制造业企业工艺创新能力路径形成的过程，将工艺创新能力形成模式分为内生型模式和外生型模式两种，继而以此为基础提出了基于信息化水平的制造业企业工艺创新能力形成路径。

4. 构建了基于信息化水平的工艺创新能力体系

首先，对基于信息化水平的工艺创新能力体系的内涵进行了界定，阐述了基于信息化水平的工艺创新能力体系的目标与功能，提出了工艺创新能力体系的结构模型；其次，基于静态角度，在明确制造业企业工艺过程的基础上，提出了工艺创新能力体系的构成，包括工艺创新基础能力、工艺创新投入能力、工艺创新实施能力和工艺创新产出能力，由此构建了 4 层架构的制造业企业工艺创新能力体系；最后，基于动态角度，从动力机制、决策机制和激励机制 3 方面构建了工艺创新能力体系运行机制，探究了工艺创新能力体系的运行方式和机理。

5. 构造了工艺创新能力体系运行效果的模糊神经网络综合评价模型

根据构建的工艺创新能力体系，建立了由工艺创新基础能力、工艺创新投入能力、工艺创新实施能力和工艺创新产出能力 4 个子系统组成的基于信息化水平的制造业企业工艺创新能力体系运行效果评价体系，并确定了各子系统的评价指标含义及计算方式；选择模糊神经网络综合评价模型作为工艺创新能力体系运行效果评价的方法；提出了工艺创新能力体系运行效果的模糊神经网络综合评价模型。

6. 构建了制造业企业工艺创新投融资模式及投融资机制

把投融资理论和工艺创新紧密地结合在一起，探索制造业企业工艺创新投融资过程，分析制造业企业工艺创新投融资过程中存在的问题及原因，根据我国制造业企业自身特点和工艺创新的现实情况，构建了制造业企业工艺创新投融资模式，提出了制造业企业工艺创新投融资机制。

本书对基于信息化水平的制造业企业工艺创新能力体系构建与投融资问题做了比较全面、深入的研究，为正确认识制造业企业信息化和工艺创新能力之间的关系、工艺创新能力体系构成要素之间的关系、金融与工艺创新关系提供了有效的理论依据，同时为相关部门科学决策和制定政策法规提供了重要的参考。本书的相关研究，得到了黑龙江省教育厅人文社会科学研究项目（项目编号：1254b007）和哈尔滨商业大学博士科研启动项目（项目编号：13DW021）的资助，在此一并感谢！由于作者水平有限，书中难免有不妥之处，敬请同行专家、学者和广大读者批评指正，以使本书的观点与理论可以不断修正、补充和完善，为促进我国制造业企业技术创新理论的发展贡献力量！

作　者

2015年6月

目 录

1 绪 论

18世纪中叶开启工业文明以来，世界强国的兴衰史和中华民族的奋斗史一再证明，没有强大的制造业，就没有国家和民族的强盛。制造业是为国民经济各部门简单再生产和扩大再生产提供技术设备的各制造工业的总称，制造业的现代化程度和发展水平直接关系到国民经济的发展速度、水平和质量。同时，也是一个国家或地区经济和科技实力的具体体现。打造具有国际竞争力的制造业，是我国提升综合国力、保障国家安全、建设世界强国的必由之路。

对于现代制造业企业来说，工艺创新已成为制造业企业获得竞争优势的核心来源之一，是制造业企业生存的根基与持续性发展的动力。21世纪以来，随着信息技术的快速发展，制造业企业信息化进程不断加快，先进的生产技术和信息系统对制造业企业工艺创新产生了深远影响，信息化与工艺创新的组合进一步促进企业提高生产效率、降低成本、降低能耗、减少环境污染，推动了制造业企业工艺创新的进展。随着经济全球一体化和制造业信息化的逐步实现及“中国制造2025”强国战略的实施，中国制造业在国民经济中的支柱地位将更加显著。在这一关键时期，加快制造业企业工艺创新步伐，特别是自主工艺创新，形成拥有自主知识产权的产品和核心工艺技术，培养自主品牌，是我国制造业企业在新一轮国际竞争中取得竞争优势的根本所在。对于我国制造业企业来说，机遇与挑战并存，压力与动力同在。

1.1 研究背景

制造业是国民经济的物质基础，是创造社会财富的支柱产业，综合体现了国家竞争力。制造业企业的竞争地位依赖企业的制造能力，制造业企业制造能力的最重要因素是工艺技术，因此，作为制造业企业技术创新重要内容的工艺创新是现代制造业企业发展中不可缺少的环节。但是，长期以来，重视产品创新而轻视工艺创新的行为和倾向在全球普遍存在。对工艺创新的重要性和紧迫性的认识不到位，不但严重制约着工艺创新的发展，而且也影响到制造业的发展。工艺创新能力不足制约了我国制造业的进一步发展，“中国制造”随处可见，“中国创造”却难觅其踪，我国只有“制造大国”之名，而无“制造强国”之实，虽为中国制造，实为他国创造。因此，提高中国制造业企业的工艺创新能力，变“中国制造”为“中国创造”，变“制造大国”为“制造强国”，成为我国制造业提档升级的关键所在。

1.1.1 制造业在国民经济中的地位和作用

物质财富是人类社会生存和发展的基础，制造是人类创造物质财富最基本、最重要的手段。制造业是对采掘工业和农业所生产的原材料进行加工或再加工及对零部件进行装配的工业的总称，即以经过人类劳动生产的产品作为劳动对象的工业，也就是将可用资源与能源通过制造过程，转化为可供人们使用或利用的工业品或生活消费品的行业。作为国民经济的物质基础和产业主体，制造业在推动国民经济发展、满足基本需要、吸纳就业人口、扩大对外贸易、促进技术创新等方面作出了巨大的贡献。制造技术的重要性，无论是在国家层面、产业层面，还是在企业层面，都是一个重要的议题。

1. 制造业是国民经济的重要组成部分

制造业是国民经济的基础产业，是国家竞争力的一个主要标志，它的发展直接影响到国民经济各部门的发展，也影响到国计民生和国防力量的加强。即使在知识经济时代，制造业与高科技紧密结合，仍将在国民经济生活中发挥基础性作用，因此，各国都把制造业的发展放在首要位置。美国 68% 的财富来源于制造业；日本国民经济总产值的 49% 左右由制造业提供。在先进的工业化国家中，约有 1/4 的人口从业于制造业，在非制造业部门中，又有约半数人员的工作性质与制造业密切相关。

纵观世界各国，无论是在发达国家，还是在发展中国家，经济的腾飞都离不开制造业，制造业在国民经济中都发挥着举足轻重的作用。其中，日本最具有代表性。第二次世界大战后，日本先后提出“技术立国”和“新技术立国”的口号，对制造业的发展给予全面的支持，并抓住制造业的关键技术——精密工程、特种加工和制造系统自动化，使日本在第二次世界大战后短短 30 年里，一跃成为世界经济大国。

与此相反，美国 20 世纪 50 年代以后，曾在相当长的一段时间内忽视了制造技术的发展。美国政府历来认为生产制造是企业界的事，政府不必介入。

而美国学术界则只重视理论成果，忽视实际应用，一部分学者还错误地主张应将经济重心由制造业转向高科技产业和第三产业，结果导致美国经济严重衰退，竞争力明显下降，在汽车、家电等行业不敌日本。

直到 20 世纪 80 年代，美国政府才开始认识到问题的严重性，白宫的一份报告指出：美国在重要的、高速增长的技术市场上失利的一个重要原因是美国没有把自己的技术应用到制造上。自此，美国政府在进行深刻反省之后，重新确立了制造业的地位，并对制造业给予了实质性的和强有力的支持，制定并实施了一系列振兴美国制造业特别是机械制造业的计划。其效果十分显著，至 1994 年，美国汽车产量重新超过日本，并重新占领了欧美市场。

再来看我国，近 10 年来，我国制造业持续快速发展，总体规模大幅提升，综合实力不断增强，不仅对国内经济和社会发展作出了重要贡献，而且成为支撑世界经济的重要力量。2014 年，我国工业增加值达到 22.8 万亿元，占 GDP 的比重达到 35.85%。2013 年，我国制造业产出占世界比重达到 20.8%，连续 4 年保持世界第一大国地位。在 500 余种主要工业产品中，我国有 220 多种产量位居世界第一。2014 年，我国共有 100 家企业入选“财富世界 500 强”，比 2008 年增加 65 家，其中制造业企业 56 家（不含港澳台），连续 2 年世界 500 强企业数仅次于美国（130 多家）。图 1－1 为 2001—2012 年 4 国制造业增加值变化曲线。

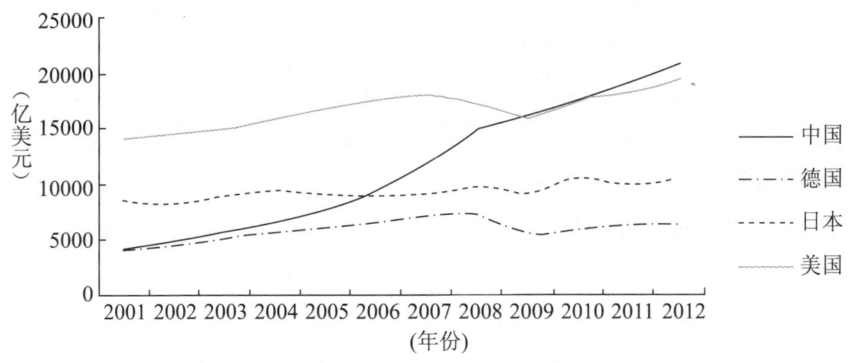

图 1－1　2001—2012 年 4 国制造业增加值变化曲线

近 10 年来制造业的快速发展，直接提高了我国经济发展的速度、质量和效益，增强了我国在全球化格局中的国际分工地位。从国内来看，新中国成立 60 多年来，我国工业增加值占 GDP 的比重由 1952 年的 17.6% 提高到

2014 年的 35.85%，增加了一倍多，促进我国工业实现了由小到大的历史性转变。同时，制造业企业上缴的税金也是国家税收和财政收入的重要组成部分。从这个意义上说，制造业是我国国民经济的脊梁。从国际对比来看，1990 年我国制造业占全球的比重为 2.7%，居世界第 9；到 2000 年上升到 6.0%，居世界第 4；2007 年达到 13.2%，居世界第 2；2010 年为 19.8%，跃居世界第 1。自 19 世纪中叶迄今，经历了一个半世纪的历程，我国又重新回到世界第 1 制造业大国的位置。

2. 制造业是先进科学技术的重要载体和发展动力

制造业是当今产业发展中技术含量最高的行业之一，从世界技术的发展来看，每一次技术革命都集中体现于制造业当中，在人类发展历史长河中，随着社会发展和技术进步，大多数传统产业要不断地采用先进技术与装备，使其产业升级的产品换代，并提升到新的水平。在世界经济一体化的推动下，传统制造业正在源源不断地汲取电子信息产业、新能源产业以及现代化高科技管理等领域的先进技术成果。这些新的技术成果为传统制造企业提高技术水平和生产效率提供了基础保证，也为传统制造企业发展成为高新技术产业提供了前提准备。由此可见，制造业是高新技术产业持续发展的支撑和载体，同时也为高新技术产业飞跃发展提供了驱动力。

3. 制造业是出口创汇的主力军

制造业是世界产业分工转移和调整的承接主体，决定着经济全球化趋势中的国际分工地位。2005 年，美国商品出口总额为 9040 亿美元，其中由美国制造商出口的商品价值为 7820 亿美元，几乎占美国出口总额的 2/3。而作为“亚洲四小龙”之一的新加坡，也一直将制造业作为其经济发展的主动力。1991 年以来，新加坡制造业对 GDP 的贡献率为 22%～26%。1991—2001 年，制造业产值从 760 亿新加坡元增加到 1350 亿新加坡元，年综合增长率为 5.9%。20 世纪 90 年代以来，我国制造业的外汇收入占总外汇收入的 70% 左右，出口量占出口总量的 80% 以上，创造了接近 3/4 的外汇收入，我国制造业的比较优势使得我国在国际分工中取得了有利的地位。另据资料显示，加入世界贸易组织（WTO）以来，我国制造业出口保持了年均 30% 以上的高速增长态势，2005 年外贸依存度已超过 70%。有关数据表明，从 1985 年起我国制造业比重逐年上升，初级产品逐年下降，目前工业制成品已经取代初级产品，达到 90% 以上的比重。中国已经成为在世界同行中具有竞争实力的制造业基地。

除此之外，我国现有的外资企业中，制造业企业占了七成，2004 年新批外资企业中，72% 的企业和 75% 的金额继续投向制造业，主要集中在通信设备、计算机、电子、通用和专用设备领域，集群化投资的特征明显。外资向我国制造业集中的结果，使得我国制造加工业日益融入到全球生产和营销的分工体系中，产品因此出现大规模跨国流动，成为世界贸易链条中的重要一环，极大地促进了我国制造业企业的出口。因此，只要外资继续向我国制造业投资的趋势不变，我国制造业对外贸易的主力军地位就不会动摇。

4. 制造业是国家经济安全和军事安全的重要保障

经济全球化和市场国际化是国际经济大潮流，我国国民经济发展所需的许多设备都可以从国外购买，但由于经济和政治的原因，发达国家一般不会将最先进的、最核心的技术给我们。有的外商只愿意向中国市场出口产品，而不愿意合作和转让技术；有的外商在国际产业结构大调整中把一些劳动密集型的产品转移到中国来生产，中方只是外方的一个生产车间，并不掌握核心关键技术，至于涉及国防领域的先进技术和装备，虽然“巴统”已不存在，但是仍严格控制向我国出售与军事有关的技术，有些民用的设备也有种种限制和监督措施。只有以我为主装备中国，才能逐渐真正实现跨越式发展，不断提高国力，使我国不仅是一个经济大国，而且真正成为经济强国。

5. 制造业是吸纳劳动力就业的重要途径

作为国民经济中的物质生产部门，制造业吸纳了大量的劳动力，其中一个主要的原因在于制造业需要更多的中间产品、资本设备以及服务，从而推动经济的深度发展。根据美国学者的计算，平均 1 个单位制造业的工作能通过直接与间接方式创造 4.2 个单位的工作。然而，平均 1 个单位的商业与个人服务工作只能产生 1.5 个单位的工作，而平均 1 个单位的零售贸易只能创造不到 1 个单位的工作。因此，制造业的兴衰，关乎就业机会的多少。2006 年 2 月，美国制造业就业人数约为 1430 万人，占总就业人数的 11%，而且制造业雇员的平均工资比其他产业高 23%。在日本，即使在制造业处于相对衰退时期的 1995 年，日本制造业企业的就业人数也达到了 1088.5 万人，占当年就业人数 6450 万人的 16.9%。

改革开放以来，我国经济取得了重大发展和变化，制造业吸收了将近一半的城市就业人口，农村剩余劳动力转移也有近一半流入了制造业。我国人口基数大，每年产生约 1000 万新增就业人口，约有 600 万下岗再就业职工等待就业，且需要转移 1.6 亿的农村剩余劳动力。一多半的城市就业人口服务于制造业领域，也有一半的农村富余劳动力流入了制造业。制造业肩负着为大批待业劳动者提供就业岗位的责任。从长远战略看，制造业在相当长的一段时期内仍然是国家发展战略的重中之重，加快农村城镇化水平建设，积极发展以制造业为主的第二产业将是解决我国就业问题的有效途径。

1.1.2 制造业核心竞争力及工艺创新能力

在经济全球化进程中，中国制造业正在迅速崛起，已逐步融入到全球经济竞争的大潮中。在世界经济竞争的舞台中，企业间的竞争日趋激烈。虽然中国制造业已经形成相当大的规模，但缺乏核心技术，整体的技术能力低，企业的信息化水平低，工艺和设计落后，装备制造水平低。“中国制造”产品由于质量、技术含量和价值量太低而导致其国际竞争力不强。中国制造业企业要想在世界制造业舞台上扮演重要的角色，就必须在竞争中求生存，在竞争中谋发展，必须在技术创新方面，尤其是工艺创新方面寻求出路，只有拥有了高新技术，具备了较强的核心竞争力，才能在激烈的竞争中最终立于不败之地。因此，培育我国制造业企业核心竞争力势在必行。

现代企业的核心竞争力是一个以知识、创新为基本内核的企业某种关键资源或关键能力的组合，是能够使企业、行业和国家在一定时期内保持现实或潜在竞争优势的动态平衡系统。企业核心竞争力可表现在企业的技术优势、战略决策、反应能力、产品制造、市场营销、组织管理等方面。简单地说，核心竞争力是一组力的集合，通过经验积累之外，创新能力是形成竞争优势的最重要动力和源泉。创新本身可以是企业的核心竞争力。美国著名管理学者杜拉克宣称：企业组织需要一个核心专长——创新。“海尔”如何由小变大，由弱到强？张瑞敏认为，最重要的因素是不断地创新。创新能使企业保持良好的竞争态势。在知识经济时代，企业能否快速发展已成为至关重要的因素，而不断创新则能保证企业不断适应快速变化的经济环境，发现新的利润增长点。

对于制造业企业来说，工艺创新能力是指企业在技术创新活动过程中所表现出来的工艺技术开发与转化的条件与力量。显然，企业工艺创新能力是决定一个企业核心竞争力的重要因素，同时也是培育、提升企业核心竞争力的关键。实践表明，雄厚的资本、悠久的历史、众多的员工不再是企业成功的必然因素，而成功的关键是要确立以工艺创新为中心内容的企业竞争战略。工艺创新对企业发展的作用是超常规、无法估量的。德国未能在汽车成本方面做得比日本好，却独辟蹊径，实施技术领先战略，使其发展的轿车柴油机喷射技术及发动机、自动变速器的控制技术超过了日本。即使像日本 JATCO 这样世界著名的自动变速制造商也要从德国引进 CVT 控制技术。可见，在当今激烈的市场竞争中，工艺创新能力是企业获得竞争优势的源泉，是企业竞争取胜之道。任何一个企业都应把工艺创新放在首要位置，以增强工艺创新能力来提高核心竞争力。

1.1.3 信息技术促进制造业企业创新跨越

所谓信息技术（Information Technology，IT），是指利用电子计算机和现代通信手段获取、传递、存储、处理、显示信息和分配信息的技术，通常是用于管理和处理信息所采用的各种技术的总称，主要包括微电子技术、光电子技术、通信技术、网络技术、感测技术、控制技术、显示技术等。伴随着信息技术的发展，信息化浪潮席卷了社会各个角落，各国纷纷推出自己的信息化政策，如美国的“国家信息基础结构”、日本的“Mandara 计划”、欧盟的“欧洲信息空间（EIS）计划”。信息化浪潮汹涌澎湃，正以迅不可挡之势深入到包括农业、制造业、采掘业、商业以及旅游业等在内的国民经济各个产业部门，并且在不同层面上促进着各个产业部门的急剧变革和加速发展，其中，最值得重视的，或者说应具有最高优先级的，当属制造业。信息技术与制造技术相融合，促进和提升了制造技术水平，给制造技术带来巨大的甚至是革命性的变化，为制造业带来了新的机遇和挑战。

考虑到我国制造业所面临的严峻挑战和信息化所带来的新的机遇，2000 年中央制定了制造业现代化和信息化的发展战略。十六大明确指出：“信息化是我国加快实现工业化和现代化的必然选择。坚持以信息化带动工业化，以工业化促进信息化，走出一条科技含量高、经济效益好、资源消耗低、环境污染少、人力资源优势得到充分发挥的新型工业化路子。”十七大首次提出了“五化”，即工业化、信息化、城镇化、市场化、国际化，并相应地成立了工业和信息化部。以信息化带动工业化是党中央在总结工业化历史经验、洞察世界信息革命发展趋势上做出的战略部署。作为贯彻信息化带动工业化战略的切入点，制造业的信息化因此备受关注。

2014 年，由工信部牵头，会同国家发改委、科技部、财政部、质检总局、工程院等 20 多个国务院有关部门，组织 50 多名院士、100 多位专家编制《中国制造 2025》规划，加快从制造大国转向制造强国的顶层设计。这新一轮的科技革命和产业变革的主要特征是信息技术与制造技术的深度融合。基于物联网的数据革命与能源、医疗、制造、交通、农业、媒体等相结合，会产生新的产品、新的业态、新的模式和新的技术，会产生巨大的产业影响力。比如移动互联网、物联网、云计算、大数据、机器人等新一代信息技术已经渗透到经济社会发展的各个方面，这一变革的趋势和核心就是制造业的数字化、网络化和智能化。《中国制造 2025》自始至终贯穿着应对新科技革命、推动信息化和工业化融合的思想理念和措施，要实现传统产业的转型升级，还要顾及整个产业创新能力的提升，实现高端领域的跨越式发展。

随着计算机技术、网络技术、通信技术等的出现，制造业企业信息采集、传输、处理和应用等方面开始全面应用信息技术这种新的信息处理手段，使企业能够将原来由人工进行的信息处理活动自动化，提高了信息处理的及时性和准确率；信息技术的发展使得制造业进入了以数字化设计、清洁化生产为特征的信息化生产阶段。制造过程从研发、设计、生产到销售整个过程广泛应用了多种信息技术，实现并行设计（CD）和网络设计、快速原型制造（RP）、虚拟产品开发（VPD）和虚拟制造（VM）、柔性生产（FP）、清洁生产（CP）和绿色制造，因此逐步实现制造业信息化、网络化和智能化，极大地改变了人类的生产和工作方式；信息技术出现后被广泛应用于制造业管理活动中，例如制造资源计划（MRPⅡ）、企业资源计划（ERP）、供应链管理（SCM）和客户关系管理（CRM）、电子商务（EB）、办公自动化（OA）等信息系统的应用实现了企业内部、外部管理的数字化，促进制造业企业重组和优化，提高了企业管理效益和水平。这些信息技术在制造业企业中得到广泛应用，极大地推动了制造业企业的跨越式发展。

1.1.4 制造业信息化推动工艺创新的实施

制造业企业信息化是一个系统工程，其本质上是人机合一的有层次的系统工程，包括企业领导和员工理念的信息化、企业决策和组织管理的信息化、企业经营手段的信息化、产品设计和加工应用的信息化。伴随着制造业企业信息化进程的加快，先进的生产技术和系统对企业工艺创新也产生了深远的影响，信息化与工艺创新的组合进一步促进企业提高生产效率、降低成本、降低能耗、减少环境污染，推动了企业工艺创新活动的进展。

可以说在经济全球化时代的现代，制造业企业的生产、经营、管理、创新等活动都离不开信息技术的支持，信息技术与制造业企业已经是形影相随的关系。例如，CAD 技术已经广泛应用到了制造业企业的产品设计中，大大缩短了产品开发周期。由于应用了信息技术、控制技术、计算机技术等，诞生了数控机床。不久的将来，一种基于互联网和计算机技术的智能化机床将会出现，它进一步延伸了人的脑力。换言之，智能化的机床可以发出信息并自行进行思考及调节。

信息化对于企业工艺创新的作用主要体现在：一是信息化有利于企业内部工艺创新的实施。随着企业信息化水平的提升，企业逐步实现了以“甩图纸”为标志的三维建模、分析仿真、工艺规划、数控加工以及质量控制等，推动了工艺技术创新、工艺设备创新和工艺管理创新。二是信息化有利于企业间工艺创新的合作。我国企业在参与国际和国内竞争中，与合作伙伴之间的工艺创新协作越来越密切。而信息化的实施能够实现企业间在工艺研发设计、工艺设备创新等跨企业主间的有效合作，以降低企业间工艺创新的协作成本和资源配置成本。因此，制造业企业作为信息化主体，如何促使信息技术在工艺创新中发挥使能器（Enabler）作用，促进企业工艺创新能力的快速提升，已成为当前制造业企业信息化与工艺创新研究领域的重要问题。

总之，制造业企业的工艺创新离不开信息化和信息技术的支持。在 CAD 等关键技术的应用下，制造业企业将真正实现全数字化设计；在 CAM 等技术拉动作用下，制造业企业将真正实现数字化制造；在工艺设计过程中，制造业企业利用 PDM 技术实现并行工程思想的应用，将极大提高产品设计效率和质量。随着信息技术在制造业企业中的全面应用，一种全新的数字化制造业企业就会出现在人们的视野中。

1.1.5 信息化与工艺创新结合的研究薄弱

国内制造业企业信息化与工艺创新结合研究的薄弱给本书留下了研究空间。国内致力于制造业企业信息化与工艺创新结合研究的学术论文不多，基本属于零散研究，缺乏系统性，研究主体不甚明确。由于学术研究与创新力度的欠缺，很长一段时期内，普遍可见的制造业企业信息化与工艺创新融合的文献仅以期刊和报纸中的通讯报道、领导讲话为主，这一现状直接导致国内众多技术创新政策领域内的学者对其了解不足，学术研究参与度低，无法满足建设制造强国的需要，也不利于制造业企业工艺创新能力体系的发展。一些地区的制造业企业信息化与工艺创新结合的实践已经走在理论前面。由于国外的信息化与工艺创新理论并不完全适用于中国，因此，迫切需要建立中国自己的制造业企业信息化与工艺创新结合理论，并对中国制造业企业信息化与工艺创新中存在的问题进行全方位研究。

在国内常见于报道的“工艺创新”一词，也存在许多先天不足，如忽视工艺与技术的区别，对工艺创新中“创新”的界定比较模糊，“工艺创新”界限比较模糊等问题，迫切需要从理论层面加以研究解决。

在制造强国建设背景下，迫切需要解决制造业企业信息化与工艺创新相结合的问题，包括理论和实践中存在的问题、宏观国家和政府层面的体制机制问题，以及微观工艺创新能力体系面临的困难，建立健全基于信息化水平的制造业企业工艺创新能力体系，推动制造业企业信息化与工艺创新结合又好又快发展，加快建设制造强国的步伐。

1.1.6 企业工艺创新投融资迫切需要创新

制造业企业工艺创新是一个融技术、经济、市场开拓、体制改革于一体的系统工程，是转变经济增长方式、提高经济增长质量的重要途径，同时也是增强综合国力、提高国际竞争力的决定性因素。为此，从 1996 年起，国家经贸委决定开始实施创新工程，而在实际实施过程中，存在一些亟待解决的问题，其中资金缺乏就是制约我国制造业企业工艺创新的瓶颈，所以，加快解决制造业企业工艺创新投融资问题，一直是国家实施创新工程的一个重要任务和措施。

随着社会主义市场经济步伐的加快，制造业企业工艺创新投融资的格局和环境也发生了变化。在市场经济体制中，企业是自主经营、自负盈亏的法人经济组织，具有独立投融资的决策权，为此，企业进行工艺创新的资金可以在市场上独立地筹措和融通，并且作为独立的投融资主体，企业还同时承担着投融资的责任和风险。同时，市场机制可自动调节、激励企业工艺创新投融资行为。工艺创新成功的高回报率驱动促进着企业工艺创新投融资，通过市场调节满足工艺创新投资者的物质利益和精神利益，同时通过市场法则的作用给企业及职工施加压力，迫使他们进行工艺创新的投融资。

中共中央、国务院在《关于加速科学技术进步的决定》中明确指出要发展高新技术及其产业，而工艺创新投融资机制的建立和完善是带动产业结构升级、大幅度提高劳动生产率和经济效益的一条根本途径，所以国家把发展高技术产业摆在优先位置，同时在财政、信贷等政策上给予扶持，这些都为建立和完善工艺创新的投融资机制提供了有利的政治环境。

经过 10 多年的改革，我国已逐步建立以中央银行为核心，政策性银行、商业银行及各种金融机构并存的金融体系，已逐步建立了股票市场、债券市场及法制化市场管理体系，技术及金融咨询服务机构的纷纷设立，B 股、H 股、股票存托证、可转股债券等金融工具不断创新和在市场上涌现，这一切都为企业工艺创新投融资创造了一个广阔的筹资环境。

近年来，我国自己培养或从国外留学归来的一些 MBA 人员，他们多是既懂技术，又懂经济、金融和管理的复合型人才，他们具有丰富的基础知识和较强的创造能力，熟知市场经济运行规则，善于捕捉市场信息，具有较强的应变能力和信息处理与应用能力，只要经过一定的培养，就可成为企业工艺创新投融资的经营者和主力军。

因此，在经济新常态的背景下，在经济转型升级过程中，为推进经济结构的战略性调整，加强薄弱环节建设，促进经济持续健康发展，迫切需要在制造业企业工艺创新领域进一步创新投融资机制，充分发挥社会资本特别是民间资本的积极作用。

1.2 研究目的和意义

1.2.1 研究目的

工艺技术是制造业企业科技第一生产力的基本要素，是产品研制生产的重要手段。因此，大力推进工艺创新，对于提高制造业企业核心竞争力，促进制造业企业升级具有重大意义。虽然库兹涅茨在 1932 年就提出“单纯的产品创新难以长期维持其效益的增长，必须依靠工艺创新”，但是，长期以来，重视产品创新而轻视工艺创新的行为和倾向在全球普遍存在，对工艺创新的重要性和紧迫性的不充分认识严重制约着工艺创新的发展，甚至影响到制造业企业乃至整个工业领域的发展。

本书研究目的在于通过研究制造业企业信息化水平的测度、制造业企业信息化水平对工艺创新能力的影响机理、基于信息化水平的制造业企业工艺创新能力形成路径，构建基于信息化水平的制造业企业工艺创新能力体系，对基于信息化水平的制造业企业工艺创新能力体系的运行效果进行评价，对基于信息化水平的制造业企业工艺创新能力体系进行实证研究，构建制造业企业工艺创新投融资模式，设计制造业企业工艺创新投融资机制等，最终初步形成基于信息化水平的制造业企业工艺创新能力体系构建与投融资理论框架，丰富工艺创新理论体系和投融资理论体系，为推动制造业企业信息化建设和促进工艺创新活动开展，提高制造业企业工艺创新能力，使制造业企业获得并保持竞争优势提供借鉴。

1.2.2 理论意义

研究基于信息化水平的制造业企业工艺创新能力体系构建与投融资问题，有助于理论界学者关注制造业企业信息化和工艺创新的研究，加深对二者关系的理解，为研究制造业企业信息化和工艺创新能力提供新的方法，丰富和整合企业信息化理论、工艺创新理论和投融资理论，具有重要的理论意义。

1. 丰富和深化了工艺创新理论

从信息化水平的视角对工艺创新活动和工艺创新过程进行分析，揭示了信息化水平对工艺创新能力的影响机理，提出了基于信息化水平的工艺创新能力形成路径模型，并据此对工艺创新能力进行进一步了解。信息化水平的引入，为工艺创新能力的研究提供了一个新的视角，对工艺创新能力理论的发展具有重要意义。

2. 整合和深化了企业信息化理论

针对国内外企业信息化水平测度过程中存在的局限性，并结合制造业企业信息化的特殊性，构建了由生产信息化和管理信息化所组成的制造业企业信息化水平测度指标体系；考虑到单纯运用主观或客观赋权方法都难以做到准确和全面，提出了基于组合赋权的信息化水平指数模型，对制造业企业信息化理论进行了整合和深化。

3. 深化了信息化与工艺创新能力关系的理解

虽然现有研究已经取得了一定的研究成果，但仍没有完全掌握制造业企业信息化与工艺创新能力之间的内在关系，尚未形成系统化的理论。应用企业信息化理论、动态能力理论和工艺创新理论，构建了基于信息化水平的制造业企业工艺创新能力体系，深化了对制造业企业信息化与工艺创新能力之间关系的理解。

4. 拓展了信息化与工艺创新能力的研究方法

运用企业核心能力理论、企业信息化理论、技术创新理论等，分析制造业企业信息化水平对工艺创新能力的影响机理，并运用技术路线图的方法研究了基于信息化水平的制造业企业工艺创新能力路径形成动因、形成过程及形成模式，据此构建了基于信息化水平的制造业企业工艺创新能力路径形成模型，这为进一步深入研究制造业企业信息化、工艺创新能力及二者关系提供了新的方法。

5. 丰富和充实了工艺创新投融资理论

针对制造业企业工艺创新投融资研究暴露的诸多不足，结合我国制造业企业实际情况，根据融资主体、融资渠道、主要资金来源等的不同，构建了制造业企业工艺创新投融资模式，探讨了制造业企业工艺创新投融资机制，这些具有理论依据的成果丰富和充实了工艺创新投融资理论。

1.2.3 现实意义

研究基于信息化水平的制造业企业工艺创新能力体系构建与投融资问题，从微观而言，可以为制造业企业信息化的建设和工艺创新能力的培育提供指导，从宏观而言，可以为政府制定政策提供依据，具有重要的现实意义。

1. 为制造业企业通过信息化提升工艺创新能力提供指导

本书的研究将为制造业企业信息化建设和工艺创新能力的培养提供一套科学的管理理论与方法体系，用以指导制造业企业抓住信息化的有利机遇，通过信息化建设提升自身的工艺创新能力，从而为制造业企业提档升级提供理论指导和方法支持。对于信息化水平不高，工艺创新能力又有限的我国制造业企业，本书的研究更具重要的现实意义。

2. 为金融服务促进工艺创新有序、健康发展提供理论指导

广大制造业企业已经充分认识到工艺创新是关系企业生存发展的大事，但是面临着企业自身创新能力不足、融资艰难、投入不足、人才缺乏等困难，工艺创新投融资体系的发展很大程度上可以解决这些问题，从而使广大制造业企业走上良性发展的轨道。因此，本书的研究探索了科技资源与金融资源对接的新机制，引导社会资本积极参与工艺创新，提高财政资金使用效率，为促进制造业企业的成长和工艺创新能力的提升提供了理论指导。

3. 为政府科学制定提升工艺创新能力策略提供理论依据

中国虽是世界制造大国，但并非制造强国。我国制造业企业要赶超发达国家，就必须增强制造业企业自主创新能力，实现制造业产品结构调整和产业升级。而为了实现这一目标，制造业企业必须紧紧依靠技术创新，其中主要包括工艺创新。因此，本书的研究将为我国政府及相关部门科学地制定工艺创新策略，以提升我国制造业企业的工艺创新能力提供依据。

1.2.4 研究价值

本研究成果是通过对基于信息化水平的制造业企业工艺创新能力体系构

建与投融资问题的深入、系统的研究，了解基于信息化水平的制造业企业工艺创新能力体系的运行规律以及发现制造业企业工艺创新过程中存在的深层次问题，并构建出科学合理的基于信息化水平的制造业企业工艺创新能力体系，探讨制造业企业工艺创新投融资问题，向政府相关部门、机械制造工艺协会，也为技术创新中介机构、广大创新性制造业企业制定促进制造业企业信息化与工艺创新体系的政策与策略提供决策依据。同时，本研究也为学术界进行制造业企业信息化与工艺创新相结合的研究、为工艺创新投融资问题提供一定意义上的学术参考。

制造业企业信息化与工艺创新是两套体系，分属不同的管理部门，涉及政府部门、科研院所、中介机构、广大制造业企业，在实践中容易割裂，解决好这个问题，可以从根本上改善我国目前制造强国建设的现状，使经济发展更有活力，经济质量明显提高，经济结构更加优化。

1.3 研究内容和方法

1.3.1 研究内容

本书在对国内外研究进行分类梳理之后，首先对制造业企业信息化、工艺创新能力以及信息化与工艺创新能力、金融与工艺创新之间的关系等方面的国内外研究现状进行了分析及评述，在此基础上，本书主要进行了以下几方面的研究。

1. 基于信息化水平的工艺创新能力体系构建与投融资的理论基础

首先对制造业与制造业企业信息化的相关含义进行了概括和界定，然后对制造业企业工艺创新能力的相关含义进行了界定，介绍了基于信息化水平的制造业企业工艺创新能力体系构建与投融资的相关基本理论，包括技术创新理论、企业能力理论、企业信息化理论、组织信息处理理论、投融资理论。通过理论基础的研究，为后面深入探讨基于信息化水平的制造业企业工艺创新能力体系构建与投融资问题做好铺垫。

2. 信息化与制造业企业工艺创新能力关系分析

在文献综述和相关理论的基础上，重点探讨了信息化对制造业企业和工艺创新能力的作用。首先，从信息化对制造业企业的作用分析展开，梳理分析了信息化是如何带动制造业企业发展的。其次，结合制造业的特殊性，从硬信息化环境和软信息化环境两个方面分析了制造业企业工艺创新所处的信息化环境。结合工艺创新的定义，从工艺设计创新和工艺管理创新两个方面对信息化环境下的制造业企业工艺创新的特点进行深入、全面的分析。最后，研讨了信息化对工艺创新能力的促进作用。

3. 制造业企业信息化水平与测度研究

结合我国制造业企业信息化水平的特征，在分析制造业企业信息化水平测度目标与思路的基础上，依据其具体的测度指标体系构建原则，分层设定了制造业企业信息化水平测度指标。同时，考虑到单纯运用主观或客观赋权方法都难以做到准确和全面，提出了基于组合赋权的制造业企业信息化水平指数模型。

4. 信息化水平对工艺创新能力影响机理研究

基于工艺创新要素，从工艺创新人员、工艺创新资金、工艺创新信息、工艺创新设备等方面分析了信息化水平对工艺创新能力的影响机理；基于工艺创新模式，从模仿工艺创新模式、自主工艺创新模式、合作工艺创新模式等方面分析了信息化水平对工艺创新能力的影响机理。

5. 基于信息化水平的工艺创新能力形成路径研究

分析了制造业企业工艺创新能力路径形成的动因，其中包括制造业企业内部动力因素、制造业企业外部动力因素和工艺创新能力形成的阻碍因素，确定了基于信息化水平的制造业企业工艺创新能力路径形成的过程，将工艺创新能力形成模式分为内生型模式和外生型模式两种，继而以此为基础，揭示了基于信息化水平的制造业企业工艺创新能力形成路径。

6. 基于信息化水平的工艺创新能力体系构建与分析

对基于信息化水平的工艺创新能力体系的内涵进行了界定，阐述了基于信息化水平的工艺创新能力体系的目标与功能；基于静态的角度，在明确工艺过程的基础上，提出了工艺创新能力的构成，构建了由工艺创新基础能力、工艺创新投入能力、工艺创新实施能力和工艺创新产出能力组成的基于信息化水平的工艺创新能力体系；基于动态的角度，从动力机制、决策机制和激励机制三方面构建工艺创新能力体系的运行机制，探究了工艺创新能力体系的运行方式和机理。

7. 基于信息化水平的工艺创新能力体系运行效果评价

对工艺创新能力体系运行效果评价的意义和目的进行了分析；建立了工艺创新能力体系运行效果评价指标体系，其中包括工艺创新基础能力、工艺创新投入能力、工艺创新实施能力和工艺创新产出能力 4 个一级指标、10 个二级指标、38 个三级指标，并确定了各个具体评价指标的含义及计算方式；选择模糊神经网络综合评价模型作为评价方法，提出了工艺创新能力体系运行效果的模糊神经网络综合评价模型。

8. 基于信息化水平的工艺创新能力体系实证研究

选取哈锅公司为实证案例，对哈锅公司的信息化与工艺创新概况进行介绍；基于建立的制造业企业信息化水平测度指标体系，通过数据收集，对哈锅公司的信息化水平进行测度；基于制造业企业工艺创新能力体系构建的研究内容，对哈锅公司的工艺创新基础能力、工艺创新投入能力、工艺创新实施能力和工艺创新产出能力进行了详细解析；基于制造业企业工艺创新能力体系运行效果评价所建立的评价体系，通过数据处理，对哈锅公司的工艺创新能力体系运行效果进行评价；最后对实证结果进行了详细分析。

9. 制造业企业工艺创新投融资模式研究

通过对制造业企业工艺创新领域的具体实践的研究，总结归纳工艺创新投融资存在的问题及原因，探讨我国制造业企业工艺创新资金来源与融资方式，结合我国实际情况，坚持市场化投融资机制与政策性投融资机制相结合、坚持满足不同成长阶段的制造业企业工艺创新融资需求、坚持有利于降低制造业企业工艺创新过程中的不确定性、坚持兼顾模仿工艺创新投融资和自主工艺创新投融资的原则，构建我国制造业企业工艺创新的投融资模式，为我国制造业企业工艺创新的投融资探索一个框架性的解决方案。

10. 制造业企业工艺创新投融资机制研究

对制造业企业工艺创新投融资机制的内涵进行了论述，工艺创新投融资机制包括物化的基本构件和无形的运行机理。为了保证投融资模式构建完成之后能够顺利实施，保障制造业企业工艺创新活动的顺利推进，构建了制造业企业工艺创新投融资机制的结构，投融资机制主要包含财政引导机制、金融创新机制、法律保障机制、企业信用机制、风险共担机制、风险补偿机制等几部分内容。

11. 提升制造业企业工艺创新能力的策略研究

根据前面的理论分析、模型验证以及实证研究的结果，针对我国制造业企业信息化建设和提升工艺创新能力的过程中所遇到的问题，结合国外信息化建设和工艺创新的发展趋势，从宏观层面（政府）、中观层面（行业）和微观层面（企业）提出利用制造业企业信息化手段、提高投融资效率来提升我国制造业企业工艺创新能力的对策建议。

1.3.2 研究方法

本研究基于企业信息化理论、组织信息处理理论、企业能力理论、技术路线图理论、技术创新理论、复杂系统理论、投融资理论，应用了管理学、经济学、社会学、行为学、统计学等多个学科领域的研究理论与方法，结合了定向性研究的理论分析、定量研究的实证分析等手段对基于信息化水平的制造业企业工艺创新能力体系构建与投融资问题展开了综合、全面的研究。重点采用以下研究方法。

1. 文献分析法

文献分析是开展基础理论研究的前提，也是进行所有管理研究的最基本、最重要的研究方法。文献分析主要是对需要研究的对象检索其所有相关文献资料，并按照研究时间、研究主题等内容对文献进行阅读、剖析、总结、归纳，并为接下来的研究工作提供充分的理论支持。本书对制造业企业信息化、工艺创新能力、信息化与工艺创新能力关系、金融与工艺创新关系的研究分别做了文献综述。其中，在信息化与工艺创新能力关系的研究综述工作中，通过检索所有信息化与工艺创新能力关系的文献，按照不同的主题、研究方法对文献进行了综述，发现当前学者们对信息化与工艺创新能力关系研究的侧重点及研究的不足之处，这为后续开展信息化与工艺创新能力关系的理论研究提供了理论基础与研究思路。

2. 问卷调查法

问卷调查是获取大量企业信息的重要手段之一，是在社会调查研究中使用广泛的研究工具。在研究中，通过问卷调研收集了研究所需的一手数据资料。问卷调查主要历经了问卷设计、问卷修改和问卷调研三个阶段。首先，问卷的初步设计主要是在已有相关研究量表的基础上，结合本研究的背景和内容，对其进行修改，形成初稿；其次，请教相关研究专家和学者多次讨论修改，并与企业多次初试，形成基本稿；最后，通过预调研获得的数据的信度和效度检验，再次修改形成正式问卷。正式问卷形成后，通过多方渠道发放和回收，最终完成了问卷调查。

3. 深度访谈法

为了切实了解我国制造业企业目前信息化和工艺创新的进展情况，探知实践中影响和促进制造业企业进行工艺创新的因素有哪些，借助相关调研项目的支持，通过非标准式的面谈对制造业企业高层管理者进行了深度访谈，获知企业管理者对信息化和工艺创新的认识，制造业企业是否进行了信息化和工艺创新，以及工艺创新中存在的问题或成功的经验或没有进行工艺创新的理由等信息，这有助于提炼影响我国制造业企业信息化和工艺创新的因素，并完善已有研究理论分析得出的制造业企业信息化和工艺创新影响因素。

4. 规范分析与实证分析相结合的方法

运用规范研究方法，结合技术创新理论、企业核心能力理论等，分析制造业企业工艺创新能力的特征以及构成要素、形成路径，并提出基于信息化水平的制造业企业工艺创新能力体系的框架。同时，通过大量调研资料，实证分析了基于信息化水平的制造业企业工艺创新能力体系中的信息化水平测度、能力体系构成及运行效果评价等，从而使得基于信息化水平的制造业企业工艺创新能力体系的建立与运行更具有实用价值。

5. 定性与定量相结合的方法

在研究的过程中，本书对制造业企业信息化水平概念的界定、制造业企业信息化水平对工艺创新能力的影响机理、基于信息化水平的制造业企业工艺创新能力形成路径、基于信息化水平的制造业企业工艺创新能力体系构建、制造业企业工艺创新投融资模式、制造业企业工艺创新投融资机制等采用了定性分析的方法，对制造业企业信息化水平的测度、基于信息化水平的制造业企业工艺创新能力体系的运行效果等采用了定量研究的方法。这种定性分析与定量研究相结合的研究方法渗透于研究的全过程，保证了理论研究的科学性。

6. 系统研究法

在建立基于信息化水平的制造业企业工艺创新能力体系的理论体系时，强调完整性和全面性，将基于信息化水平的制造业企业工艺创新能力体系作为一个整体进行系统研究，运用系统理论并结合制造业企业信息化对工艺创新能力体系进行深入剖析，并将基于信息化水平的制造业企业工艺创新能力体系作为一个整体进行评价，对制造业企业工艺创新投融资机制进行系统研究，运用综合决策方法，结合我国具体国情，提出完善的提升制造业企业工艺创新能力的对策建议，使制造业企业工艺创新能力体系更加系统化。

1.3.3 技术路线

分析了信息化与制造业企业工艺创新能力的关系，结合制造业企业的特点，对制造业企业信息化水平与测度进行了研究。基于工艺创新要素和工艺创新模式两方面，分析了信息化水平对工艺创新能力的影响机理。从形成动因、形成过程、形成模式等方面，分析了基于信息化水平的制造业企业工艺创新能力形成路径，提出了基于信息化水平的制造业企业工艺创新能力路径形成模型。在上述工作的基础上，构建了基于信息化水平的制造业企业工艺创新能力体系。通过建立工艺创新能力体系运行效果评价指标体系和评价方法，对工艺创新能力体系的运行效果进行了评价，并进行了案例分析。根据我国制造业企业自身特点，构建了制造业企业工艺创新投融资模式，设计了制造业企业工艺创新投融资机制。针对理论分析和实证研究的结果，提出提高制造业企业工艺创新能力的对策建议。本书的技术路线如图 1－2 所示。

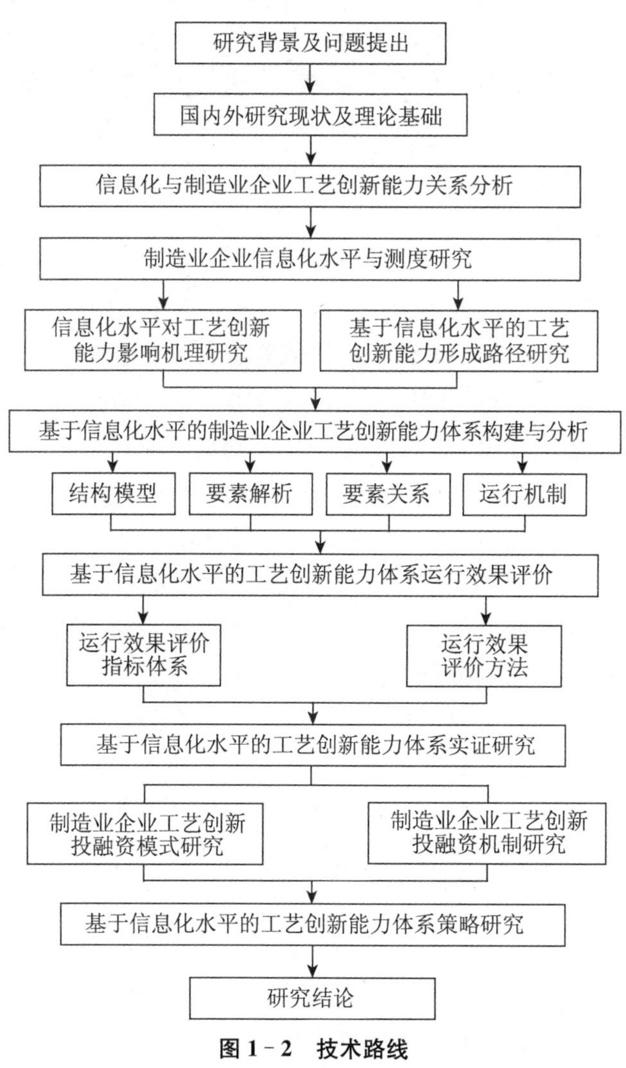

图 1－2 技术路线

1.4 研究重难点和创新点

1.4.1 研究重点

本书针对目前制造业企业工艺创新能力体系功能单一的问题，结合信息化的研究背景，以形成基于信息化水平的制造业企业工艺创新能力体系的理论框架为研究重点。目前，制造业企业信息化与工艺创新相结合的研究相对薄弱，制造业企业信息化对工艺创新能力的影响更加少见，而且研究的视角也局限在信息技术对工艺创新的影响，这样就使得制造业企业信息化与工艺创新结合的研究比较苍白，而不从理论上解决这个问题，就难以进一步研究基于信息化水平的制造业企业工艺创新能力体系，当然也就无从研究提升制造业企业工艺创新能力的对策，因此，从理论上取得突破尤其重要。

1.4.2 研究难点

1. 制造业企业工艺创新能力体系构成要素相互关系研究

制造业企业工艺创新能力体系的构成要素在提高制造业企业工艺创新能力过程中的作用各有侧重。同时，制造业企业工艺创新能力是支持企业创新战略实现的创新能力及由此决定的系统整体功能。因此，确定制造业企业工艺创新能力体系构成要素之间的共同作用、相互组合的作用关系是关键，从而确保制造业企业工艺创新能力体系构成要素的组合模式有效。

2. 实证研究需要的数据工作量较大且部分数据不易获得

由于制造业企业信息化与工艺创新过程具有复杂性，如何对制造业企业信息化与工艺创新能力进行分类测度至今没有一个标准的体系。而且，制造业企业信息化水平的测度指标和工艺创新能力体系的评价指标不仅包含定量指标，而且有一些定性指标，可能会影响评价结果的科学性。因此，制造业企业信息化水平与工艺创新能力体系测度指标的选取具有一定的难度，从而使得对制造业企业信息化水平与工艺创新能力体系运行效果的实证研究更加困难。

3. 科技政策与信息化政策及制造业企业的协调研究

为了做好信息化与工艺创新的紧密结合，一方面必须解决好科技政策与信息化政策的协调问题，这两块分属不同的行政管理部门，条块分割，协调的难度较大。另一方面，要解决好科技政策、信息化政策与制造业企业的协调问题，本着市场能够解决的问题让市场解决，政府只发挥导向和管理协调作用的原则，但在具体解决问题时，由于科技系统与信息化系统十分庞大，遇到的问题和困难可能较多。

1.4.3 研究创新点

本书在以往文献和相关理论的基础上研究了基于信息化水平的制造业企业工艺创新能力体系与投融资问题，主要创新点如下。

1. 提出了制造业企业信息化水平测度模型

针对我国制造业企业的特点，在分析制造业企业信息化水平测度指标体系的测度目标和思路的基础上，依据其具体的测度指标体系构建原则，构建由企业人员信息化水平、产品研发信息化水平、生产制造信息化水平、经营管理信息化水平、企业商务信息化水平和企业信息化基础建设水平组成的制造业企业信息化水平测度指标体系。考虑到单纯运用主观或客观赋权方法都难以做到准确和全面，提出了基于组合赋权的制造业企业信息化水平指数模型。

2. 揭示了信息化水平对工艺创新能力的影响机理

从工艺创新要素和工艺创新模式两个方面分析了信息化水平对制造业企业工艺创新能力的影响。一方面，制造业企业信息化扩展了工艺创新人员、工艺创新资金、工艺创新信息以及工艺创新设备等工艺创新要素，为培育工艺创新能力提供了智力支持、财力支持、信息支持与设备支持，促进了工艺创新能力的持续提高；另一方面，制造业企业信息化水平的不同会对制造业企业工艺创新模式的选择产生影响，从而影响不同的工艺创新能力的产生。

3. 提出了基于信息化水平的工艺创新能力形成路径

分析了基于信息化水平的制造业企业工艺创新能力路径形成的动因，其中包括制造业企业内部动力因素、制造业企业外部动力因素和工艺创新能力形成的阻碍因素，确定了基于信息化水平的制造业企业工艺创新能力路径形成的过程，将工艺创新能力形成模式分为内生型模式和外生型模式两种，继而以此为基础提出了基于信息化水平的制造业企业工艺创新能力形成路径。

4. 构建了基于信息化水平的工艺创新能力体系

首先，对基于信息化水平的工艺创新能力体系的内涵进行了界定，阐述了基于信息化水平的工艺创新能力体系的目标与功能，提出了工艺创新能力体系的结构模型；其次，基于静态角度，在明确制造业企业工艺过程的基础上，提出了工艺创新能力体系的构成，包括工艺创新基础能力、工艺创新投入能力、工艺创新实施能力和工艺创新产出能力，由此构建了四层架构的制造业企业工艺创新能力体系；最后，基于动态角度，从动力机制、决策机制和激励机制三方面构建了工艺创新能力体系运行机制，探究了工艺创新能力体系的运行方式和机理。

5. 构造了工艺创新能力体系运行效果模糊神经网络综合评价模型

根据构建的工艺创新能力体系，建立了由工艺创新基础能力、工艺创新投入能力、工艺创新实施能力和工艺创新产出能力四个子系统组成的基于信息化水平的制造业企业工艺创新能力体系运行效果评价体系，并确定了各子系统的评价指标含义及计算方式；选择模糊神经网络综合评价模型作为工艺创新能力体系运行效果评价方法；提出了工艺创新能力体系运行效果的模糊神经网络综合评价模型。

6. 构建了制造业企业工艺创新投融资模式及投融资机制

把投融资理论和工艺创新紧密结合在一起，探索制造业企业工艺创新投融资过程，分析制造业企业工艺创新投融资过程中存在的问题及原因，根据我国制造业企业自身特点和工艺创新的现实情况，构建了制造业企业工艺创新投融资模式，提出了制造业企业工艺创新投融资机制。

2 文献综述

20 世纪 50 年代以来，随着信息技术的出现，利用先进的信息技术来推进企业工艺创新的进程和效率日益受到广泛关注。学者们提出，处于信息化时代的企业，其工艺创新在很大程度上依靠信息技术带动，而且更加依赖于信息系统（IS）和信息技术（IT）的实用性。该领域的学者从多个角度、交叉多种理论、运用多种分析模型与方法对其进行了大量的研究，丰富了企业信息化理论、技术创新理论和工艺创新理论，对实践也产生了一定的指导意义。学者们在关注对象和研究方法方面有所不同，导致对该领域的相关研究出现了很多观点。因此，本书通过分析“制造业企业信息化”“工艺创新能力”“信息化与工艺创新能力关系”“金融与工艺创新关系”等相关领域研究成果，从不同研究角度对相关文献进行分类总结，以期为该领域的深入研究提供借鉴，促进企业信息化、技术创新和工艺创新、投融资等相关理论的发展。

2.1 制造业企业信息化研究现状

信息化的概念最先由日本科学技术和经济研究团体在 1964 年提出，在中国、日本、韩国、俄罗斯等国家较为普遍，并且出现了三种完全不同的英译法，即 Informatization、Informationalization 和 Informationization，其中，比较受到国际认可的译法是 Informatization。西方国家的文献，大多是研究信息技术的应用的成果，文献中极少使用“信息化”之类的说法。信息化包括诸多方面，如企业信息化、政府信息化、商业信息化等，其中，企业信息化是信息化的重中之重。近年来，国内外关于制造业企业信息化的研究主要集中于信息化内涵、信息化要素、信息化水平评价等方面，尽管有些研究并非针对制造业企业，但其研究方法、相关理论为制造业企业信息化的研究奠定了基础，其研究结果在一定程度上可以为制造业企业信息化所借鉴。

2.1.1 制造业企业信息化内涵

关于制造业企业信息化的定义，由于学者们的视角不同、关注重点不同，因而对其定义的理解、描述也有较大的差异。目前，对制造业企业信息化还没有一个统一的定义，其中具有代表性的定义具体如表 2-1 所示。

表 2-1　　对制造业企业信息化的不同理解和定义

来源	制造业企业信息化定义
杜平安（2003）	制造业企业信息化是将制造技术与信息技术、自动化技术以及现代管理方法等相结合，从而推动企业的研发、生产、管理以及供销服务的数字化、智能化和网络化，实现企业各种资源的优化配置和各类活动的最优运行，提高新产品创新开发能力和快速响应市场能力，最终提高企业核心竞争力
齐二石和王慧明（2004）	制造业企业信息化是制造业企业从生产、经营和管理等的实际需求出发的一个长期且循序渐进的实现信息化的发展过程，其最终目标是全面提高制造业企业的竞争能力
陆红，刘淑芬和林乡山（2005）	制造业企业信息化使制造技术结合信息技术、自动化技术与现代管理技术，以带动产品设计方法和工具、企业管理模式、企业间协作关系等的创新，并最终实现产品设计的信息化、制造装备的数控化、生产过程控制的智能化、企业管理的信息化等，从而全面提升制造业竞争力
杨友财和谢向花（2008）	制造业企业信息化是利用先进的管理思想改进企业管理，降低企业与外部伙伴之间的信息传递成本，降低内部的交易成本与管理成本。企业通过信息化提高企业活动的效率和水平，最终增加企业的经济效益，并增强企业的竞争能力
付睿臣和毕克新（2009）	制造业企业信息化内涵界定为，以减少不确定性（即降低熵值）为目标，以提高信息能力为核心，利用现代信息技术对制造业企业各个方面、各个环节进行改造和变革，其最终目标是提升制造业企业的竞争优势
刘芸和王德鲁（2010）	制造业企业信息化不但可以降低生产经营过程中的风险，提高企业的经济效益和市场竞争力，而且对于改善工作环境，降低技术人才的劳动强度，提升技术人才的脑力价值具有重要的影响作用

2.1.2 制造业企业信息化要素

制造业企业信息化涉及制造业企业的方方面面和各个环节，学者们从信息技术、环境、人员、业务流程、管理、战略、组织结构、企业文化等方面进行了研究，沿着内外两条主线不断地深化和扩展。在研究层次上，不断深入，向内深入到组织结构、企业文化、管理理念；在研究范围上，不断扩大，向外扩展至供应商、顾客以及宏观环境。

1. 信息技术

随着时代的发展，信息技术的内涵不断丰富，其外延不断扩大，杨海成等（2004）概括了制造业信息化技术的发展趋势，其中包括：网络化制造改变了企业的运作方式；集成和协同是制造业信息化技术发展的主旋律；智能制造加速了制造业信息化技术的发展；绿色制造成为制造业信息化技术发展的重要特征；大批量定制提高了企业快速应变能力。一些最新的信息技术如多核服务器、开源软件、移动应用、SOA、RFID 引起了研究者的关注，宋培建等（2008）对信息识别技术（Radio Frequency Identification，RFID）研究后发现，与传统的条码相比，RFID 在处理效率和准确率、适用环境以及安全性等方面具有非常明显的优势，RFID 技术在零售业、航空业、制造业、物流业等行业有着广泛的应用潜力。

2. 业务流程

从某种程度上来说，在企业信息化中，业务流程重组的深度决定了企业绩效的提高程度，因此，信息技术的使用和流程的重组是分不开的。Gordon 等（2000）认为，市场的全球化不断加剧，顾客对产品质量和服务水平的要求不断提高，在此背景下，为了应对这些挑战，企业已经对其组织结构进行了创新。在此过程中，许多人发现，信息技术与业务单元的相互作用和相互匹配是成败的关键，在应用信息技术的同时需要对原有低绩效的业务流程进行重组。宋彦彦等（2005）认为制造业企业不同的生产形式——离散型、流程型、流水线装配型及混合生产型，其信息化的要求也不尽相同。

3. 企业管理

市场激烈竞争迫使企业需要不断提升管理能力，实现管理信息化，管理信息系统成为企业日常管理的关键工具。吴宪忠等（2007）认为制造业企业管理信息化首先是管理手段信息化，即运用信息技术和计算机构建 MIS 来发挥管理各项职能。王众托等（2000）认为信息化建设必须与管理变革相结合。

张勇等（2005）则对项目管理信息化进行了研究。

4. 组织结构

Kumar（2004）认为，信息技术基础设施的价值取决于在组织背景下的使用。高晶等（2009）认为，所谓互构包含两个方面的含义：一方面是指信息技术与组织之间是一个同时的互动系统；另一方面是指信息技术与组织之间并非一次性关系，而是有阶段的、长期的互动关系，伴随着信息技术的应用，应进行组织结构的变革。

5. 企业文化

据美国先进制造研究公司（AMRC）统计，实施信息化的障碍 70% 来自于人，而人的障碍需要通过企业文化加以解决。吴瑞鹏（2004）在研究了对企业信息化产生影响的因素后发现，包括高层领导、中层管理人员在内的企业整体支持居于首位。因此，欧阳峰（2008）认为营造企业信息文化可得到超越技术外的东西，从而改变人的行为，企业信息文化可促进企业掌握、应用信息技术，规范、整合信息资源。

2.1.3 制造业企业信息化规划

Das S. R.（1991）认为在不同竞争战略下，信息技术规划适配程度与公司业绩正相关。张玉林等人（2007）通过问卷调查也发现企业信息化规划和经营规划的一致性是影响企业信息化建设的关键问题。因此，对于制造业企业来说，为避免风险和盲目投资，提高投资效益，有必要在着手信息化建设之前，根据企业内外部的具体条件和企业战略慎重选择其信息技术/系统战略，制定切实可行的信息化战略，进行全面、系统的规划。

自 20 世纪 60 年代起，随着信息技术在企业中的应用越来越广泛，许多学者开始对企业信息化规划方法进行研究，比较著名的有战略集合转移法（Strategy Set Transformation，SST）、关键成功因素法（Critical Success Factors，CSF）、价值链分析法（Value-chain Analysis，VCA）等。虽然这些方法都以企业目标为出发点来对企业信息系统进行规划，但只有 SST 特别强调企业战略的实现，除此之外，其他方法并没有特别强调在规划过程中要始终以企业经营战略为目标这个宗旨，而且这些方法都是 20 世纪七八十年代提出的，并以传统的信息技术为基础和研究对象，在解决如何规划传统信息技术问题上效率较高，但是在面向信息技术的前沿进行企业信息系统战略规划这一方面却不尽如人意，效率较低。

国内在介绍国外信息化规划方法及描述实施框架的基础上，也开始对怎样制定信息化规划以及如何实施以达到支持企业战略、提高企业竞争力与收益等方面进行了深入的研究，并取得了一定的研究成果。张玲玲、林健等（2001）提出了 IS/IT 战略规划模型框架，将企业的内外部环境、IS/IT 的内外部环境及 IS/IT 战略规划的方法、工具作为模型的输入，将 IS 战略、IS/IT 管理战略和 IT 体系结构作为模型的输出，并针对规划过程提出了 IS/IT 战略规划过程框架。范玉顺（2004）在描述未来数字化企业特征的基础上，提出了制造企业的综合发展框架以及信息化的整体解决方案。杨青等（2007）运用结构方程模型通过实证研究发现，BP - ISP 战略一致性程度对信息技术在公司业绩中贡献的影响较大，影响系数为 0.35，并分析了影响 BP - ISP 战略一致性的因素——公司竞争战略方向、公司外部环境、公司内部特征，其中公司内部环境对战略一致性程度的影响最大，即公司内部高级管理层的战略意识、技术与业务能力、信息技术战略地位以及公司业务对信息的需求状况是影响公司 BP - ISP 战略关系的重要因素。李大勇等（2001）建立了信息技术、企业重组和企业战略之间的整合框架。

2.1.4 制造业企业信息化水平测度

20 世纪 60 年代就开始了对企业信息化水平测度的研究，但时至今日国内外有关于此的研究仍不成熟，处于不断探索中。国外学者从微观角度出发，分别从企业信息化发展规律、企业信息化成熟度、企业信息化绩效评价等方面，研究了信息化水平的测度。

1. 关于企业信息化发展规律的研究

著名的诺兰（Nolan）水平理论是最具有代表性的研究。立足于美国企业的调查数据，Nolan（1973）将企业 IT 应用划分为引入（Initiation）、传播（Contagion）、控制（Control）和集成（Integration）4 个水平。随后，为了进一步适应信息技术的发展，Nolan（1984）在其 4 个水平理论的基础上，提出了扩展 IT 水平理论（Extended IT Stage Theory），描述了组织 IT 吸收的过程。该理论揭示了企业信息化的客观规律，描述了企业在 IT 吸收与应用过程中的成长历程，并解释了信息化进程中的诸多现象。同时，根据美国的实际情况，该理论将企业 IT 吸收与应用过程划分为 3 个阶段，即数据处理时代、信息技术时代和网络时代。

2. 关于企业信息化成熟度的研究

Sabherwal 和 Kirs（1994）采用信息系统计划与机构未来规划的契合程

度、IT 经理对机构长期计划的了解程度、高层领导对 IT 知识的掌握程度、高层领导对信息系统计划的参与程度以及信息系统绩效评估的基础 5 个指标来衡量 IT 的成熟度，对学术机构关键成功因素和 IT 能力之间协调程度进行了研究。Reich 和 Benbasat 等（1996）侧重从信息系统安装、信息系统计划的制订、信息系统的职能和信息系统绩效评估手段等角度来说明企业的 IT 成熟度，提出了测度 IT 成熟度的 9 个指标工具，并通过问卷调查，将 IT 应用分为成熟和不成熟两类。Karimi 等（1997）从管理职能的视角建立了含有 20 个问题的指标体系，以此来衡量企业运用信息技术的成熟情况，丰富和完善了企业 IT 成熟度的测度理论。

3. 关于企业信息化绩效的研究

Barbara 和 David 等（1994）提出信息系统收益来源于战略收益、操作效率与有效性收益、功能收益、管理收益、支持收益 5 个方面。Mahmood 等（1998）认为，IT 投资与生产力相关联，并通过案例分析了 IT 投资对生产力的影响，结果表明 IT 投资与税收增长呈正相关关系，而对其他方面的影响不明显。Carol 和 Shaila（1998）采用三轮德尔菲调查法衡量信息系统的绩效，经研究后发现，用户投诉、成本/预算绩效、操作效率/可靠性是用于评价信息系统绩效的关键因素。Theophanis 和 Bruce（2000）对 IT 运用成功的公司和 IT 运用不太成功的公司作了比较分析，结果发现，相比于 IT 运用不太成功的公司，IT 运用成功的公司会有好的财务业绩。Peter 和 Zahir（2004）调查分析了 126 个建筑机构，结果表明 IT 投资与利润、成本呈正相关关系。

我国信息化微观研究比国外的研究起步要晚，在 20 世纪 80 年代中期才开始。信息化水平测度是信息化测度的主要方面，研究者们从不同的角度展开研究。王艺和王耀球（2000）从理论上探讨了企业信息化项目价值的评估，引入实物期权法，以求解决信息化投资的高度不确定性。唐志荣和谌素华（2002）基于信息化的概念，从生产过程自动化水平、信息技术投入及设施水平、营销信息化水平、管理信息化水平、人员素质 5 方面建立了评价指标。

程刚（2003）从 6 方面建立了指标体系，分别为企业信息基础设施、信息化组织和控制、信息资源的开发和利用、信息化人力资源、信息技术应用广度和深度、企业信息化经济效益，并通过定量计算得到了评价数值。倪明和徐福缘等（2004）基于部门间资源分配的视角，利用群决策效用理论和模糊理论等建立了企业信息化投资决策模型。纪福连（2004）也构建了企业信息化评价指标体系，重点侧重于企业信息化建设水平、企业信息化系统质量、企业信息化技术平台、企业信息化个性特征和企业信息化效益与价值等方面。陈宪宇（2010）以平衡计分卡（BSC）为准则，根据企业信息化绩效的特性建立了企业信息化评估指标体系，并对企业信息化绩效进行了综合评价。

马庆国和李艾（2004）认为，信息化项目或信息技术的应用可以引发信息技术应用的学习过程，从而扩展了企业的知识基础和技能，进而提高企业的生产和管理效率以及企业对新技术的吸收能力。彭赓和吕本富（2004）比较了 3 种描述性模型，并得出了相应的企业信息化水平测评的结论。张勇刚（2005）在信息化组织建设中考虑了人的因素，用信息化发展指数来衡量企业信息化水平，建立了包括信息化基础设施、信息化组织建设、信息资源和应用信息系统四个方面的指标体系。杜栋和周娟（2005）的研究涉及了信息技术应用、人员的信息观念与行为、组织结构变革和业务流程重组三方面，并由此建立了企业信息化评价指标体系。朱海荣和傅铅生（2005）重点考察了信息化环境、信息设备装备程度、信息软件系统利用程度、信息使用者水平和信息化经济效益 5 项内容，基于企业信息化的基本概念建立了衡量企业信息化水平的评价体系。

庞庆华（2006）建立的指标体系包括信息基础设施、信息资源开发和利用、信息技术应用广度和深度、信息化组织和控制、信息化人力资源 5 个方面。陈骑兵和陈义华（2006）将企业信息化作为研究对象建立了企业信息化程度的指标体系，主要包括信息化基础设施建设、信息化应用和信息化组织建设等方面的指标，同时采用多层次灰色评价方法对其进行了评价分析。任权娥（2008）从信息资源配置的角度出发，分析了企业信息化指标体系中存在的忽视企业文化和价值因素等的问题。司林胜和王文举等（2009）通过实证分析发现，企业管理和企业文化的变革对信息技术应用项目的实施和控制水平存在正面影响，信息技术应用的需求分析和实施与控制对信息技术的应用绩效产生直接影响，而企业信息技术应用的系统选型及设计水平影响着企业信息技术应用绩效的假设是不成立的。

在信息化水平评价方面，研究者们主要从信息化概念出发，对企业信息化的某几个方面进行测度研究，主要包括信息化基础设施、信息化投入与产出、信息资源的开发和利用、信息化组织、信息技术应用水平、信息化人才和员工素质、信息化环境因素等，研究范围没有超出对企业信息化状况的客观描述。

2.2 工艺创新能力研究现状

创新能力影响着技术发展与制造装备水平，是制造业企业竞争力的核心。而作为制造业创新能力的一个重要组成部分，工艺创新能力一直是创新领域中国内外学者的研究重点。对于工艺创新能力的研究，主要集中在工艺创新能力概念、工艺创新能力影响因素、工艺创新能力构成要素等几个方面。

2.2.1 工艺创新能力概念

由于在国内外的技术创新研究领域内，关于工艺创新能力的界定还未完全成熟，对工艺创新概念的界定还处在较模糊的状态，因此，在了解工艺创新能力之前，应该首先来了解一下工艺创新的概念及其特点。

约瑟夫·熊彼特（Schumpeter，1912）在《经济发展理论》一书中对工艺创新进行了界定，认为工艺创新实质上是采用一种新的生产方式、新技术或新工艺。塔施曼和罗森卡夫（Tushman 和 Rosenkopf，1992）把工艺创新描述为创新的最基本形式。经济合作与发展组织（Organization for Economic Co-operation and Development，OECD）认为，工艺创新是指包括产品交付方式在内的采用技术上新的或有重大改进的生产方法。这些方法涉及设备、生产组织的变化以及新知识的应用。2005 年，其对工艺创新的定义又有所变化，认为这些方法涉及设备、技术或软件的变化。

工艺创新与魅力四射的产品创新相比，通常被认为是次要的创新活动，显得暗淡而无挑战性。工艺创新可以认为是将新元素引入到组织生产或服务操作中，从而达到降低成本和/或提高产品质量的目的。罗森伯格（Rosenberg，1982）认为工艺创新不像产品创新那样包含许多的重大事件，将工艺创新描述成创新过程的邋遢呆板的一面。吴贵生（2000）认为，工艺创新又称过程创新，是指技术变革基础上的生产（服务）过程的技术创新，主要包括对原有工艺的改进所形成的创新和技术较大变化基础上采用全新工艺的创新。傅家骥等（2000）认为工艺创新包括新工艺、新设备和新的组织管理方式，是指产品生产技术的变革，它与提高产品质量、提高生产效率、降低原材料和能源的消耗有着密切的关系。

戴曼波尔（Damanpour，2001）认为有效的工艺创新能增强组织的有效性和反应能力，指出工艺创新包含产品、管理或服务操作的创造改进。爱德凯斯特、奥姆和麦克威（Edquist，Hommen 和 Mckelvey，2001）认为，工艺创新可分为“技术相关”的工艺创新和限定人力资源调和的“非技术元素”的工艺创新两类，并指出应把工艺创新与组织过程创新分离开。

卢建波等（2003）认为，工艺创新是与产品创新相对应的一种创新形式，它包括对原有工艺的改进所形成的创新和技术较大变化基础上的全新工艺的创新，是指技术变革基础上的生产（服务）过程中的技术创新。郭斌等（2003）认为，工艺创新包括新工艺的开发和老工艺的改进，是一个从新工艺设想产生、工艺设计、工艺试验与应用的完整过程。赵颖和戴淑芬（2005）指出工艺创新是除产品创新以外的生产技术创新，它包含了那些最终获得经济效益的较重大的技术改造活动、利用微电子信息等高新技术变革传统的生产过程。

2.2.2 工艺创新能力影响因素

随着信息资源成为重要的工艺创新资源，信息也变得愈加重要，日益成为制造业企业重要的工艺创新要素，信息与工艺创新能力的关系逐渐进入学者的研究视野，国内外学者并对信息及信息活动与工艺创新能力的关系进行了深入的研究取得了大量的研究成果。

1. 工艺创新执行的影响因素

1982 年，莫尔（Mohr）认为，工艺创新的执行可分为变量方法和过程方法两大补充类，探讨了工艺创新成功执行的影响因素和测量实施成功的方法，其中影响因素主要包括保证成功执行的战略、技术/生产、组织/管理、经济/金融等。斯沃梅戴斯和沃尔夫（Swamidass 和 Walter，1990）对关于制造技术计划与调整的文献进行了整理，在此基础上，针对制造操作和非制造操作领域探讨了工艺技术的收益和成本。他们认为，工艺创新执行中的主要障碍是人力资源管理问题。查伍和谭姆（Chau 和 Tam，1997）研究了软件工艺创新过程，发现与工艺创新执行相关的因素主要有高层管理的态度、创新的认知障碍、组织对于变革的接受能力、现存系统的满意度等。

最近关于工业工艺创新的研究，更多地集中于被称为执行的工艺创新阶段。所谓执行，是指在采取工艺创新决策之后的早期阶段的使用活动，具体包括学习、安装、配置和改编等。执行决定了买方是否认识到工艺创新的完整收益。影响执行的关键因素引起了工艺创新提供者的兴趣。这些关键因素，不但直接影响着执行效果的提高，而且对于具有市场优势战略的建立也具有至关重要的作用。

帕瑞歇尔和斯沃库玛等（Patricia 和 Sivakumar 等，1999）为了详述相关的知识需求，对跨越许多学科（包括信息技术、工艺工程和人力资源管理等）的大规模的工作实体片段的执行进行了评论，描述了促进工业工艺创新执行的关键因素，并提出了一个包含环境、买卖方界面、买方特征以及卖方特征的概念框架，如下图所示。

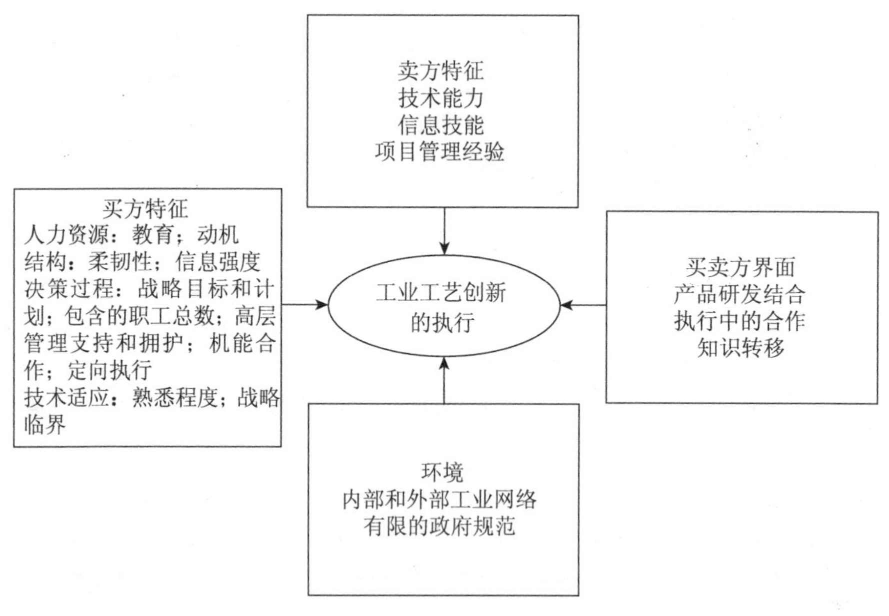

促进工业工艺创新执行的因素

达曼坡（Damanpour，1987）通过研究发现，由于财政资金和技术经验资源相对丰富，大的组织能够比小的组织更早地采取工艺技术创新战略，组织规模能够对执行产生正、反两方面的影响。乔纳森和恩格（Jonathan 和 Eng，2000）认为，不同类型的伙伴关系和互惠关系对工艺创新的执行非常重要，通过对北美电子工业中的 129 个项目的研究，发现这两个因素最可能给工艺创新的执行者提供重要的协助。根据调查所得的结果，他们按照每种关系对工艺创新执行的重要程度进行了降序排列：执行者同等的人之间关系、消费者之间关系、供应商之间关系、咨询者之间关系、姊妹公司的同等的人之间关系、同一公司中不同等群体成员之间关系、非竞争公司的职员之间关系和竞争公司职员之间关系。

2. 工艺创新成败的影响因素

凯文和卓斯（Kevin 和 Jose，2000）选取了 10 个服务型组织中的工艺创新项目，对其进行了对比研究，总结出了工艺创新成功项目和工艺创新失败项目的区别。在此基础上，最终发现新的工艺创新成功因素主要有远景规划、项目约束条件、团队、信息存储与加工等，具体如表 2-2 所示。

表 2-2　　新的工艺创新关键成功因素

主要方面	成功因素	总的排序
远景规划	支持	7
	稳定性	3
	清晰性	5
项目约束条件	最终期限	2
	资金支持	4
团队	技能	10
	经验	11
	稳定性	1
信息存储与加工	信息检索	9
	信息传播	6
	信息加工	8

3. 工艺创新过程中的影响因素

艾尔巴克（Albach，1994）基于过程的视角研究了工艺创新的影响因素，重点阐述了源于武士传统的日本文化的影响作用。随后，戴特特和斯洛德等（Detert 和 Schroeder，2000）也针对文化因素对工艺创新组成的影响展开了研究。刘顺忠（2003）经过对工艺创新过程各个阶段进行比较分析，认为企业信息收集及处理、工艺创新过程以及市场状况三个过程相互作用，得出企业工艺创新的四个主要影响因素：① 技术差距；② 企业信息收集和加工能力；③ 生产规模；④ 市场竞争压力。柯赞卡（Khazanchi，2006）研究了组织价值对工艺创新的影响，重点从价值一致性、价值轮廓和价值相互作用三个维度进行了详细说明。

2.2.3 工艺创新能力构成要素

创新能力概念定义角度的差异，决定了其包含的内容也不同。Burns 和 Stalker 于 1961 年首次提出了创新能力的概念，即组织成功采纳或实施新思想、新工艺以及新产品的能力，它包括狭义创新能力和广义创新能力，其中，企业的技术创新能力一般为狭义的创新能力；同一个系统内部不同要素（技术创新、组织创新、管理创新、制度创新等）创新能力的总和即广义的企业创新能力。

然而，由于角度不同，所揭示的技术创新实质大相径庭，因此，技术创新能力的具体内容尚存争议。巴顿（Barton，1992）认为，企业技术创新能力是由多种元素构成的，他从技术创新行为主体的角度分析这些元素应该包括价值观、技术人员和高级技工的技能、技术系统的能力以及管理能力等内容。魏江和许庆瑞（1996）认为技术创新能力的结构要素是创新决策能力、研发能力、生产能力、市场营销能力、组织能力五个方面。柏格曼和曼迪奇（Bargelmm 和 Maidigue，2004）认为，企业技术创新能力是便于组织支持企业技术创新战略的企业一系列综合特征，它包括对行业发展的理解能力、对技术发展的理解能力、结构和文化条件、可利用资源及分配、战略管理能力等，它能够有利于并支持组织技术创新战略的实施。

有些学者认为技术创新能力是科学研究资产、优秀设计资产、工艺创新资产和产品创新资产的集合，把技术创新能力看作企业的资源或资产。许庆瑞（1986）则从创新过程的角度出发，认为技术创新能力是由研发能力、生产制造能力、创新决策能力、资源分配能力、组织能力和营销能力等组成的。傅家骥等（1998）基于技术创新过程的角度，将技术创新能力分解为创新资源投入能力、研究开发能力、制造能力、创新管理能力、创新倾向和营销能力。技术创新能力是技术能力的组成部分。技术创新能力与吸收能力和生产能力之间存在一定的关系，二者共同构成技术能力。企业提高技术能力最终应以提高技术创新能力为依托，企业技术创新能力是企业发展技术能力的核心。还有一些学者试图找到技术创新能力的准确内涵，他们分别从创新类型和创新资源要素两个角度进行了详细的探讨。

所谓技术创新能力的结构，是指构成技术创新能力的基本要素及其组合联结方式。由于企业技术创新能力是一种整体功能，因此，从不同角度分析企业技术创新能力的结构，其构成要素也各不相同。许庆瑞和魏江等（1995）

对企业技术创新过程进行了分解，认为技术创新过程应该分为确认机会、形成思想、求解问题、得解、开发、运用并扩散六个阶段。从这一过程来看，思想形成到基型设计反映了企业的研究开发能力；小批试制和批量生产反映了生产制造能力；而产品推向市场反映了企业的市场营销能力。其中，前五个阶段实质上就是研究开发过程，第六阶段为生产和市场营销过程。因此，他们认为技术创新能力的结构要素包括五个方面：创新决策能力、R&D 能力、生产能力、市场营销能力和组织能力。

尽管对技术创新能力的理解不尽相同，但是各种界定都有其合理性和一致性。他们大多把企业技术创新能力看成是企业有效利用其所拥有的各种创新资源的能力，是一个综合性的能力系统。从系统的角度出发，企业（特别是连续生产经营型企业）应贴近企业实际，着眼于技术创新过程，有效开发和利用技术创新能力，以使企业技术创新战略更好地实现。

2.2.4 工艺创新能力测度与评价

科学、客观、有效地测度与评价工艺创新能力，对企业自身总结上一阶段成果以及制订下一阶段工艺创新计划、对政府有关部门制定相关政策，都有很大帮助。但是，国内外学者很少专门针对工艺创新能力测度与评价进行研究，这里我们把技术创新能力测度与评价研究方法应用于工艺创新能力测度与评价之中。对工艺创新能力测度与评价的研究，主要从以下几个角度展开。

1. 基于创新能力构成的视角

目前，非常普遍的一种思路是根据技术创新能力的构成来建立评价指标体系。所谓技术创新能力评价的要素观，是指基于所需的支持要素的数量和质量角度，在技术创新实现过程中对技术创新能力进行评价的观点。它的基本假设是，技术创新能力在所评价的支持要素质量越高和数量越多的情况下越强。

OECD（2005）在进行技术创新能力调查时，将反映技术创新能力的指标确定为六个重点方面：企业发展战略；创新成果的扩散；企业创新的信息源和障碍；企业创新的投入；政府在创新中的作用；企业创新的产出。克拉克（Clark，1991）提出从产品创新能力和工艺创新能力两个方面对技术创新能力进行度量，其中，企业产品研制效率、产品研制周期和综合商品质量的综合体现为产品创新能力；企业生产工艺设备模具开发、批量生产和小试生产能力的综合体现为工艺创新能力。

魏江和许庆瑞等（1994）研究了技术创新能力与企业经营方面的关联性，重点对创新能力与企业核心竞争力的关联性以及创新能力与企业战略的关联性等进行了分析，基于这个视角建立了技术创新能力的指标体系。从技术创新过程出发，傅家骥等（1998）设计了技术创新能力评价指标体系，认为技术创新能力可分解为 6 个构成要素，包括创新倾向、创新资源能力、研发能力、制造能力、管理能力和营销能力。曹庆奎等（2009）也对技术创新能力的测度进行了研究，认为测度指标应该包括投入能力、研发能力、生产能力、管理能力和营销能力等。

2. 基于创新过程的视角

企业技术创新能力评价与企业生产经营活动的全过程都相关，涉及技术创新能力各要素的诸多方面，是一项复杂的系统工程。全面分析企业技术创新的过程，基于该角度对技术创新能力进行评价，即技术创新能力评价的过程视角。它的思路是，将技术创新过程合理划分为多个相互影响且彼此联系的环节，然后分别对各个环节的能力进行评价，而后即可获知企业整体的技术创新能力。通常来说，企业整体技术创新能力受到各个环节能力的影响，各个环节的能力越强，就会使其整体技术创新能力越强。

曹崇延等（1998）认为创新过程主要包括市场需求、R&D、制造、销售等基本环节。魏末梅等（2006）认为技术创新能力是始于决策而终于市场实现的。在技术创新能力评价目标下，按照基础、开发、制造、产出和销售环节，将评价体系进行了相应分解。李向波和李叔涛（2009）认为企业技术创新能力就是技术创新过程中各项能力的综合体现。从过程角度出发，企业技术创新能力评价指标体系包括 6 个二级指标，它们分别是创新资源投入能力、R&D 能力、生产能力、产出能力、企业管理能力和市场营销能力。

整个技术创新过程都会受到供应商、合作企业、用户、行业技术中介以及企业创新气氛的影响，可以说技术创新过程是企业内部各阶段相互衔接构成的行为过程。技术创新过程的研究是一个渐进的过程，因为技术创新的整个过程都可看作学习过程，不同的技术创新阶段有不同的学习内容。迄今为止，对技术创新活动描述最清晰的模型是由 Kline 和 Rosenberg 提出的链式模型（Chain-linked Model）。张守魁和苏源泉（2008）结合网络环境下企业技术创新的特征，在链式模型的基础上构建了网络环境下的企业技术创新的六个构面过程模型。同时，唐炜等（2009）也基于不同的过程观形成了几种不同的技术创新能力评价体系模型。

企业技术创新能力是一种综合能力，是企业作为一个整体在市场和技术需求分析、技术创新构思与规划、技术创新研究开发以及价值实现等多个环节能力的综合体现。这些环节能力之间的关系并不是传统观点认为的并联关系，而是一种“串联”关系。因此，宁连举和李萌（2011）从“技术创新活动投入—技术创新活动展开—技术创新活动产出”三个环节能力来测定技术创新能力的高低。

3. 基于创新绩效的视角

根据熊彼特对创新的定义，企业可以通过创新能力的作用使投入的资源获得成果或收益，也就是说，产出与投入可以构成一个因变量为产出、自变量为投入的函数关系，即产出＝F（投入），联系投入产出的未知函数关系 F 即企业的创新能力。创新绩效评价忽略具体的创新过程，把创新简化为一个投入产出过程，对创新能力的度量和评价使用投入产出指标来进行。技术内生化经济增长理论及学习理论、知识论以及思想驱动内生增长模型等不断充实着创新投入产出模型的理论基础，从不同角度为创新能力绩效评价实证研究奠定了基石。这种视角基于传统的投入产出理论，把创新产出看作是创新投入的函数，创新投入和产出能力与经济增长正相关。

基于创新投入与产出以及商业绩效的角度，创新绩效能力评价最为常用的度量尺度包括大/小创新数目、专利数以及创新产品销售比例等。在企业层面创新能力实证研究中，Hurley 等（1998）采用被采纳并正式立项资助的创新思想数为指标，对美国 56 家研发机构的创新能力进行了评价。Souitaris（2001）采用了投入和产出指标的综合尺度，包括研发支出占销售比例、创新数、专利数及创新销售比例等，以伊朗 135 家企业与希腊 105 家企业为例，对比研究了创新能力的差异。Romijn 等（2002）采用定性与定量相结合的方法，选用产品创新指数（定性）和产出指标专利数（定量）度量创新能力，并以英国中小电子软件企业为例进行了实证研究。Souitaris（2002）借鉴 OECD 在 Oslo 指南中所推荐的创新能力测度，单独分析希腊 105 家企业的创新能力。Caloghirou 等（2004）采用显著改进产品及新产品的销售比例，评价欧盟 7 国 5 大行业 558 家企业的创新能力。

陈红光（2005）在设计指标体系时，基于对创新过程的理解，将创新过程中的每一个环节视为各个部门全程参与，加入社会环境的支持、科技发展的推力以及市场需求的拉力，完成对每个环节的评价和决策。张惠茹和李荣平（2010）从影响企业技术创新能力最基本的两个因素创新投入和创新产出角度对企业的技术创新能力进行评价。刘海云（2010）将企业技术创新能力分解为技术创新投入能力、技术创新转化能力、技术创新营销能力和外部环境支持能力 4 个方面。

4. 其他视角

詹姆士和萨缪尔（James 和 Samuel，1985）认识到技术变革应该在它的研发阶段尽早进行评价，指出这样能最小化创新中的投资偶然性，提出了一种引导评价的新方法，详细分析了产品的工艺和与工艺相关的、能被创新所改变的单个元素，收集了当时工艺执行的基线数据，并把创新的执行当作改变元素的基线数据进行评价。利用了有效的生产力指数对比当时的创新和工艺。对生产力指数进行敏感分析，发现生产力过程的组成，指出了这些工艺的组成部分对生产力提高具有很大的潜在贡献，能够成为研发的一种驱动。范（Van，2001）建立的学习模式的工艺创新始于项目经验记录，此记录用来分析工艺创新的未来可行性。他在评价工艺创新时使用经验去决定事物应改进的那些方面，不至于迷失方向。评价工艺创新的产品，增强、提高或重新设计教育或交流项目，这将使工艺创新、人员和技术重新排列更加容易。基于此原因，新老员工都可以从中受益。此模式的评价是建立在实践框架基础上的，指出经验源于学习过程中的积累，工艺创新效用的连续反馈是必要的。

魏江（1998）提出在评价企业技术创新能力的高低时，可以从标杆企业中得到借鉴和学习，与行业先进水平进行比较。郑成功和朱祖平（2007）以福建省 20 家大中型企业为例，综合考虑技术创新能力要素指标和技术创新产出能力指标，对技术创新能力进行综合评价。赵林海等（2008）从企业资源与企业技术创新能力关系角度出发，认为知识型企业的技术创新能力是与其获取和开发资源的能力严格相关的，通过对企业在其生命周期内经营的特定资源的种类和数量的分析，构建了基于资源的知识型企业技术创新能力的外部网络相关资源、人力资源、企业家资源、经济资源和特质资源的企业技术创新能力评价体系。

2.3 信息化与工艺创新能力关系研究现状

学术界和产业界一直关注着制造业企业信息化水平与工艺创新能力之间的关系研究，但针对其具体关系及其表现形式等问题的系统性研究目前仍处于起步阶段。概括而言，已有的相关研究大致可分为两类：一类侧重于信息技术投资给企业带来的回报提升了企业工艺创新能力；另一类侧重于企业信息活动深刻影响着企业的工艺创新绩效。

2.3.1 信息化建设可以提升工艺创新能力

制造业企业信息化建设可以提升工艺创新能力的研究主要是从信息技术在缩短生产周期、降低生产成本、提高生产效率等方面体现出来的优势的角度进行审视。考虑到工艺创新能力对于制造业企业的重要性，制造业企业信息化对工艺创新能力的影响逐渐进入研究人员的视野。国外的研究注重使用案例研究、问卷调查等实证方法，以企业为研究单位，比较、分析不同的信息技术对制造业企业工艺创新能力的影响。同国外研究相比，国内研究偏重于定性分析。

Boutellier 等人（1998）分析了信息技术对于分布式虚拟研发的作用，认为信息技术对（工艺）技术创新的作用越来越大。Ramiller 和 Swanson 等（2003）也发现信息化愿景会刺激企业进行 IT 技术的发明和实验，并促使企业将信息技术纳入工艺创新活动当中。Nambisan S. 等人（2003）认为，IS 领域已成为研究包括工艺创新领域在内的其他领域的工具学科，信息技术将从过程管理、工程管理、信息和知识管理以及协同和交流四个方面对产品开发进行快速渗透。Song M.（2007）等人根据技术功能把信息技术分为计算机辅助的通信技术和计算机辅助的决策技术，通过实证研究发现，CMC（Computer-Mediated Communication）对技术传播有正向的影响，他认为无论是在研发内部，还是在研发和营销、制造等其他部门之间，知识传播促进了科技密集型的高科技行业的创新。Song M.（2005）等人通过实证研究发现，信息技术对知识应用有正向影响。Malhotra A.（2001）等人结合波音—洛克达因公司，分析了信息技术对技术创新的积极影响。Boutellier R.（1998）等人以 IBM 为案例，从建立个人网络、促进创新、交换信息、协同分布式研发活动四个方面讨论了信息技术对于分布式研发的作用，认为在研发活动全球化的背景下，产业研发过程日益为信息技术所支持，支持分散的研发团队是对信息技术的最大需求，只有大量使用信息技术，才能获得分布式研发活动中的效率和有效性。虽然该研究以软件开发为研究对象，但其研究方法、观点、结论、所提及的信息技术手段同样可以为制造业企业所借鉴。Song M.（2006）等人对在新产品开发中影响知识产生的因素进行了实证分析，发现在新产品开发中信息技术对知识的产生存在较大的日益增加的影响。

国内关于制造业企业信息化建设可以提升工艺创新能力的研究起步比较晚。汪淼军等人（2007）发现企业的创新能力随着信息化资本的增加而增加，信息化能够降低企业产品创新和工艺创新过程中通信和协调的成本，由此直接导致企业创新效率的提高。信息化提高了差别化，加快了产品创新和工艺创新，已成为企业（工艺）技术创新的重要基础和成功的基本条件，服务于（工艺）技术创新的全过程。李时椿（2007）认为，在知识创造、传播和使用机制方面，信息化将更有利于制造业科技进步和工艺创新。祝明伟等人（2008）认为，信息技术能力对研发合作产生直接的正向影响，同时，信息技术能力通过信息共享间接对研发合作产生影响，即信息技术能力促进了信息共享，而信息共享促进了研发合作。张金标（2004）以制造业企业产品生命周期为主线，按照产品产生、成长、成熟、衰退的次序，分析了 PLM 对产品创新的作用，认为 PLM 可以有效地提高收入和降低直接成本，能有效地在一个连续稳定的基础上，搞好产品的研发，在第一时间和第一地点找出产品成本的真正成因，尽快使最富竞争力的新产品进入市场。张曙（2003）发现通过数字化设计，汽车新产品开发周期从 20 世纪 80 年代的 48 个月，缩短到目前的 24 个月，并正向 12 个月的目标进军。

2.3.2 信息化建设影响企业工艺创新绩效

信息技术生产率悖论的提出，引起了国内外学者的极大关注，研究者们通过调查问卷和典型案例，从企业资源基础理论、过程模型、企业能力理论、组织信息处理理论、环境观等视角进行了分析、解释、论证，肯定了信息化对企业的积极影响，并给出了通过信息化提升企业工艺创新绩效的具体条件和过程。

1. 企业资源观

企业资源观为研究信息化对企业工艺创新绩效的影响提供了新的视角。Bharadwaj A. S.（2000）将企业信息技术资源分为基础设施、人力资源等有形资产和信息技术使能的无形资产。Ross J. 等（1996）通过对 50 个企业高级信息技术主管的调查，提出 3 类信息技术资产：人员、技术和关系。Mata F. J. 等（1995）建立了一个基于资源观的把信息技术属性映射到竞争优势的概念框架，并定义了四类信息技术资源：资本、私有技术、信息技术技能和信息技术管理技能。根据此框架，信息技术的价值程度、异质性程度、不可移动程度决定着竞争优势的水平：如果信息技术的价值在于帮助所有企业降低成本和增加收入，那么所有企业均旗鼓相当；如果信息技术具有异质性，即一个企业拥有而其他企业不具备，那么该企业便获得了一个暂时的竞争优势；如果信息技术同时具有不可移动性，即无此资源的企业为了获得它需要支付大量成本，这种资源可能具有历史性、偶然性、社会复杂性，因此可以转化为持续的竞争优势。

2. 过程观

持过程观的学者认为信息化通过中间的业务流程影响组织绩效，即通过影响采购、生产、营销、库存等环节而影响组织绩效。一个企业为了实现战略目标要执行众多的业务流程，因此为应用信息技术提高流程和组织绩效提供了机会。在网络组织中，信息技术不仅改善了单个的业务流程，而且突破了组织边界和空间的限制对流程进行了综合与集成。Soh C. 与 Marku M. L.（1995）将信息技术的使用视为一个价值增值过程，认为信息技术投资导致信息技术资产（信息技术转化过程）、信息技术资产变成信息技术影响（信息技术使用过程）、信息技术影响转变为组织绩效（竞争过程）。Madhavan 等人（1998）强调了信息产生对于（工艺）技术创新的作用，他们将知识创造视为新产品、新工艺开发的中心环节。Frishammar 和 Cohen 等（2005）研究发现信息获取与（工艺）技术创新绩效之间有着明显的正向关系。Cui L. L. 等（2006）认为信息技术投资形成信息技术基础设施，信息技术基础设施并不直接导致信息技术价值，对其正确使用才会形成信息技术价值，而电子政务对信息技术基础设施具有显著的正向影响，信息技术管理对信息技术使用具有显著的正向影响，政府的激励和调控对信息技术管理具有显著的正向影响。陈升等人（2005）从信息技术实施过程的角度研究了中小企业的信息技术应用绩效。

3. 能力观

Clemons E. K.（1991）认为竞争者可以通过购买相同的硬件和软件而轻而易举地复制对信息技术的投资，因此资源本身并不能提供持久的竞争优势，是企业利用其信息技术投资以产生独特能力的方式影响了企业的综合绩效。Bharadwaj A. S.（2000）在信息技术资源基础上提出了信息技术能力的概念——调动和配置自身信息技术资源，以整合组织其他资源的能力，并通过实证验证了“具有较高的信息技术能力的企业会获取较高的收益率；具有较高信息技术能力的企业其成本较低”这两个假设。Santhanam R. 等人（2003）在 Bharadwaj A. S.（2000）研究的基础上也作了类似的研究。Banker R. D. 等人（2006）认为通过运用信息技术和相应的组织资源可建立独一无二的、面向变化的、能满足用户需求的、能对竞争者快速做出反应的能力，即信息技术的应用能增强制造业企业的动态能力，并经实证研究发现信息系统通过影响两种先进的生产能力——准时生产方式（JIT）和客户与供应者参与（CSP）而间接对企业的绩效产生影响。国内的吴晓波等人（2006）从获取竞争优势的角度审视了信息技术能力这一概念，提出了信息技术能力的四类载体、五个层次及以其为基础获取竞争优势的三类路径模式。任迎伟等人（2004）研究了中小企业组织学习、信息技术能力和经营业绩三者之间的关系，通过实证研究发现组织学习与信息技术能力存在正向关系，而信息技术能力与经营业绩之间存在正向关系。

4. 组织信息处理观

Goodhue D. L. （1992）和 Gattiker T. F. （2005）分别将数据整合和 ERP 系统视为一种特殊类型的信息处理机制，从而将组织信息处理理论引入了信息化对企业绩效影响的研究。Tushman M. L. 和 Nadler D. A. （1978）提出子单元之间的相互依赖和差异性会影响特定信息处理机制与特定公司或子单元的适配性，Goodhue D. L. 等人（1992）把这些思想应用于特定的信息处理机制——数据整合，发现随着子单元间相互依赖的增强，数据整合的益处会增加。Gattiker T. F. （2005）通过实证研究发现：工厂之间的相互依赖影响着 ERP 所引发的协同，工厂之间的差异性影响 ERP 所引发的协同和工作效率，而协同、工作效率、数据质量等中间利益影响着企业收益。Song 等人（2007）则强调信息共享对于新产品、新工艺的开发具有重要作用，认为创新需要在不同的职能部门和学科之间及其内部共享知识，包括信息共享在内的跨职能组合能促进新产品、新工艺开发的成功。准时生产技术意味着多品种、小批量的生产流水线，减少了工作量和产成品，压缩了库存，提高了产品质量和生产率，增加了企业的连贯性和灵活性，使工厂管理者能够追踪生产流程、监控和纠正偏差，不断保持主动。

王铁男、沈南、李一军（2007）运用结构方程模型从组织单元间差异性的角度对我国 22 家制造企业的制造部门进行了研究，发现部门间的差异会降低该部门与其他部门的协调性，进而使部门应用信息系统的绩效下降。王铁男、李一军、郝秋娟（2006）从组织单元间的相互依赖性角度进行了实证研究，发现组织单元间的相互依赖程度会影响到组织应用信息系统后绩效的提高，并且这种影响不是直接产生的，而是通过使用高质量数据提高了整个组织单元的工作效率和协调性，它们的共同提高带来了整体绩效的提升。

5. 环境观

环境观认为企业所处的竞争环境、行业环境和宏观环境影响着企业信息化绩效。Dewan 等人（2000）认为发达国家和发展中国家在信息技术商业价值方面的差异可能源于在互联网普及方面的差异。Hitt L.（1996）发现企业不能独享信息技术所产生的价值，其价值被其合作伙伴、顾客分享。当信息技术横跨企业边界时，贸易伙伴的信息技术资源、非信息技术资源会影响企业信息技术商业价值的产生。Bresnahanf T. F.（1986）发现行业中使用信息技术的上游所产生的价值会溢出到下游。Brynjolfsson E.（1996）发现通过评估消费者所获取的、由于应用信息技术所产生的价值表明：信息技术所产生的价值有相当大的比重通过质量的改善、产品多样性等形式而被终端用户获得。Melville N.（2004）等人对前人的研究成果进行了整合和深化，认为宏观环境、行业环境、合作伙伴的信息化水平影响着企业信息化绩效。

2.4 金融与工艺创新关系研究现状

2.4.1 金融市场对工艺创新的作用

现代西方经济学关于金融对实体经济包括工艺创新影响的研究，首先是从探讨资本等金融因素在经济增长中的作用展开的。在金融内生增长理论中，关于金融对工艺创新的影响的研究主要集中在金融市场方面。

金融发展理论（McKinnon，1997）认为，金融体系最主要的功能是在一个不确定的环境中，便利资源在时间和空间上的配置。Levine（1997）认为金融体系功能通过资本积累和技术创新两个渠道来推动经济发展。King（1993）认为金融市场的发展，可以通过资产组合来分散和化解创新项目收益性风险，有助于促进全社会对创新活动的投资。Levine（2000）认为，一个好的金融体系可以减少信息与交易成本，进而影响储蓄率、投资决策、技术投资、技术创新和长期经济增长。Chou（2006）同样认为，金融产品的创新有利于技术创新的加速推进。Gupta 等（1984）认为，发展中国家应当通过发展金融体系来支持科技创新，缩小与发达国家科技水平之间的差距。Allen（2000）通过比较英、美、日、德等国的经济发展历程，认为金融市场主导型的经济，如 19 世纪的英国和 20 世纪的美国，比银行中介主导型的经济在发展新兴产业中更成功。

国内关于金融市场对工艺创新的作用研究偏弱。辜胜阻、洪群联等（2007）认为，创新具有层次性和阶段性，而创新的主体企业具有不同规模和生命周期，这都决定了为企业技术创新提供金融支持的资本市场必然是一个多层次的资本市场。郭戎（2009）认为，创业投资不仅是一项新技术的融资工具，还是技术创新的一种重要的协调、组织机制，是技术创新模式转变的重要推动力量之一，正在促使开放式创新成为当今世界新兴产业的主流创新模式。李悦（2008）基于产业生命周期理论，指出金融市场在支持创新性产业成长和处于生命周期初级阶段的新兴产业融资方面具有优势。李大伟等（2003）通过对金融支持技术创新企业的激励约束机制进行分析，对政府金融、金融机构、风险投资等现行几种金融支持方式进行了比较。王亮（2003）认为，通过风险投资的发展，在既有企业组织外部产生一个符合风险企业成长要求的资源支持系统，推动了原有技术创新系统“慢速溢出”到“快速溢出”的变革，从而使得国家整体技术创新能力得到大幅提升。

2.4.2 风险投资对工艺创新的作用

无论企业有多么领先的技术，多么广阔的市场，企业技术创新的胜负最终取决于企业是否能够融资和融资规模的大小。企业技术创新的高风险性阻碍了银行贷款和其他形式的融资成为技术创新的主要资金来源。风险投资恰好适应了具有高风险、高潜在收益的技术创新的投资特点，满足了新技术创新型企业管理方面的需要。所以，风险投资融资形式是处于创业期的企业技术创新的首选（Tykvova，2000）。技术创新的主体由企业（特别是高科技企业）构成，风险投资实际上极大地促进了企业的技术创新。中小企业的发展有赖于风险投资从资金和管理两个方面的支持。

从一般均衡角度，Keuschning（2004）认为，大量富有经验的投资家活跃在风险投资行业，极大地提高了创业的成功率和均衡状态下的技术创新率。在风险投资家和创业者的均衡中，风险投资家提供资本和管理经验，创业者提供关键技术。风险投资家和创业者的均衡形成合约，促进了创新。Keusehning 还证明，调整税收政策、强化激励风险投资可以促进创新。总之，风险资本扩大了资本的实际供给，满足了市场上原来不能被满足的资本需求，为企业提供了其他金融中介不能或不愿提供的资本。换言之，增加社会资本供应量是风险投资对技术创新的最大作用（Tykvova，2000）。

另外，风险投资支持的企业与无风险投资的企业的技术创新可能会有不同，这是研究者经验层面的共识。经验层面的研究重点比较了接受风险投资和接受其他渠道投资的不同融资来源的两类企业间的创新差异，创新差异不再考虑风险投资是否是企业的唯一资本来源。一般观点是风险投资会偏爱创新倾向的企业，企业在得到风险投资支持后会加大创新力度，持续保持技术领先，增加企业价值，从而在风险投资最终退出后成功获得最大的收益。简言之，风险投资的参与提高了企业的技术创新倾向（Engel，2007）。

Gebhardt（2006）认为，高风险、企业家的高潜在收益是创新项目的两个特点。对创新项目的融资，银行和内部资本市场均要认真面对预算软约束问题。企业家潜在的收益越丰厚，创新项目失败的概率越大，预算软约束问题就越强烈。根据 Gebhardt 所建立的模型，限制融资量和分阶段融资是风险投资规避风险的手段，这种机制的建立形成了预算硬约束，从而减小或者规避了银行和内部资本市场的投资风险。在这样条件下，风险投资的风险降至最低，才能够有效地融资于创新项目，促进技术创新的发展。

吕炜（2002）认为，基于机制的适应性，传统的企业组织形式不能解决现代高科技成果商业化开发等多方面的障碍。在新兴行业中，原有企业组织结构的内源性资源不适应原有系统支持的技术创新。风险投资实行共同组建企业，从而引入了一种新的合约方式和组织机制，突破了机制障碍。突破障碍的效果是提高了企业组织结构的技术创新能力。提高体现在两方面：第一，扩散技术创新的过程，从实验室研究延伸至发明阶段，风险投资介入应用和基础研究，极大地加速了技术创新的发展；第二，减少了中间环节，强化了技术创新各阶段的联系。另外，传统的组织结构适应于一般企业生命周期；风险投资企业运作周期适应于技术创新活动周期（高科技企业的生命周期），风险投资机制设计及投资的产业与高科技演进方向保持一致，旨在促使高新技术成果尽快商品化、产业化。

基于澳大利亚的数据，Peneder（2007）对此进行了验证。结果显示，传统渠道确实不向风险投资支持的企业融资，风险投资发挥了融资功能，为企业特别是高科技企业提供了资本。Peneder 还发现，其他企业和风险投资支持的企业确实存在系统性的绩效差异，一般而言，后者比前者更富于创新性，其雇员人数和营业额增长更快。什么是造成这种系统性差异的原因？第一，创新方面。从企业个体角度，风险投资能促进企业创新；从整体经济角度，创新企业的确获得了风险投资的资源配置，促进了企业发展和产业结构升级，风险投资从全局角度来说对企业的创新做出了贡献。第二，企业增长方面。风险投资确实为企业带来了价值和倾向于投资那些绩效或者潜在绩效相对较高的企业。

Wong Sunwai（2007）研究了风险投资市场融资质量对公司治理的影响。投资质量分别用每个风险投资基金投资的项目数和每个投资项目中共同参与的风险投资基金个数两个指标来代表。计算两个指标所得的数值，并用其代表风险投资基金的质量。研究发现：高质量的风险投资，高水平的公司治理。在较高质量的风险投资支持的企业，企业董事会中风险投资占据更多席位，企业的董事会更独立且规模更大；上市后，财务报告修改的情况更少，企业不正当获利的情况更少。

2.5 国内外研究现状评述

2.5.1 研究中存在的不足

到目前为止，针对制造业企业信息化内涵、制造业企业信息化要素、制造业企业信息化水平测度以及工艺创新能力概念、工艺创新能力影响因素、工艺创新能力构成要素等方面的研究较深入，但对基于信息化水平的制造业企业工艺创新能力体系构建与投融资的研究还处于起步阶段，同时还存在着一些问题。

1. 研究角度尚未集成

国内外的多数研究侧重于分析信息技术及信息技术能力、应用软件、信息化人才等技术因素对工艺创新能力的影响，而忽略了企业文化、业务流程、组织结构、管理等非技术因素的作用，缺少对这些角度的综合与集成。制造业企业信息化是一个整体，在分析其对工艺创新能力的影响时，应统筹考虑技术资源和互补性的组织资源，兼顾技术因素和非技术因素，以便从一个整体上揭示和把握信息化水平对制造业企业工艺创新能力的影响。

2. 理论研究缺乏深度

尽管众多学者都认识到了企业信息化水平对工艺创新能力有着非常重要的影响，但是对此方面的研究还未达到相应的深度，并未形成系统、深入的认识，没有揭示出制造业企业信息化水平影响工艺创新能力的规律和特点。在为数不多的研究信息化水平对工艺创新能力影响的文献中，大部分研究成果还停留在认为制造业企业信息化水平是提升工艺创新能力的有效手段和基本途径上，仅仅指出了制造业企业信息化水平与工艺创新能力之间的相关性，未能进一步探究制造业企业信息化水平影响工艺创新能力的内在机理及作用路径，理论研究缺乏深度，导致难以对政府和企业的实践提供有效的指导。

3. 实证研究不够全面

国外学者能够在调研数据或案例基础上对实际问题展开深层次的分析：一方面，经常围绕制造业企业信息化水平和工艺创新能力进行大量的调研活动并应用结构方程模型等先进的工具进行数据分析和处理，以揭示制造业企业信息化水平与工艺创新能力在统计上的相关性；另一方面，结合典型案例，分析制造业企业信息化水平影响工艺创新能力的内在过程。同国外相比，国内学者所用的数据较少，数据处理方法落后，同时也缺少典型案例的支持，其研究结论不足以让人信服，研究成果的合理性有待于实践的检验。

2.5.2 研究的发展趋势

当前对于基于信息化水平的制造业企业工艺创新能力体系构建与投融资的研究，多采用定性研究。然而，在研究方法、研究层次、研究视角上，未来的相关研究将呈现出以下发展趋势。

1. 研究方法实证化

制造业企业信息化水平影响工艺创新能力的研究，不仅要研究制造业企业信息化水平影响工艺创新能力的共性问题，还要针对特定行业、特定企业、特定问题，在现有基础上进行深化研究。研究者们将通过问卷调查和典型案例分析，更多地运用实证分析方法来探讨制造业企业信息化水平影响工艺创新能力的整体特征和内在规律，以便为政府有关政策的制定提供有效的决策依据和战略指导。

2. 研究层次全面化

未来关于制造业企业信息化水平影响工艺创新能力的研究将会在企业层次基础上，覆盖至全部层次（包括宏观、行业、企业和子单元），沿着内外两个方向进行深化和扩展。一方面，分析子单元之间的依赖性对制造业企业信息化水平与工艺创新能力关系的影响，向内深入到子单元层次；另一方面，研究宏观环境、信息化中介机构、信息化社会服务体系等对制造业企业信息化水平与工艺创新能力关系的影响，向外扩展至行业环境和宏观环境。

3. 研究视角多元化

信息技术的飞速发展和管理理论的日益丰富，使得制造业企业信息化水平的研究是一个动态的过程，因此，要不断地提供新的理论和研究方法，以加深本书的研究。本书将在对制造业企业信息化水平影响工艺创新能力的研究中融入相关理论和实践的最新成果，更多地从不同理论的不同视角来分析、诠释和研究制造业企业信息化水平与工艺创新能力之间的关系。

2.6 本章小结

本章首先遵循历史研究的脉络，从分类研究的角度，对基于信息化水平的制造业企业工艺创新能力体系构建与投融资的相关文献进行梳理和总结。从研究的内容看，对基于信息化水平的制造业企业工艺创新能力体系构建与投融资的研究主要关注的是：① 制造业企业信息化的研究，包括制造业企业信息化的内涵、制造业企业信息化的要素、制造业企业信息化的规划、制造业企业信息化水平的测度；② 工艺创新能力的研究，包括工艺创新能力的概念、工艺创新能力的影响因素、工艺创新能力的构成要素、工艺创新能力的测度与评价；③ 信息化与工艺创新能力关系的研究，包括信息化建设提升工艺创新能力、信息化建设影响工艺创新绩效；④ 金融与工艺创新关系的研究，包括金融市场对工艺创新的作用、风险投资对工艺创新的作用。

该领域的研究成果为后续的研究者提供了丰富的理论基础和借鉴依据，但是研究中也存在一些不足之处，如研究角度尚未集成、理论研究缺乏深度、实证研究不够全面等。随着制造业企业信息化水平的进一步提高，工艺创新的方式也随之发生了巨大变化，这种巨大变化必然导致工艺创新呈现出新的规律与特点，出现许多前辈学者所无法预料的问题，需要找到合适的理论支持和解释，这也为后续研究者提供了非常丰富的理论研究空间。在国内外研究现状的基础上，本章总结了基于信息化水平的制造业企业工艺创新能力体系的研究趋势，主要表现在：① 研究方法实证化；② 研究层次全面化；③ 研究视角多元化。这些方面都是研究者在未来的研究中应密切关注的领域。

随着人类社会以及科学技术的不断进步与发展，制造业企业信息化与工艺创新的内容不断更新，制造业企业信息化与工艺创新的相互关系也会随之发生变化，由此导致制造业企业工艺创新能力体系的变化。因此，对基于信息化水平的制造业企业工艺创新能力体系构建与投融资的研究是没有止境的，是随着时间的变化而需要不断进行的，需要时刻给予密切的关注。

3 理论基础

基于信息化水平的制造业企业工艺创新能力体系构建与投融资的研究是企业信息化与工艺创新相互交叉、金融与工艺创新相结合的一个全新的研究领域。现有文献对制造业企业信息化与工艺创新的研究可以分为两种观点：一种观点认为，企业信息化体系中工艺信息化或生产过程信息化等同于工艺创新；另一种观点认为，信息化环境下的工艺创新不仅包括工艺设备创新、工艺技术创新，也包括信息化下的工艺组织变革等。本书在此定义范围内，对制造业企业信息化水平、工艺创新能力的概念等进行了界定，从而揭示了信息化环境下的制造业企业工艺创新的特殊性，系统分析了基于信息化水平的制造业企业工艺创新能力体系构建与投融资的相关理论，主要包括技术创新理论、企业能力理论、企业信息化理论、组织信息处理理论和投融资理论等。在这一过程中，也就形成了较为全面和系统的基于信息化水平的制造业企业工艺创新能力体系构建与投融资的理论基础。

3.1 相关概念界定

3.1.1 制造业的界定

1. 制造业的概念

制造业是以经过人类劳动生产的产品作为劳动对象的工业，是对零部件进行装配、对原材料进行加工或再加工的工业的总称。制造业是社会进步与富民强国的根本，是我国国民经济的物质基础和工业化的产业主体。制造业通过制造过程，将可用资源与能源转化为可供人们使用或利用的生活消费品或工业品。

制造业是国民经济的重要表现，是一个国家生产力最重要的支柱产业。在现代发达的工业化国家，约 70%～80% 的物质财富来自制造业，约有 1/4

的人口从事制造业。近年来，我国制造业发展迅速，其总产值约占整个工业生产的 4/5，占全国 GDP 的 42.15%，解决就业人员 8043 万，为国家财政提供 50% 以上的收入，为我国的工业化建设打下了良好的基础，因此，制造业在我国同样具有举足轻重的地位。制造业的重要作用主要表现在以下方面。

（1）制造业对国民经济具有很强的拉动作用

与第一产业和第三产业相比，制造业对国民经济其他部门的带动作用较大，具有很强的后向联系效果。在装备工业、材料工业和零部件配套工业中，这种效果显得尤为突出。因为这些产业消耗了大量的上游产业的产品（如原料、零部件等），同时提供具有竞争力的装备工业、材料和零部件给下游的制造业以及国民经济其他部门，具有很强的后向联系效果。

（2）制造业为人类的基本生活提供必需品

人类生存所需的产品大部分来自制造业，衣食住行是人类最基本的生存所需。人类的生存离不开对物质乃至工业物品的需要。如人类穿着问题需要靠传统的纺织服装业解决；人类食品问题需要由食品制造业与食品加工工业提供；人类居住所需的产品需要由家具及木材加工工业提供；人类通行方便需由汽车、船舶等交通设备制造业提供。制造业对人类社会发展起到奠定物质基础的作用。

（3）制造业是产品创新的主要载体

随着物质生活的日益丰富，再加上科学技术的不断进步，消费者对产品的需求日趋个性化和多样化。而产品是制造业企业的生命，制造业企业都是围绕着如何以其产品满足消费者需求这个中心进行的生产经营活动，这就使得制造业企业之间的竞争日益激烈。制造业企业只有源源不断地进行产品创新、缩短产品开发时间、加快产品开发速度，才能在激烈的市场竞争中获得生存和发展。

（4）制造业是吸纳就业的主要渠道

制造业对第三产业的发展起着重要的推动作用，制造业，特别是传统制造业，能够大量吸纳劳动力就业。一方面，尽管第三产业将会吸纳越来越多的生产力，但制造业仍然是我国解决就业矛盾的一个重要领域；另一方面，制造业为第三产业的发展提供物质基础和市场，第三产业发展的空间由制造业提供的购买力高低决定，制造业的发展水平对第三产业的发展起着直接的带动作用。

(5) 制造业是经济成长和国际竞争优势的基石

综观世界各国的经济发展史，制造业使英、美、日等被称为“世界工厂”的工业发达国家相继成为制造业强国，给它们带来了巨大的经济成长和市场繁荣。目前，衡量一个国家或地区综合实力的重要标志是发达的制造业和先进的制造技术。制造业已成为一国在日趋激烈的国际竞争中获胜的关键因素。可见，制造业是一国成为经济强国和获得国际竞争优势的基石。

2. 制造业划分标准

本书采用了国家统计局颁布的《三次产业划分规定》中关于制造业的界定和分类，其依据是《国民经济行业分类》(GB/T 4754—2002)。其中，制造业属于第二产业，包括农副食品加工业，食品制造业，饮料制造业，烟草制品业，纺织业，纺织服装、鞋、帽制造业，皮革、毛皮、羽毛（绒）及其制品业，木材加工及木、竹、藤、棕、草制品业，家具制造业等在内的 30 个行业，具体如表 3-1 所示。

表 3-1 制造业分类

《国民经济行业分类》(GB/T 4754—2002)		
类别名称及代码		
门类	大类	类别名称
C		制造业
	13	农副食品加工业
	14	食品制造业
	15	饮料制造业
	16	烟草制品业
	17	纺织业
	18	纺织服装、鞋、帽制造业
	19	皮革、毛皮、羽毛（绒）及其制品业
	20	木材加工及木、竹、藤、棕、草制品业
	21	家具制造业
	22	造纸及纸制品业
	23	印刷业和记录媒介的复制
	24	文教体育用品制造业

续 表

《国民经济行业分类》（GB/T 4754—2002）		
类别名称及代码		
门类	大类	类别名称
C		制造业
	25	石油加工、炼焦及核燃料加工业
	26	化学原料及化学制品制造业
	27	医药制造业
	28	化学纤维制造业
	29	橡胶制品业
	30	塑料制品业
	31	非金属矿物制品业
	32	黑色金属冶炼及压延加工业
	33	有色金属冶炼及压延加工业
	34	金属制品业
	35	通用设备制造业
	36	专用设备制造业
	37	交通运输设备制造业
	39	电气机械及器材制造业
	40	通信设备、计算机及其他电子设备制造业
	41	仪器仪表及文化、办公用机械制造业
	42	工艺品及其他制造业
	43	废弃资源和废旧材料回收加工业

资料来源：国家统计局，《三次产业划分规定》，2003。

3. 制造业企业的概念

制造业企业是指对原材料（采掘业的产品及农产品）进行加工或再加工，以及对零部件进行装配的工业部门的总称。只要提到制造企业，在人们的印象中就会呈现大量的机器、流水线、繁忙的工人，等等。在整个价值网中，制造业企业占很大的比例，制造业企业将一些生产要素进行组合，通过一定的加工过程制造成某种可供使用的新的产品，从价值增值环节来说，制造业企业是价值增值的关键点。

3.1.2 信息化及企业信息化内涵

1. 信息化的概念

早在20世纪60年代，“信息化”一词便由日本学者提出，同时创造了一个新的英文单词——Informatization。日本学者Tadao Uillesao于1963年首次提到了信息化问题，并发表了一篇题为《论信息产业》的文章。“信息化”最早用于反映一种社会发展阶段，是指在经济活动中信息技术广泛采用的过程，是从社会产业结构演进角度提出来的。具体为：在知识层次上，信息化体现为信息资源的开发和利用；在技术层次上，信息化体现为信息技术的推广和应用；在产业层次上，信息化体现为信息产业的增长。

相比于工业社会，经济发展的重心开始转向了信息，信息已成为现代企业重要的资源和财富。信息社会要求企业具有快速应变的能力，能够及时把握市场形势并做出科学、正确的决策。为此，企业必须依靠信息流通和信息处理来开拓市场，全面、及时、准确地掌握信息，以提高竞争能力。目前，度量经济运动质量与效率的最重要的标准之一即信息化，各国都更加关注信息资源的开发和利用，都把信息化看作综合国力和竞争力的重要组成部分。

2. 企业信息化的含义

企业信息化即将现代信息技术融入企业经营管理中去，它是信息化的一个重要内容。社会的进步需要逐渐提高企业的经营管理水平，而不仅仅只是依靠科学技术的进步。有效的管理能将其他方面节约下来的人力、物力、财力等资源用于科技创新，还能提高科技创新的效率和速度。

系统组织论认为，企业是一个由各种各样的契约组合而成的社会组织系统和自我组织系统。“企业信息化”就是将信息资源和信息技术等充分利用在企业的各项经营活动（包括设计、生产、管理等）中的过程。这个过程可以充分利用现代信息技术和理论，逐步提高企业集约化和整合的程度，建立反应迅捷且贯穿内外的信息网络体系，能够帮助企业获取国内外用户需求信息，提高科学技术对企业效益的贡献率，使企业生产出适销对路的产品，从而提高企业的市场竞争力。

3.1.3 制造业企业信息化内容及特征

制造业企业运行要想达到整体最优，必须实现整个企业的全面、综合信息化，而不能单单靠功能单一的局部信息化。制造业企业的全部活动主要由四大功能构成，其中主体功能包括产品设计、产品制造和供销服务 3 个部分；辅助功能为决策管理功能，用以统一管理和控制。根据制造业企业的功能，可以将制造业企业信息化内容分为如下 5 类。

1. 产品设计的信息化

为推动企业创新设计能力、设计效率和设计质量的提高，产品设计信息化通过应用计算机技术及其相关技术，改变或改善创新设计活动中的设计方法、手段和过程。产品设计信息化的内容主要包括 CAD、CAE、CAPP、CAM（狭义）、PDM、DFX 以及 CAI 工具等。

2. 产品制造的信息化

为实现产品制造的自动化、智能化、集成化和柔性化，产品制造信息化运用信息技术和自动化技术改变或改善制造活动中的加工设备、方式和过程，以提高制造业企业高效率、高质量、低成本、高精度的制造能力。产品制造信息化的内容主要包括装备数字化、过程自动化以及过程监控系统等。

3. 供销服务的信息化

为提高企业销售能力和服务水平，供销服务信息化将现代管理思想和方法运用到信息技术的实施中，以改变或改善供销服务体系中的观念、方法和手段，来促使产品增值，获取最大利润。供销服务信息化的主要内容包括 CRM、SCM、EC 等。

4. 决策管理的信息化

为提高产品质量，决策管理信息化将现代管理方法和信息技术相结合，统一管理和控制制造业企业所有活动，以实现整个制造业企业协调、高效和优化运行。决策管理信息化的内容主要有 ERP 方法的研究与系统实施等。

5. 信息化支撑系统的构建

产品设计、产品制造、供销服务和决策管理的信息化功能都需要物理平台和技术体系的支撑才能实现。制造业企业通过运用这些物理平台和支撑技术，将各种信息、工具、过程甚至企业集成在一起，从而实现整个企业的、区域的乃至全球的数字化。信息化支撑系统构建的内容主要包括企业内部网络平台的建设以及与 Internet 的接入，支撑技术有硬件技术、软件技术、信息安全技术、信息标准化技术等。

3.1.4 工艺创新及工艺创新能力概念

美籍奥地利经济学家约瑟夫·熊彼特于 1912 年提出创新的五种基本类

型，并在《经济发展理论》中进行了详细阐述。后来的学者将其中的第二种创新类型，即采用新的生产技术方法，称为"工艺创新"。英国学者 Daft（1975）认为，"技术创新可分为产品创新和工艺创新两种类型，它们与企业的主要生产活动息息相关"。因此，工艺创新通常被认为属于"技术创新"范畴，是与产品创新相对应的一种创新形式。但对于工艺创新的概念界定，学术界还没有形成统一定义，现有的代表性概念总结具体如表 3－2 所示。

表 3－2　　工艺创新代表性概念总结

作者	时间	定义
Utterback 和 Abernathy	1975	工艺创新是指将新内容（如新材料、新工作规范、工作流和信息流新机制和新设备）引入到组织生产或服务中来生产产品或提供服务
Bigoness 和 Perreault	1981	工艺创新是指组织或经营单位（如工厂）的生产技术变化，这些变化对行业来说是新的
Ettile 和 Reaz	1992	工艺创新是居于输入与输出之间的新工具、设备和生产的技术知识
Davenport	1993	工艺创新是指包括新工作战略构想，工艺设计活动，与工艺相关的技术、人力、组织等所有方面的变革
Papinniemi	1999	工艺创新涉及使用特定的发生改变的工具、设备和业务流程技术
OECD	2005	工艺创新包括技术、软件和（或）设备上的重大改变，是指新的或显著改进的生产或交付方式的实现
傅家骥	1998	工艺创新是指产品生产技术的变革，它包括新工艺和新设备的变革以及新的组织管理方式的变革
吴贵生	2000	工艺创新是指生产（服务）过程技术变革基础上的技术创新，包括在技术较大变化基础上采用全新工艺的创新和对原有工艺的改进所形成的创新
卢建波	2003	工艺创新是指生产（服务）过程技术变革基础上的技术创新，既包括在技术较大变化基础上采用全新工艺的创新，也包括对原有工艺的改进所形成的创新

续 表

作者	时间	定义
赵颖和戴淑芬	2005	工艺创新是指除产品创新之外的所有生产技术创新（包括部分设备创新和材料创新）。工艺创新也必定包含了最终获得经济效益的较重大的技术改造活动利用微电子信息等高新技术变革传统的生产过程

通过对表 3-2 中概念的分析，可以发现学者们对工艺创新主要从狭义和广义两个角度进行界定。

1. 狭义角度

狭义的工艺创新概念基于狭义的“工艺”提出，仅指制造技术、生产方法的创新。如熊彼特提出的“采用新的生产方法”是工艺创新概念的一种狭义界定。如表中 Bigoness 和 Perreault 所提出的概念。

2. 广义角度

广义工艺创新是基于广义的“工艺”概念所提出来的，即工艺创新包括了工艺全要素创新，既包括生产技术的创新，也包括工艺装备创新，还包括工艺管理和工艺组织的创新。持有此观点的学者与组织包括国外的 Utterback、Abernathy、Ettile、Reaz、Davenport、Papinniemi、经济合作与发展组织（OECD），我国学者傅家骥、吴贵生、卢建波、赵颖和戴淑芬等。其中，OECD 组织作为最早系统收集并指导各国技术创新（包括工艺创新）统计的国际组织，对工艺创新的界定具有重要的理论和现实意义。因此，本书对 OECD 的概念进行详细介绍。

在 1992 年，《奥斯陆手册》（第一版）（*Oslo Manual*）由经济合作与发展组织（OECD）出版发行，其中对“技术的工艺创新”进行了界定。此后，OECD 组织在 1997 年、2005 年对该手册进行了第二版、第三版的修订，从而使得“工艺创新”的概念更加明确和完整。《奥斯陆手册》第三版提出“工艺创新包括技术、设备或软件上的重大改变，指新的或显著改进的生产或交付方式的实现”。并进一步作出解释，指出“生产方式”包括新自动化生产线、计算机辅助产品开发和系动化包装在内的用于生产产品或提供服务的设备、技术或软件。“交付方式”包括提高产品交付效率的系统，涉及产品从车间到最终用户的相关物理运动，如跟踪系统、计算机系统和相关设备。OECD

组织同时指出工艺创新涵盖了辅助支撑活动中新的或重大改进的技术、设备和软件，比如用于采购、会计或维修系统的新的或改良软件。

从上述的综述可以看出，不同的研究工作根据研究需要，从不同的视角对研究对象进行界定。对工艺创新从工艺创新的对象、效果及其过程等角度进行定义；对企业技术创新能力通过能力本体论、技术创新资源要素、创新过程等视角进行界定，并没有一致的结论。由于相关研究较少，对于企业工艺创新能力的界定研究并不丰富。

本书基于 OECD 提出的工艺创新概念，从广义角度将“工艺创新”定义为：工艺创新是指企业在产品生产和交付中引进新的或有重大改进的技术、设备和管理方法。需要说明的是，本书所指的“工艺创新”仅涉及制造业领域的工艺创新，不包含服务领域的工艺创新。

国内关于工艺创新能力的界定研究并不多见，本书结合毕克新（2002）的观点，认为工艺创新能力是企业在未来一定时期内工艺有可能达到某一标准的能力，换言之，工艺创新能力是决定企业未来可能实现的工艺水平的关键性因素。工艺创新能力越强，意味着企业未来有可能实现的工艺水平越高，竞争能力也就越强。

3.1.5 工艺创新能力的特性

总体上，制造业按其工艺过程特点可概括为离散型制造业和连续型制造业，本书主要针对离散型制造业展开研究。离散型制造业的产品往往经过一系列并不连续的工序加工，最终由多个零件装配而成。离散型制造业企业就是生产这类产品的企业，如属于生活资料生产的机电整合消费产品制造业，属于生产资料生产的机械、电子设备制造业。

离散型制造业企业的产品生产过程通常被分解成很多加工任务来完成，生产特点为品种多、批量小，存在各阶段和各工序间明显的停顿和等待时间，制造过程不连续，普遍存在生产计划无法及时滚动更新、生产进度不能保证、原材料在制品库存积压、交货期不准等种种问题。同时，离散型制造业企业的产品工艺和产品结构复杂多变，生产过程中会存在大量工艺设计和变型设计任务，因此工程设计任务很重。

在离散型制造业中，识别一种能力是否是工艺创新能力，最根本的是要看该能力是否符合工艺创新能力的特性。与一般意义上的企业能力相比较，离散型制造业的工艺创新能力是企业保持竞争优势的动力源泉，具有多种特性，主要表现如下。

1. 工艺创新能力的异质性

与竞争对手相比，制造业企业的工艺创新能力应当是独一无二的。如果本企业和其他企业一样都具有某种工艺创新能力，大家做得一样好，那么实质上该工艺创新能力就不是本企业的工艺创新能力，而应是一种行业的普及性工艺创新能力。其实，所谓的“独一无二”并非高不可攀，只要本企业在某方面的竞争能力使竞争对手相形见绌，比竞争对手领先一步，那么这种竞争能力就可以称为工艺创新能力。

2. 工艺创新能力的价值性

工艺创新能力能够给消费者带来独特的价值，能够在降低成本和创造价值方面比竞争对手更具优势，有利于提高企业的效率。从用户角度看，工艺创新能力有助于实现用户最为看重的、核心的和根本性的利益，而不是那些一般的、短期性的好处，如提高产品质量、显著地降低成本、大幅增加客户满意度主观效用、提高服务效率等，从而为企业带来显著的竞争优势。

3. 工艺创新能力的累积性

工艺创新能力的形成并非是一朝一夕的事，它是企业长期累积性学习和集体学习的结果，是通过组织学习和知识共享而缓慢积累起来的。现实中也许有些企业在开始经营时就获得了超额利润，然而，这种超额利润一定不是工艺创新能力带来的，或者它是企业获得了稀缺性资源，因此获得了“李嘉图租金”；或者是因为企业幸运地找到新的市场机会。工艺创新能力是企业在经营实践中逐渐培育和积累起来的能力。

4. 工艺创新能力的路径依赖性和难以模仿性

工艺创新能力的累积性造成了工艺创新能力的路径依赖和“普遍模糊”，使得工艺创新能力深深地烙上了企业组织的烙印，因而导致其竞争对手难以模仿。工艺创新能力的路径依赖性是一柄双刃剑，一方面，它能有效阻止竞争对手的轻易模仿；另一方面，由路径依赖形成的“管理遗产”会影响企业未来的行为和战略路径，使企业可能会参与无吸引力的产业部门竞争，这就是刚性化现象，容易使企业产生抗拒变革的惰性。

5. 工艺创新能力的不可交易性

工艺创新能力与企业的资源等资产不同，不能在市场上直接买卖。因为，工艺创新能力与企业员工、行为方式以及组织文化联系在一起，是企业能力的集成。企业从市场上获取特殊的高级人才，即工艺创新能力的携带者，以及通过兼并收购拥有工艺创新能力的企业，并不能直接产生本企业的工艺创新能力。只有通过企业内部的有效整合，才能演变为本企业的工艺创新能力。

6. 工艺创新能力的知识性

知识可以分为显性知识和隐性知识两大类。其中，显性知识很容易被仿制，具有信息特征；而隐性知识相对来说较难仿制，具有方法论特征。工艺创新能力必须是异质的、完全不能仿制和替代的，因此，工艺创新能力必须以隐性知识为主。隐性知识内容模糊，在使用中难以觉察，复杂而又自成体系，具有不公开和无法传授等特性，这使得工艺创新能力具有“模糊普遍性”。

7. 工艺创新能力的协调性与整合性

工艺创新能力从来不是单一的能力，它是企业诸多资源、技能和能力的协调与整合，是显性知识和隐性知识的整合，是工艺知识能力与工艺技术能力的整合等。“协调性”与“整合性”不是简单的结合和调整，它是一种系统的“构架能力”，是一种具有特别价值的知识。企业离开了高超的协调整合能力，再好的“元件能力”也终究成不了工艺创新能力。

8. 工艺创新能力的动态性

工艺创新能力的价值不是一成不变的，在建立之初，工艺创新能力的价值最高，但是，随着产业动态发展、消费者需求的跃迁、管理模式的变革、资源条件的变化、竞争对手进行深度学习模仿或者进行替代性开发，企业已建立的工艺创新能力贬值，甚至废弃。为保持企业具有持续竞争优势，企业必须开发动态性的工艺创新能力。

3.2 技术创新理论

3.2.1 技术创新模式

制造业企业技术创新的基本模式主要包括自主创新模式、模仿创新模式和合作创新模式三种，下面对这三种基本技术创新模式分别进行阐述。

1. 自主创新模式

自主创新是指主要依靠企业自身的力量完成技术创新全过程，关键或核心技术上的突破由本企业实现。对企业而言，自主创新的意义在于：①有利于企业培养独立的 R&D 能力，提高技术积累的整体水平，并在此基础上培育企业核心能力；②有利于企业构筑起较强的技术壁垒，从而在竞争中处于十分有利的地位；③有利于企业发挥创新集群效应，当企业的某项创新技术开发成功后，很可能会带动一大批新产品、新工艺的诞生，从而形成创新集群（Innovation Cluster），带动相关技术和产品的发展。自主创新要求企业有雄厚的研究开发实力和研究成果积累，处于技术领先的地位，否则是做不到率先创新的。

2. 模仿创新模式

模仿创新是指企业引进率先创新者的技术和产品，并对其进行消化和吸收，在借鉴率先创新者成败的基础上加以改进、完善和再创新的一种创新模式。模仿创新是在学习率先创新者的创新思路和创新行为基础上进行的二次开发，它包含着渐进的创新和对原设计的不断改进。模仿创新具有创新投入和市场开发成本较少、创新风险较低的优点，是一种更有效的创新，因而也是大多数企业采用的创新方式。

3. 合作创新模式

合作创新是指为了节约研究开发投资、缩短开发周期或进入对方占领的市场，以企业为主体，企业与供应商、企业与用户、企业与竞争者、企业与研究院所或高等院校合作推动创新的组织方式。合作创新可以缩短技术创新的时间，可以在合作的各方分摊创新成本及分散创新风险，从而增强企业在市场上的竞争地位，是企业适应世界经济一体化和世界产业结构变化的一项战略措施。在我国，以技术转移、合作开发等形式进行的国际技术合作可以缩短我国技术进步的时间，减少技术创新的费用，对国家的发展十分有益。

3.2.2 技术创新能力

1. 技术创新能力的内涵

国内外关于技术创新的研究已近半个世纪，但明确提出技术创新能力并展开研究却是 20 世纪 80 年代以后的事。基于技术创新能力在企业技术创新中的重要地位，技术创新能力成为国内外学者探讨的热点问题。陈艳等（2006）认为技术创新能力是指企业依靠新技术推动企业发展的能力，具体说，是指通过引入或开发新技术，使企业满足或创造市场需求，增强企业竞争力的能力，技术创新能力包括创新资源投入能力、创新管理能力、创新倾向、研究开发能力、制造能力和营销能力。曹庆奎等（2006）认为企业技术创新能力是投入能力、研究开发能力、营销能力和管理能力的综合。许庆瑞

(2000)则根据技术创新过程给出了比较完整的定义：技术创新能力是企业(或其组织单位)产生新思想(新概念)并运用研究与发展、营销和工程化能力实现新思想以促进支持创新战略的综合能力，具有独创性、商品化和系统性三个特征。上述定义尽管角度不同，但有一点是相同的，即技术创新能力不是某一单项能力所能概括的，而是多项能力的综合和集成。因为技术创新几乎涉及企业经营活动的各个方面和活动过程的各个环节，任何一个方面和环节缺乏能力支撑都会导致技术创新失利或低效，因此，技术创新能力是一种综合能力。

2. 技术创新能力的构成要素

对于技术创新能力的构成，学者们从组织行为学、技术创新资源要素、技术创新行为主体、技术创新类型、技术创新过程等角度进行了分析，从不同的研究视角对技术创新能力进行了解构，尽管分析的视角和具体的描述方式有所差异，但几乎所有学者都将技术创新能力视为由若干要素构成的、综合性的能力系统，是企业作为技术创新行为的各种内在条件的总和。由于研究视角不同，对技术创新能力构成要素的分解方式也不尽相同，国内外主要学者的观点具体如表 3－3 所示。

表 3－3　　技术创新能力的构成要素

分析角度	作者	技术创新能力构成
组织行为学	拉里	技术创新能力是包括组织能力、适应能力、创新能力和技术与信息获取能力在内的综合能力
	伯格曼	将技术创新能力视为可利用的资源、对竞争对手和环境的了解、公司组织结构和变化、开拓性战略等能力的组合
技术创新资源要素	王健和王海山	将技术创新能力要素分解为创新投入能力(包括 R&D 人员、R&D 经费、专利)，创新产出能力以及活动过程能力和技术创新的内部支持和社会支持能力等几个方面

续 表

分析角度	作者	技术创新能力构成
技术创新行为主体	巴顿	根据创新行为主体，认为技术创新能力由技术人员与高级技工的技能、技术系统的能力、管理能力、价值观等几个方面的内容组成
技术创新的具体类型	王伟强	从工艺创新能力和产品创新能力相互关联的视角，提出了组合创新能力，即工艺创新能力、产品创新能力之间的耦合状态以及由此决定的系统整体功能
以产品、技术与工艺过程创新、组织与管理创新以及经济过程创新三类创新资源在不同阶段的配置与利用状况作为评价的标准	远德玉	将技术创新能力分为技术和市场的机会选择能力、技术设计和开发能力、样品制造能力、中试能力、规模生产能力、销售和市场开拓能力、市场信息与反馈、产品更新能力等几个方面
技术创新过程	曹崇延和王准学	技术创新能力是以产品创新能力、生产技术创新能力以及管理技术创新能力为主体的企业系统能力，通过协调发挥各种能力以实现经济利润。基于技术创新过程、技术创新的主要内容、技术创新的影响因素，将技术创新能力分为 R&D 能力、生产能力、组织管理能力、创新投入能力、市场营销能力、财务能力以及产出能力
	傅家骥等	技术创新能力包括技术创新资源能力、技术创新管理能力、技术创新倾向、R&D、制造能力以及市场营销能力
	贾蔚文	技术创新能力是包括决策能力、技术获取能力、工程化能力、生产能力以及市场开拓能力在内的企业的一种综合能力

续 表

分析角度	作者	技术创新能力构成
技术创新过程	魏江和许庆瑞	技术创新能力的结构要素包括五个方面，即创新决策能力、研究与开发能力、生产能力、营销能力以及组织能力
	关士续	在对技术创新运行机制进行深入分析的基础上，将技术创新能力分解为创新决策能力、研究与开发能力、实施能力、实现能力以及组织管理能力

资料来源：杨忠敏．企业技术创新能力评价的理论与方法综述［J］．科技进步与对策，2004（3）：138－140.

3.3 企业能力理论

自1942年Joseph Schumpeter在其著作《资本主义、社会主义和民主》、1959年Edith Penrose在其著作《企业成长理论》中分别强调企业能力（Enterprise Competence）的重要性以来，学者们开始对企业能力理论逐步进行深入研究，同时，对于企业能力，包括了企业竞争力、组织竞争力、组织能力等不同说法。实际上，企业能力理论主要是在经典的企业战略管理理论中引入了经济学的理论及思考方式，并对企业竞争优势的来源及发展进行了良好的解释与预测。

特别是自20世纪80年代以来，随着环境动态性的加剧，企业能力理论对于如何获取企业竞争优势的解释受到了越来越多的企业家、学者们的重视。经过近30多年的发展，当前企业能力理论逐渐发展成为四个相对独立而又相互补充的流派——资源基础理论、核心能力理论、知识基础理论、动态能力理论。

3.3.1 资源基础理论

20世纪80年代初，学者对企业如何获取竞争优势以及如何保持竞争优势的解释从外部因素视角转向了内生因素视角，即从企业自身的角度（内部要素），基于资源观视角（Resource-Based View of the Firm）来解释企业的行为以及不同企业之间绩效的差异。

Birger Wernerfelt 于 1984 年发表的“A resource-based view of the firm”一文成为该理论最具代表性的学术论文，文章指出企业的组织资源、能力等内部条件是企业获取超额利润、保持竞争优势的关键之处。该理论基础的基本假设前提是：首先，企业是一组有形与无形资源的集合体，而且这些资源在不同企业之间分布不均；其次，资源在短期内很难在企业之间转移，即具备一定的黏性（Sticky）。同时，企业的竞争优势就在于如何拥有、处置、规划、部署这些特质资源。Barney 于 1991 年指出，企业要想获得可持续的竞争优势，必须具备有价值的资源（Valuable Resources）、稀缺的资源（Rare Resources）、不完全可模仿的资源（Imperfectly Imitable Resources），并讨论了资源的可替代性（Substitutability）。之后，又有学者研究如何获得这些资源，以及不同企业为何具有不同的资源，例如，Barney 指出资源的获取主要是通过公司期望（Expectations）以及运气（Luck）。

随着企业资源基础理论的发展，学者们由研究企业产出转而研究企业投入，并将企业能力与企业的内部因素挂钩，Edith Penrose 通过对赫尔克里士火药公司进行案例研究，证实了企业是资源的最优配置与整合。企业资源基础理论使得企业充分认识到自身拥有的独特资源，同时最大限度地优化配置并利用自身资源开展纵向的整合战略及多元化战略，进而充分获得竞争优势，用经济学语言来说，即获得李嘉图租金（Ricardian Rents）。

但是，资源观视角的企业理论通常认为企业内部资源包括了各种有形、无形的因素，这很容易让人产生疑惑，于是有学者认为内部因素里的无形知识十分重要，慢慢地形成了基于知识观（Knowledge-Based View of the Firm）的研究视角。同时，随着学习、创新等问题对企业的冲击，越来越多的学者开始关心如何通过整合现有知识、技能、资源来创造竞争优势。此外，企业资源基础理论过分地强调了企业如何通过现有的独特资源来获取竞争优势，而没有考虑整合现有资源进而培育开发新资源。

3.3.2 核心能力理论

企业核心能力理论起源于传统的企业能力理论。早在 1957 年，Selznick 在其著作《行政管理中的领导行为》中就首次提出“独特能力（Distinctive Competence）”一词，并指出这种独特能力能让一个组织比其他组织做得更好。而 Prahalad 和 Hamel 于 1990 年发表的《公司的核心能力》一文，标志着核心能力理论的正式提出并得到了管理实践者的大量关注，他们认为企业是一个核心能力的集合体，应该从基于核心能力的视角（The Capabilities View of the Firm）来看待企业，企业核心能力是组织的累积性学识，特别是关于如何协调多种生产技能和有机整合多种技术流派的学识。企业与企业之间的竞争不是产品之间的竞争，也不是业务之间的竞争，而是整个企业核心能力之间的竞争。

企业核心能力是多种技术、技能的有机综合体，而不是简单的拼凑与堆积。核心能力并不像物质资产那样会随着使用而损失，反而会得到增强。同时，核心能力是竞争对手很难模仿的，也是难以替代的，核心能力的获得必须依靠自身长期的学习与积累。核心能力的最终目的是实现顾客看重的价值。

相关学者在此理论基础之上，对识别、开发企业核心能力进行了更细致的理论研究与案例研究。例如，Langlois 于 1992 年提出的“能力论”、Foss 于 1993 年发表的《公司理论：契约与能力观》、Hamel 和 Prahalad 于 1994 年发表的《未来竞争》，等等。

3.3.3 知识基础理论

1992 年，Kogut 和 Zander 提出了“企业知识基础”的观点，这一观点区别于企业契约观点（即把企业看作一组契约而进行有效地分配产权的观点）。他们认为，企业存在的原因是其提供了一个自愿性行动的社会共同体（Social Communities），在这里，活动通过无法还原到个人的组织原则被结构化。因为知识是在一定的社会情境下产生与复制的，知识不能与该社会情境分离，这使得知识必须在社会环境中通过特定的经验进行积累，而企业正是一个具有社会性的知识储藏库，知识只有在这个企业中才最有效率，很难将知识从该企业里分离出来，并转移到其他企业得到成功应用。企业中的知识能在企业中高效率地被产生、学习，以及得到商业化的应用，而企业正是提供了这一特定的社会情境——自愿性行动的社会共同体。

同年，Lenoard-Barton 在企业知识基础的理论之上，定义了企业核心能力的概念，并明确地提出了“能力基于知识”的观点。他指出，企业核心能力是识别和提供优势的知识集合，企业核心能力包括四个维度——技术系统（Technical Systems）、员工知识与技能（Skills）、管理者系统（Managerial Systems）、价值观与行为准则（Values）。其中，员工的知识与技能内嵌于技术系统之中，管理者系统代表着控制知识（如通过报告结构、激励系统等）、制造知识（如通过合作网络、学徒项目）的方法，并引导知识整合与创新的过程，而企业的价值观与行为准则则为技术系统、员工知识与技能、管理者系统提供基础。

1996 年，Grant、Spender 在 Strategic Management Journal 的一期上发表三篇文章并正式提出了企业知识基础理论，这为研究企业能力、企业竞争力、企业范围等方面的问题提供了一个新的视角——基于知识的视角。综合大量学者基于企业知识基础理论的研究成果，可以总结出企业知识基础理论的核心思想包括四个方面：首先，企业是一个知识的储藏室，是能够基于知识开展学习并成长的实体，基于知识的视角能够更好地解释企业的存在、边界以及内部组织的问题；其次，企业能力本质上是知识的集合，企业之间能力的差异与知识存量的储备相关联；再次，企业的存在是因为其能够提供高阶的组织机制，在这里，个人与职能的知识与技能能够整合起来进而转化成有效的产品和服务；最后，通过组织学习，可以使知识得到积累、整合甚至创新，进而导致企业能力的演化。

3.3.4 动态能力理论

随着理论界与企业界对企业能力理论中的不足进行反思，企业动态能力理论逐步发展起来，并成为企业能力理论的一个重要分支。可以说，传统的企业能力理论（资源基础理论、核心能力理论、知识基础理论）更多地在研究“是什么导致企业竞争优势的产生”，即战略的截面问题（Cross-sectional），而动态能力理论则更多地研究“是如何导致企业的竞争优势的产生”，即战略的纵向问题（Longitudinal）；同时，传统的企业能力理论更多地关注企业已有能力的充分利用，而动态能力理论更多地关注新能力的开发与探索。

1994 年，Teece 和 Pisano 首次提出了“动态能力”（Dynamic Capabilities）这一概念，并将“动态”的观念引入企业能力的研究。他们认为，动态能力是“企业整合、构建（Build）以及重构（Reconfigure）其内、外部组织技能、资源、才能（Competence）以适应不断变化的环境的能力（Ability）”。1996 年，Lei 等学者提出动态核心能力的概念，他们认为企业需要通过元学习（Meta Learning）和战略框架（Strategic Context）来实现其动态的核心能力，并通过信息转移与获取、试验、动态惯例来系统整合实现元学习，进而开发动态核心能力。不同于资源基础理论，动态能力理论认为全球市场中的赢家是那些能够高效协调、及时响应、快速创新、能够重新部署内外部能力的企业，若不具备应用、部署技术资产的能力，而仅仅具有大量的技术资产，是无法应对动态环境的挑战的，企业随时都可能失去竞争力以及竞争优势；企业只有不断地调整自己的资源，发掘新的市场机会，才能获得竞争优势。

针对这种获取竞争优势的新形式，Teece 等学者于 1997 年提出了动态能力 3P 模型——流程（Processes）、位势（Positions）、路径（Paths）模型，其中，流程代表着企业内行动的惯例与方式，这是由企业的资产位势和历史演进路径所形成的，进而决定着企业的竞争优势。企业的资产位势是指企业所拥有的专用性资产（即专用性的厂房、生产设备、知识资产等）和互补性资产（即组织资本、社会资本）等资产的存量与结构状况，这些资产对企业组织和管理流程的运行质量产生影响，进而决定企业的竞争优势。而组织和管理流程包括协调/整合、学习、重构这三种方式，实际上，在动态市场环境下，企业正是需要通过不断地协调、整合现有的各项活动，进而学习，甚至重构组织与管理流程的，只有这样才能快速应对环境，发现机遇，获得企业的竞争优势。而企业的路径是指企业的发展是存在路径依赖性的，即过去的投资、现在的能力会影响并限制未来的发展，也就是说，企业动态能力是当前位势与历史路径的函数，这正是动态能力的精髓。

之后，特别多的学者在他们的研究基础上对动态能力理论进行了进一步的探索与解析。Zoll 和 Winter 强调了动态能力发展过程中深度学习（Deliberate Learning）的重要性，他们指出，通过系统地产生、改善企业经营惯例的一种学习的、稳定的集体活动正是企业动态能力的体现，而大量的学习机制塑造了动态能力，这里的学习机制包括了经验积累、知识澄清和知识编码。Zott 在 2003 年提出企业动态能力与企业绩效之间的模型，即动态能力通过影响企业的能力、经营惯例和资源位势进而影响产品市场地位和企业绩效。在每一个特定的期间内，每一个企业经历的三个过程——变异（通过试验/模仿）、选择、保留某个特定的资源构形，周而复始、重复进行。在这个演化的过程中，动态能力的三个属性得到展现：第一个属性是时机，通过变异，资源产生适应性变革的时机；第二个属性是成本，具体体现在试验/模仿之中；第三个属性是学习，资源部署的学习体现在选择阶段。很显然，企业绩效受到企业重构其资源的时机、成本，以及企业是否学习重构的影响。国内学者董俊武等人对动态能力理论作了进一步解释，他们指出在不断变化的市场环境下企业必须具备不断更新自身能力（整合与重构企业内、外部资源、技能）的能力，而企业战略管理在这个更新过程中起到关键作用。

3.4 企业信息化理论

3.4.1 企业信息化内涵

企业信息化内涵是信息化研究的一个热点，国内外学者从企业自身、内外集成和创新扩散等方面对企业信息化内涵进行了分析、诠释和界定，从不同视角揭示了企业信息化的本质和特征。

Chen H. L. 等（2004）认为企业信息化是指企业应用先进的信息技术（包括计算机技术、通信技术、自动化技术）和现代管理方法来优化产品生命周期，包括市场需求分析、产品定义、研发、设计、制造、服务等，信息化的目标是使制造业企业更灵活、更强大、适应性更强，并最终获得市场竞争力。李时椿（2007）认为制造业信息化指充分利用以现代信息技术为代表的高新技术对传统的制造产业进行渗透、改造和提升，以及在制造业产品全生命周期中，通过信息技术的应用，信息资源的开发、利用、集成和共享，达到企业资源的优化配置，从而提高制造业经济效益和整体竞争力。刘大明（2003）认为企业信息化就是在企业经营过程中，在每一个环节上充分利用现代信息技术、信息资源和环境，提高企业信息处理和流动的能力，实现资源的优化配置，不断提高企业管理的效率和水平，进而提高企业经济效益和核心竞争力。

陈淮莉等（2004）认为企业信息化是指采用先进的信息技术（包括计算机技术、通信技术和自动化技术等）和科学的管理思想整合企业产品全生命周期，即市场需求分析、产品定义、研究开发、设计、生产、支持（包括质量、销售、采购、发送、服务）及产品最后报废、环境处理等各个环节，使有关的人/组织、经营管理和技术三要素及其信息流、物流和价值流有机集成并优化运行，以达到产品上市快、高质、低耗、服务好、环境清洁的目标，进而提高企业的柔性、健壮性、敏捷性，使企业赢得市场竞争。孟倩（2004）认为企业信息化是挖掘先进的管理理念，应用先进的计算机网络技术去整合企业现有的生产、经营、设计、制造过程，及时地为企业的“三层决策”系统（战术层、战略层、决策层）提供准确而有效的数据信息，以便对需求做出迅速的反应。其本质是加强企业的核心竞争力。

上述定义虽然形式各异，但本质趋同，基本上涵盖了信息化的技术手段、对象、目的等方面，大多数定义包括以下几个方面：① 以信息技术为手段；② 以提高企业竞争力为目的；③ 以信息资源为处理对象；④ 涉及生产制造经营管理众多环节；⑤ 需要结合先进管理思想。

一些学者将研究视角由企业内部转向了企业内部和外部的整合。王守宁（2003）认为，为了实现制造业企业的信息化，就必须从企业内部信息化建设和外部信息化建设两大方面入手，围绕生产过程的信息化、经营管理的智能化、商业贸易的电子化三个层次展开。张曙（2003）认为，管理信息化的实质是企业内联网和外联网上的信息流管理。

另外，一些国外学者 Swanson E. B.（1994）、Cooper R. B.（1990）等则从创新扩散的角度对信息化内涵进行了阐述。Swanson E. B.（1994）将企业应用信息技术视为一个创新过程，建立了三元 IS 创新模型（Tri-core），提出了 IS 创新扩散环（The IS Innovation Diffusion Circuit），并分析了三种 IS 创新类型。Cooper R. B.（1990）将信息技术应用定义为以适当信息技术的应用扩散为导向的企业组织变革创新过程。

3.4.2 企业信息化测度

1. 社会信息化的测度

企业信息化的测度最初始于社会信息化的测度。社会信息化的测度是对社会整体或局部信息化状态的定量评价，是信息化测度的主要内容，它必须建立在对信息化特征进行的有效的定性分析之上。关于社会信息化测度的方法和体系较多，有的侧重于整体水平的把握，有的侧重于局部问题的测量，常见的测度方法如下。

（1）马克卢普—波拉特信息经济规模测度

1962 年马克卢普出版了《美国的知识生产与分配》一书，提出了一套测评信息经济规模的理论与方法，首次提出了知识产业的概念，将教育、研究与开发经费、通信媒介、信息设备和信息服务 5 大类 30 多个部门定义为知识产业，并具体计算出了 1958 年美国知识产业的产值占国民生产总值的比值。波拉特则在马克卢普的基础上，进一步扩展了测度理论，于 1977 年出版了《信息经济：定义和测量》一书，对信息经济和信息产业的概念、方法和指标体系进行了论述，提出了被称为“波拉特法”的信息化发展测度方法。

（2）日本信息化指数

1965 年，日本经济学家小松畸清介首次提出了信息化指数法，又称信息化指数模型。信息化指数法主要是从邮电、广播、电视新闻等行业中选取信息量、信息装备率、通信主体水平、信息系数 4 个要素来体现社会的信息化程度，4 个要素具体又细分为 11 个变量，将这些指标与某一基准年相比得到的就是信息化指数。这种方法既可以从时间序列上研究发展趋势，也可从截面上考察不同国家信息化发展程度的差别。

（3）IDC 信息社会指数

国际数据公司（IDC）在 1988 年发表的“信息社会指数”研究报告中公布了世界上 55 个国家和地区的年度信息社会指数报告。其中，确认了若干指标，采用了类似日本信息化指数的计算方法来评价这些国家和地区的信息社会指数。

（4）中国国家信息化指数

信息产业部、国家信息化推进办公室、中国电子商务协会在 2001 年公布了《国家信息化指标构成方案》，依据该方案形成了由 20 项指标组成的国家信息化指数。该方案是我国应对 WTO 挑战，推进国家信息化水平，与国际接轨的一大举措，是全球第一个由国家制定的信息化标准。

2. 企业信息化的测度

考虑到宏观的社会信息化指标并不适合微观的企业，人们便开始研究企业信息化的测度。2002 年 10 月，中国信息产业部发布了《企业信息化基本指标构成方案》，依据该方案，中国制造业信息化工程重大项目管理办公室发布了《制造业信息化指数构成方案》，该方案为我国制造业信息化建设指明了方向，但该指标体系偏重于信息技术方面，且通用性过强，未能反映出不同规模、不同生产形式的制造业企业信息化的差异。考虑到对于制造业企业不同的生产形式，其信息化也应有所不同，宋彦彦等（2005）建立了一个 4 层次的制造业企业信息化综合评价指标，对不同类型的制造业企业的信息化进行了区分和细化。郭伟等人（2004）从战略地位、基础建设等方面构造了制造业企业信息化指标。胡军等人（2005）从信息化技术、信息化保障、信息化综合效益 3 个方面提出了 3 个层次的制造业信息化评价体系的准则。金勇（2002）建立了信息化水平、经济、竞争力三维评价模型及其指标体系。肖素梅等人（2005）从企业信息设备水平、信息人力资源水平、信息资源开发利用水平 3 个方面提出了制造业企业信息化水平评价指标体系。程扬等人（2007）则根据信息化实施过程的生命周期，建立了一套可按实施阶段进行动态评估的信息化绩效评估体系。陈淮莉等人（2004）从信息环境、信息管理、信息系统、信息效益 4 个方面建立了企业信息化水平评价的层次结构。

3.5 组织信息处理理论

组织信息处理理论（Organizational Information Processing Theory，OIPT）将组织视为一个面临不确定因素的信息处理系统，组织所面临的挑战是建立能处理变化、不确定性和模糊性并且便于协调的信息处理机制（Information Processing Mechanisms），信息处理机制涉及组织结构以及子单元之间的联系两个方面内容。组织信息处理理论的提出基于以下三个假设：首先，组织面临不确定性；其次，为了应对不确定性，组织结构应有助于信息的收集、处理；最后，组织由功能各异、共享资源、彼此连接、相互依赖的子单元组成。

组织信息处理理论认为，组织是一个从外部环境中扫描、收集数据并对数据进行解释，然后按照解释采取行动的一个解释系统。组织研究的一个基本目标就是要找出在不同的情况下，哪种组织设计或者组织结构是最有效的。组织构造的一个基本功能就是创造出合适的组织单元结构以及组织单元间的相互联系，使得信息的收集、处理能够顺利进行，进而给组织带来效益；此外，组织可以看成是一系列部门或组织单元的集合，随着组织的发展，这些组织单元将逐渐分化，用以处理不同的任务。

3.5.1 信息处理的作用

组织在运行过程中需要进行大量信息处理活动。信息处理指的是为了进行组织决策而进行的信息收集、信息分析、信息集成。组织为什么要处理信息？针对该问题，组织信息处理理论的学者们从以下两个方面进行了回答。

1. 减少不确定性

Galbraith J.（1973）对 Burns T.（1961）、Woodward J.（1965）、Hall R.（1962）、Lawrence P. R.、Lorsch J. W.（1967）等人的研究进行整合后认为，信息处理是为了减少不确定性，并根据所需减少任务不确定的信息的数量来解释组织形式之间的差异。基于早期心理学的研究工作，不确定性被认为是指信息的缺乏，信息的增加会导致不确定性降低。Duncan R.（1972）发现动态、静态是衡量和影响不确定性的维度：环境越是动荡，所面临的不确定性就越大。子单元之间的相互依赖越复杂，与任务相关的、各子单元所要处理的不确定性就越大。在高度不确定环境下，新的信息日益重要，相互调整的需求日益增加，相互联系的子单元之间信息交换必不可少。随着与工作相关的不确定性增加，信息需求也不断增强，进而对信息能力也提出了更高的要求。

2. 减少模糊性

Weick K. E. (1979)、Daft R. L. (1986) 和 Lengel R. H. (1986) 对前人的观点进行了扩展和丰富，他们认为减少模糊性是进行信息处理的第二个原因。模糊性与不确定性相似，但有所区别。模糊性指的是混乱、不清晰和缺少理解，对组织的形式存在多个相互冲突的解释。模糊性是指不知道问题的状态，不确定性是指知道问题但不知道答案的状态。对一种信息可能存在多种解释，新的数据可能带来混乱，甚至导致不确定性。当模糊性较高时，新的数据不能解决任何问题。管理者应当协商、讨论，并最终制订解决方案。流行的组织理论认为组织设计应该确保能进行额外的信息处理以降低不确定性，而 Weick K. E. 认为组织的设计是采取获取数据以外的方式来降低模糊性。

3.5.2 组织信息处理模型

早期的组织信息处理理论关注公司层次的不确定性，而 Tushman M. L.、Nadler D. A. (1978) 把研究焦点转移到了子单元层次。Tushman M. L.、Nadler D. A. (1978) 在三个假设的基础上建立了组织信息处理模型，提出一致性概念，他们认为子单元的工作性质、所处环境、子单元之间的相互依赖造成了子单元所面临的不确定性，这些不确定性导致了组织的信息需求；子单元的有机/无机性、子单元之间的协同形成了一定的信息处理机制，信息处理机制蕴含着一定的信息能力；只有信息能力与信息需求相匹配才能取得较好的组织绩效。因此，设计一个能获得理想的、处理与工作相关的不确定性的信息处理机制涉及两个不同的方面：根据有机/无机性构建子单元以获得子单元内在的信息能力；健全协同和控制机制以获得子单元之间的信息能力。每一个子单元的信息处理机制都必须有助于在组织内的单元之间进行信息交换，因此高度整合的机制会使企业受益。如果信息能力与信息需求相适应，则组织绩效就会较高；反之，则组织绩效较差。但组织信息处理理论同时指出，子单元有机性越强，其信息能力越强，但子单元内部的协同成本也会随之上升（如决策时间）；协同与控制机制越复杂，所付出的代价也会提高。因此，保持信息能力的成本与子单元信息需求的平衡是组织结构设计的基本问题，过度的信息能力既是多余的，也是浪费的，而低下的信息能力无法完成工作。可见，信息处理机制并非越复杂越好，信息能力也并非越高越好。

组织信息处理模型表明，不确定性导致了信息需求，而一定的信息处理机制则产生了一定的信息能力，当信息需求与信息能力相匹配时，会取得较高的组织绩效，因此，为了处理内外不确定性，必须建立有效的信息处理机制。除了层级、部门的划分、横向联系外，有助于信息处理的工作程序、团队会议、计划编制、特定报告、规章制度以及信息扩散、信息检索、信息池、协同问题解决、推式、陪同思考、自我建议都被视为信息处理机制。每种信息处理机制仅对应一种或几种信息能力，信息处理机制之间不能相互取代，不同的信息处理机制相互补充，才能使其所对应的信息能力保持平衡。Goodhue D. L. （1992）、Gattiker T. F. （2005）等人分别将数据整合和 ERP 视为一种特殊的信息处理机制，从而将组织信息处理理论的应用范围扩展至信息化领域，为企业信息化的研究提供了一个新的视角。

3.6 投融资理论

西方现代企业投融资理论包括两个相互独立、彼此完整但又相互关联的理论体系：投资理论研究和融资理论研究。投资理论研究的热点主要集中在资本市场方面，并在技术上体现为技术经济学和资本市场投资理论。融资理论的研究范围更为广泛，涉及企业的资本结构、资金运用、项目选择、融资模式、资金成本、治理结构以及收购并购等，这些内容与政府投融资的理论基础非常契合，基于此，本书在此仅仅针对西方现代企业的融资理论进行深入综述。

3.6.1 MM 理论

MM 理论（无税条件下的资本结构理论）是由美国的 Modigliani 和 Miller（简称 MM）教授于 1955 年 6 月发表于《美国经济评论》的“资本结构、公司财务与资本”一文中所阐述的基本思想。该理论认为，在不考虑公司所得税，且企业经营风险相同而只有资本结构不同时，公司的资本结构与公司的市场价值无关。或者说，当公司的债务比率由零增加到 100% 时，企业的资本总成本及总价值不会发生任何变动，即企业价值与企业是否负债无关，不存在最佳资本结构问题。

MM 理论具有一系列的假设条件，其假设条件为：一、企业的经营风险是可衡量的，有相同经营风险的企业处于同一风险等级；二、现在和将来的投资者对企业未来的 EBIT（息税前利润，指扣除利息、所得税之前的利润）估计完全相同，即投资者对企业未来收益和取得这些收益所面临风险的预期是一致的；三、证券市场是完善的，没有交易成本；四、投资者可同公司一样以同等利率获得借款；五、无论借债多少，公司及个人的负债均无风险，故负债利率为无风险利率；六、投资者预期的 EBIT 不变，即假设企业的增长率为零，从而所有现金流量都是年金。

1963 年，MM 共同发表的另一篇与资本结构有关的论文中又提出了修正的 MM 理论，即含税条件下的资本结构理论。他们发现，在考虑公司所得税的情况下，负债的利息是免税支出，可以降低综合资本成本，增加企业的价值。因此，公司只要通过财务杠杆利益的不断增加，而不断降低其资本成本，负债越多，杠杆作用越明显，公司价值越大。当债务资本在资本结构中趋近 100% 时，才是最佳的资本结构，此时企业价值达到最大。最初的 MM 理论和修正的 MM 理论是资本结构理论中关于债务配置的两个极端看法。

3.6.2 优序理论

进入 20 世纪 70 年代以后，传统的完全信息受到各种质疑，对不完全信息的研究逐渐渗透到各个经济学研究分支领域，因此，许多新兴的经济学分支异军突起，如信息经济学、博弈论、委托代理理论等不对称信息研究理论得到重大发展和突破。众多学者也开始从不完全信息的角度来研究企业融资结构问题，并发表了一系列有代表性的文章，把企业融资理论推向一个新的阶段。融资优序理论应运而生。

优序理论放宽了 MM 理论完全信息的假定，以不对称信息理论为基础，并考虑交易成本的存在，认为权益融资会传递企业经营的负面信息，而且外部融资要多支付各种成本，因而企业融资一般会遵循内源融资、债务融资、权益融资这样的先后顺序。迈尔斯和马吉洛夫的研究表明，当股票价格高估时，企业管理者会利用其内部信息发行新股。投资者会意识到信息不对称的问题，因此当企业宣布发行股票时，投资者会调低对现有股票和新发股票的估价，导致股票价格下降、企业市场价值降低。内源融资主要来源于企业内部自然形成的现金流，它等于净利润加上折旧减去股利。由于内源融资不需要与投资者签订契约，也无须支付各种费用，所受限制少，因而是首选的融资方式，其次是低风险债券，其信息不对称的成本可以忽略，再次是高风险债券，最后在不得已的情况下才发行股票。

总体而言，这些理论研究并不是继续延续以前企业融资理论中只注重税收、破产等“外部因素”对企业最优融资结构的影响，而是试图通过信息不对称理论中的“信号”“动机”“激励”等概念，从企业“内部因素”来展开对企业融资问题的分析，将早期和现代企业融资理论中的平衡问题转化为结构或制度设计问题，为企业融资理论研究开辟新的研究方向。

3.6.3 代理成本理论

按照代理成本理论（Agency Costs）的创始人詹森和麦克林（Jensen 和 Meckling，1976）的定义，委托人为防止代理人损害自己的利益，需要通过严密的契约关系和对代理人的严格监督来限制代理人的行为，而这需要付出代价，詹森和麦克林把这种代价称为代理成本。代理成本是用代理理论、企业理论和财产所有权理论来系统地分析和解释信息不对称下的企业融资结构问题的学说。詹森和麦林克把委托人授予代理人某些决策权，要求代理人提供有利于委托人利益的服务的这种关系称为委托—代理关系。

首先，代理成本的产生源于两权分离（即所有权和经营权的分离）。现代企业随着市场经济的发展，其规模不断扩大，对经营者来说，要求其拥有必备的专业知识，同时，随着企业规模的扩大要求经营者投入越来越多的精力。企业的初始投资者为了吸引更多的新的投资者加盟本企业，不得不将更多的精力、更多的时间花在关乎企业发展、壮大的战略思考上。其次，具有现代经营理念的所有者，为了将自己从烦琐的日常经营中解脱出来，不得不聘请外部经理来管理自己的企业。因为这种社会分工是在一种良好的机制配合下实行的，并能实现所有者和经营者的双赢，所以从总体上来说这种代理有利于效率的提高。但这种社会分工由于两权分离也必然会带来一定的负面效应，代理成本因此出现。

代理成本的存在源于经营者不是企业的完全所有者（即存在外部股权）这样一个事实。代理成本的产生就是所有权和经营权分离之后，所有者即股东和经理层各自从自身利益最大化出发而导致的目标不一致造成的。因为所有者希望经理层按股东财富最大化的目标努力去经营管理企业。但经理层往往本身不是股东，或持有股份比例小，所以他们从自身利益最大化角度出发去从事企业的日常经营管理活动，从而使所有者利益受到损失。

信息不对称是造成代理成本出现的一个重要原因。经理层处于相对的信息优势，而所有者则处于信息劣势。由于经理层在第一线从事经营活动，掌握了企业经营活动的诸多内部信息，如企业货币资金的流入流出情况、企业产品市场销售状况、成本控制情况等，所以经理层完全有可能利用自身的信息优势为自己谋取额外利益。代理成本出现的另外一个内在原因是经理层不持有企业股份，经理层不持有公司股份会带来两种后果：一是经理层努力工作并取得了相当卓著的业绩，但他们只能得到约定的报酬。这种付出和回报的不对等很容易导致经理层不再积极经营管理企业。二是经理层“在职消费”所需的高额成本完全由企业股东承担，但由此项消费带来的效用却由经理层独自享受。这种得到和付出的不平衡极易导致经理层侵蚀企业利益，为自己谋取效用而不承担任何成本。

代理成本由三部分组成：一是监督成本，即委托人为了激励和监控代理人，以便使代理人能努力为委托人工作的成本；二是担保成本，即代理人用以保证不采取损害委托人行为的成本，以及如果采用了那种行为，将给予赔偿的成本；三是剩余损失，它是委托人因代理人代为决策而产生的一种价值损失，等于代理人决策和委托人在假定委托人与代理人具有相同的信息和才能、委托人能够实现效用最大化的情况下，代理人决策和委托人自行决策之间的差异。显然，监督成本和担保成本是制定实施和治理契约的实际成本，剩余损失是在契约最优但又不完全被遵守、执行时的机会成本。

3.7 本章小结

本章首先界定了基于信息化水平的制造业企业工艺创新能力体系的相关概念。将制造业界定为以经过人类劳动生产的产品作为劳动对象的工业，是对零部件进行装配、对原材料进行加工或再加工的工业的总称。关于制造业的划分标准，本书采用了国家统计局颁布的《三次产业划分规定》中关于制造业的界定和分类，其依据是《国民经济行业分类》（GB/T 4754—2002）。其中，制造业属于第二产业，包括农副食品加工业，食品制造业，饮料制造业，烟草制品业，纺织业，纺织服装、鞋、帽制造业等行业在内的 30 个行业。企业信息化就是将信息资源和信息技术等充分利用在企业的各项经营活动（包括设计、生产、管理等）中的过程。工艺创新是指企业在产品生产和交付中引进新的或有重大改进的技术、设备和管理方法。工艺创新能力是企业在未来一定时期内工艺有可能达到某一标准的能力，换言之，工艺创新能力是决定企业未来可能实现的工艺水平的关键性因素。

同时，本章论述了基于信息化水平的制造业企业工艺创新能力体系构建与投融资研究的相关基本理论，具体包括技术创新理论、企业能力理论、企业信息化理论、组织信息化处理理论、投融资理论。其中，在技术创新理论中，分析了制造业企业技术创新的三种基本模式，主要包括自主创新模式、模仿创新模式和合作创新模式；对技术创新能力的内涵、构成要素进行了论述。企业能力理论则论述了四个相对独立而又相互补充的流派——资源基础理论、核心能力理论、知识基础理论、动态能力理论。在企业信息化理论中，首先介绍了企业信息化的内涵，然后从社会信息化的测度和企业信息化的测度两方面全面阐述了企业信息化测度的内容。组织信息处理理论介绍了信息处理的作用和组织信息处理模型，其中，信息处理的作用包括减少不确定性和减少模糊性。通过本章的理论基础的研究，为接下来研究基于信息化水平的制造业企业工艺创新能力体系的形成路径、影响机理、体系构建等打好了基础。投融资理论则详细论述了 MM 理论、有序理论和代理成本理论。

4 信息化与制造业企业工艺创新能力关系分析

当今世界新的科技革命正在引起社会经济结构、生产方式和消费结构的重大变化，深刻地改变着世界的面貌。在各种科学技术中，以计算机为中心的现代信息技术是当前发展最快、影响最大的技术。目前，由于世界经济的全球化、高科技化、多样化与虚拟化产生了对信息技术的要求，因此，信息化的发展速度极其迅猛，信息化的浪潮席卷全球。随着信息技术的发展，原有的创新思想、模式和方法已经不适应新时代的要求，因此，掀起了创新变革的高潮，而这些变革又是与信息化有一定的联系的。这就需要研究企业信息化与工艺创新的关系，使企业信息化在工艺创新领域起到“促进变革”的作用。

4.1 信息化对制造业企业的带动作用

企业信息化是国家信息化建设的重要组成部分，是国民经济信息化的基础。因此，正确理解信息化与制造业企业的关系具有重要的意义。从理论上讲，信息化与制造业企业是一种互动、互补关系，而不是替代关系。信息化产生于制造业企业实践，信息化发展又需要借助于制造业企业的手段，两者相互作用、共同发展，信息化主导着新时期制造业企业的发展方向，使制造业企业朝着高附加值化发展；制造业企业给信息化提供基础。没有盈利的企业投资，就不会有持续发展的信息技术，离开信息技术的支撑也难以实现制造业企业发展模式的飞跃。

4.1.1 信息化实现了制造业企业业务流程的重组

制造业企业的业务流程以客户需求和资源投入为起点，以满足客户需要、为制造业企业创造有价值的产品或服务为终点，它决定制造业企业资源的运行效率和效果。制造业企业的核心业务流程一般包括新产品开发、供应链管理、客户关系管理、财务管理、人力资源管理等。而每个核心流程又包括一系列的子流程，比如财务管理就应该有成本和利润管理、资产管理、预算决算、分析预测、财务报表等。随着信息技术尤其是网络技术的发展，业务流程重组的范围由制造业企业内部扩展到企业与企业之间，跨组织信息系统（IOS）受到重视，信息技术已不再是焦点，人们更倾向于将它视为与组织管理同等重要的协同因素。

1. 再造业务流程

信息化的应用使得制造业企业流程再造成为可能，数据库、网络、通信技术可以突破劳动分工的束缚，MIS、ERP 等信息系统使得一个人可以在不降低效率或者提高效率的基础上完成以往多个人才能完成的工作，信息共享和快速流动大大消除了环节间的壁垒和时延。早期 BPR 项目大多没有达到预期目标（BPR 理论提出者对其设定的目标为：生产周期缩短 70%，成本降低 40%，顾客满意度、产品质量和总收入均提高 40% 等）或者走向失败，其中的一个重要原因就是没有应用信息技术。

据麦肯锡公司对成功实现业务流程重建的多家公司所做的分析报告表明：流程重建可使时间缩短 80%、成本降低 48%、差错减少 60%。业务流程再造还使企业工作执行单位从职能部门变为过程团队；业务工作从单一化转变为多面化；人员角色从受控转变为授权；工作准备方式从培训变为正规教育；绩效评价和报酬从关注过程转移到关注结果；晋级标准从注重表现到注重能力；员工价值观从自保变为自强；领导角色从监督者转换为指导者和支持者；组织结构从等级制变为扁平制；高层领导角色从指令者变成务实的领袖。其中，最深远的影响应该是企业组织结构的变化，因为业务流程的变革必然伴随着组织结构的变革，才能适应新的、重建后的业务流程。

信息技术的应用，从根本上改变了组织收集、处理、利用信息的方式，从而导致组织形式的巨大变革，推动了业务流程再造（BPR）乃至组织结构的重构。原有的塔形结构为精良、敏捷、具有创新精神的扁平化“动态网络”结构所取代。在这种结构中，一方面，计算机系统将取代中层监督和控制部门的大量职能，加强决策层与执行层的直接沟通，使中层管理的作用大为降低，从而减少了管理层次，削减了机构规模；另一方面，各种“工作小组”将成为企业的基本活动单位，管理方式从控制型转为参与型，实现了充分授权。这种组织形式通过公平、对等的信息传递来协调企业内各部门、各小组之间的活动，实现了动态管理，不仅使信息沟通畅通、及时，降低对科层的监督协调成本，使市场和周围的信息同决策中心间的反馈更加迅速，提高了企业对市场的快速反应能力，而且极大地调动了组织成员的潜能和积极性，促进了相互间知识和经验的交流，形成学习型组织，从而更好地适应竞争日益激烈的市场环境。

2. 产品设计网络化

随着网络技术的发展，生产厂商可以充分依靠网络来提高自己的设计水平。统一的用户终端、交叉的平台能力、广为接受采用的标准，为企业打开了无纸产品设计的大门。供应商和消费者可以将自身的需求通过直接联系进行集成。图形设计师和生产部门的工程师及管理专家也需要这种交互式媒体来收集和交换信息，简单的数字信息远远不够，现在需要的是更为复杂的多维信息。互联网技术的使用促进了工业的轻型化和效益的提高，也使以需定产、按消费者特殊要求设计生产变得简便易行。比如，美国著名牛仔裤李维斯（LEVI's）厂商就通过互联网让顾客参与设计自己的牛仔裤。顾客在网上选择尺寸、样式、颜色、面料，甚至可以用公司提供的多媒体软件把裤子全部设计好，按样生产出来，送货上门。

制造业企业业务流程信息化内容如图 4－1 所示。

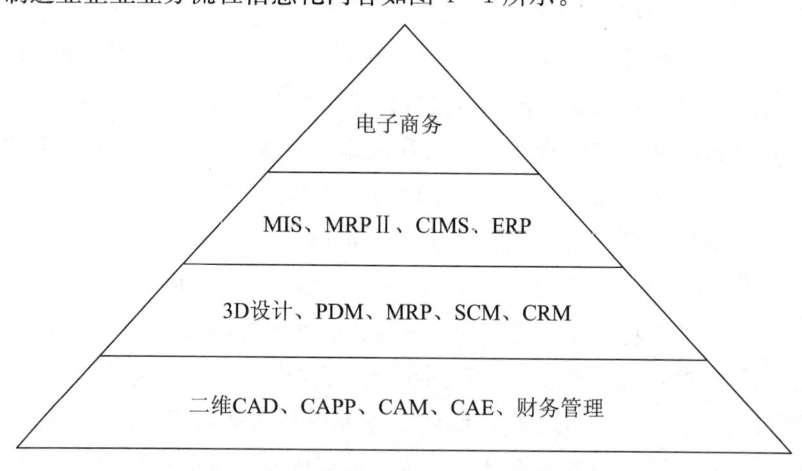

图 4－1　制造业企业业务流程信息化内容

3. 生产制造敏捷化和弹性化

所谓生产制造能力敏捷化、弹性化，是指制造业企业直接面向用户的不断更新的个性化需求，完全按照订单生产，可重新编程、重新组合、快捷化地加工、以实现快速生产新产品及各种变形产品，从而使生产小批量、高性能产品能达到与大批量生产同样的效益。信息技术是实现这一战略的根本保证，我们从业务流程再造（Business Process Reengineering，BPR）、企业管理系统（Enterprise Resource Planning，ERP）、产品数据管理（Product Data Management，PDM）、虚拟现实（Virtual Reality，VR）、面向制造的设计（Design for Manufacturing，DFM）、面向装配的设计（Design for Assembling，DFA）、准时制生产方式（Just In Time，JIT）、成组技术（Group Technology，GT）、设算机集成制造系统（Computer Integrated Manufacturing System，CIMS）、物料需求计划（Manufacture Resource Planning，MRP）等技术的应用清楚地看到了这一点。可以说，正是信息技术的广泛使用才使我们进行快捷、弹性的制造成为可能，具体如图 4－2 所示。

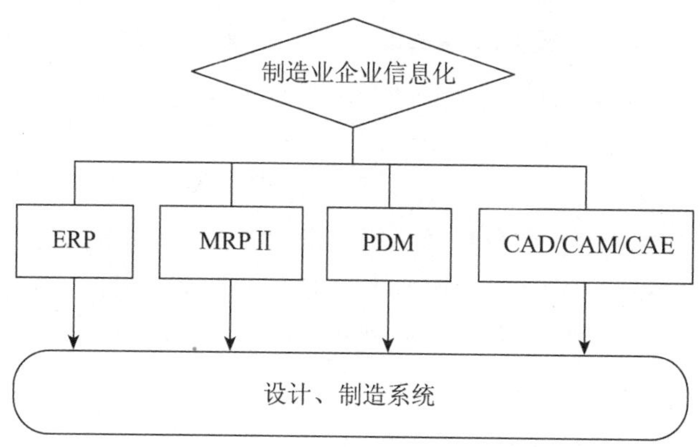

图 4－2　制造业企业生产制造系统中的信息技术

4.1.2　信息化加速了制造业企业组织结构的变革

著名管理学家德鲁克（Peter E. Drucker）在其“新型组织的出现”（The Coming of the New Organization，1988）中预言，一种基于信息的新型组织形式将在不久之后出现。他认为在这种组织中，知识存在于基层，这一点既不同于传统组织中知识存在于少数上层管理者手中的情况，也不同于现代组织中知识存在于服务性的中层管理者手中的情况，该组织结构趋于扁平化，中层管理人员将大幅减少。所谓扁平化，是指利用信息技术，尤其是企业内部信息系统，通过减少中间管理层，减少决策与行动之间的时间延滞，加快对市场和竞争动态的反应，使组织的能力变得柔性化，反应更加灵敏。

制造业企业信息化建设使得制造业企业组织结构的变革成为可能。通过信息化，制造业企业可以变革组织结构，理顺业务处理流程，改变传统的管理模式；可以提高制造业企业信息处理速度和准确性，辅助管理决策，从而减少制造业企业的中间管理人员和职工数，扩大管理的幅度，减少组织层次，变集权式管理为分权式管理，使组织结构扁平化、网络化。

1. 组织结构扁平化

按照管理层次与管理幅度的关系，组织结构有两种形式：扁平式结构和直线式结构。扁平结构就是管理层次少而管理幅度大的结构；直线式结构就是管理层次多而管理幅度小的结构。管理幅度小，管理层次就多，管理人员就要增多，相互之间协调工作就要增多，花费的精力、时间和费用也就要增加，上下级之间信息传递容易发生遗漏和失误，指令的下发和情况的上报也比较迟缓，办事效率比较低，容易助长官僚主义。而扩大管理幅度，可以减少管理层次，组织机构可以相对简单些，所需的管理人员、时间和费用较少，上下级之间信息传递的渠道可以缩短，从而大大提高工作效率。经济发达国家的大型企业（集团）一般都采用扁平式组织结构。而我国的很多大型企业是通过行政手段或资产重组形成的，组织机构臃肿、管理层次繁多。为了提高管理效率，国家经贸委颁布的《国有大中型企业建立现代企业制度和加强管理的基本规范（试行）》明确要求："大型企业内部管理层次要科学、合理，除极少数特大型企业集团外，企业集团的母子公司结构一般应在 3 个层次以内。"

2. 组织结构网络化

网络化信息结构是一种多中心结构，可以方便地随决策分散化程序而形成多个信息中心，适应决策分散化的要求。纵横交错的信息通道可以把组织内外的信息联为整体，避免信息割据、信息扭曲等倾向，为分权化决策创造条件。同时，信息的可靠性大为提高，网络结构式组织的政策统一、监控和考核统一与经营管理决策分散化，都能在同一组织中有机地结合起来。网络化信息结构是一种符合管理决策分散化的信息结构。

4.1.3 信息化带来了制造业企业管理决策的优化

信息经济时代，知识已成为企业最宝贵的财产。信息技术的应用从决策目标、决策权力结构、决策者理性、决策手段等方面影响了决策过程和结果，提高了决策的有效性和效率。同时，信息技术的应用使决策的定性、定量相结合成为可能，从而最大限度地消除了决策过程中的不确定性、随意性、独断性等问题，十分有利于提高企业的整体决策质量水平。

1. 决策目标

决策目标不再是单一的、固定的，而是多元的、变化的。信息技术的应用使市场结构、消费观念发生变化，制造业企业必须对市场做出敏捷反应，实现多品种、小批量的快速生产。

2. 决策权力结构

决策权力结构由集权制向分权制转化。高度集中的单一决策中心组织逐渐改为适当分散的多中心决策组织，制造业企业的宏观规划、市场预测等经营活动一般通过跨部门、跨职能的多功能小组来制定，提高了制造业企业的灵活性和应变能力。

3. 决策者理性

制造业企业信息化的实施能够改善决策者的有限理性。信息技术的应用使决策者能够在适当的时间获得适当的信息，提高了制造业企业决策的科学性和合理性。

4. 决策手段

不断开发性能良好的信息系统，为有效决策提供了先进的手段和工具。网络环境下的集成信息系统，如 MIS、SIS 等，可支持非结构化的决策和群体决策。同时，信息系统的应用与进化提升了信息管理（Information Management）在现代制造业企业管理中的地位，导致首席信息经理（CIO）这一高级管理职位在企业兴起，CIO 对决策的参与直接强化了企业的决策能力。

由此来看，信息技术不仅提高了制造业企业各种业务活动的效率和劳动生产率，降低了成本，改变了制造业企业的活动方式和决策方式，更重要的是通过信息技术，制造业企业增强了生存能力、竞争能力，变得更有弹性，更具全球性，更能适应变化的环境和市场。

4.1.4 信息化完善了制造业企业人力资源的管理

人力资源（HR）管理是现代企业管理的重要组成部分，其目的是有效地运用人力资源实现企业的目标，它是企业竞争力提升的又一关键。制造业企业信息化建设与 HR 管理也是具有相互促进作用的，这主要体现在人力资源管理的五大环节上，即 HR 配备、HR 开发、HR 报酬、HR 保护、HR 关系。

首先，制造业企业信息化建设需要 HR 管理相应的辅助，尤其在 HR 配备与开发两个环节上，信息化带来大量的新技术、新成果，由此形成了新的技术岗位，这就需要HR管理部门为这些岗位配置新的合适的人员，同时制造业企业信息化为企业带来了组织结构、企业流程等方面的变革，需要HR管理部门对企业原有的员工进行相应的培训，使HR符合企业发展的需要。通过人力资源管理系统的应用，有利于提高应用者自身的基本素质和管理水平，创造一种务实高效的、以人为本的用人机制，与制造业企业信息化建设协调发展。

其次，制造业企业信息化建设能更好地完善HR管理，特别是HR管理系统的建立能够使得HR管理在包括HR报酬、HR保护、HR关系等环节上得到优化。需要注意的是，由于信息化的成果会给HR各个环节带来一定的变动，例如新的报酬机制、晋升机制等，所以在设计和实施HR管理系统时一定要根据信息化建设的规划有预见性地进行。一套优秀的人力资源管理信息系统可以使集团中高层管理人员迅速、准确地明了企业的人力状况、基本素质，有的放矢地进行人力资源的培训和开发，这对于进行正确的制造业企业经营决策有着重要意义。

1. 充分利用电子化招聘的低成本和开放性优势

传统模式下，企业吸纳新的人才主要是通过职业中介机构或各类的招聘会，导致产生极高的交易成本，还往往得不到满意的结果。如果借助现代网络技术的支持，那么所有的问题都将迎刃而解，企业招聘人员通过在线的方式，坐在办公室里就可以向全球每一个角落的潜在应聘者发布招聘信息，而应聘者也可以通过在线方式提交个人简历，乃至与企业的相关人员全面沟通，这样就打破了双方沟通的时间与空间限制，也降低了双方的交易成本，同时增加了整个招聘过程的隐蔽性。并且，目前利用互联网的多为年轻的高素质人才，这也增加了招聘成功的机会。因此，电子化招聘得到了许多优秀企业的青睐。据《财富》杂志调查，在2000年，世界500强企业中有79%实现了电子化招聘。

2. 利用网络平台建立学习型组织

现代社会，知识爆炸式增长，知识更新越来越快，面对这种环境，企业的员工只有通过不断地学习，才能保持其知识的先进性与时代适应性。而传统的培训方式由于受成本的制约，只能在特定的时间组织员工集中学习，其两大致命的弱点导致其不能适应知识经济时代的需要：其一是时间上的不连续性导致知识传递滞后；其二是集中的培训方式难以满足员工专业化的知识需要。为此，组织一个持续的、自主的学习型组织成为现代企业发展的必然要求。而利用网络平台，可以及时低成本地获取广大范围内的最新技术知识，而且员工可以随时随地、自主地选择自己专业领域的知识进行学习。在整个学习过程中，员工可以借助网络及时与他人进行沟通，提高学习效率。

3. 建立网络沟通渠道

沟通在营造企业文化、促进企业经营管理水平的提高及增强企业凝聚力方面都起着重要作用。借助计算机技术，可以利用 Web 主页、BBS 论坛、聊天室、电子邮件等方式进行及时广泛的沟通。在建立电子化沟通的过程中，要注意的是有关部门要对其负责的问题做出及时的反应，以进行一种沟通激励。

4. 建立科学的考评体系

员工绩效考评是整个人力资源管理乃至整个企业管理中非常重要的一个环节，科学、合理的考评能增强企业的凝聚力及员工的工作热情。而传统的考评方式还存在一些不足之处，主要表现在：① 考评结果中存在个人倾向；② 远距离考评由于其成本过高而受到限制；③ 考评的定期性使其激励与约束功能受到限制。而利用现代通信技术可以使距离变得不再明显，且可以通过建立科学考评体系的方式让计算机跟踪员工的整个工作过程，及时反映员工的绩效情况，因而更加客观、公正，且能对员工进行即时的激励与监督。

4.2 制造业企业工艺创新的信息化环境

同一般企业相比，制造业企业在业务流程、企业管理、生产方式等方面具有不同的要求：在业务流程方面，要进行产品开发、工艺设计、试制、批量生产、营销、售后服务等活动，生产出实际商品，以满足用户需求；在企业管理方面，除了要进行人事管理、财务管理外，还要进行库存管理、物料管理、供应链管理、顾客关系管理，为生产活动提供全方位支持；在生产方式上，要采用精益生产、准时生产、敏捷制造等先进的生产方式。制造业企业信息化既体现了企业的一般性，又体现出制造业企业的特殊性。同一般企业信息化相比，制造业企业信息化在应用软件、业务流程、管理理念等方面也应具有不同的特征。同时，制造业企业信息化又是一项系统工程，涉及制造业企业方方面面。因此，本书结合制造业的特殊性，统筹考虑基础设施、应用软件、业务流程、管理、决策等信息化要素，兼顾信息技术资源和组织资源，将制造业企业工艺创新的信息化环境分为硬信息化环境和软信息化环境两个方面。通过“软硬兼施”的信息化环境作用，实现提高制造业企业工艺创新能力体系制订与实施的效果，从而达到提升制造业企业工艺创新能力的目的。

4.2.1 硬信息化环境

硬信息化环境是指信息化外在的、直接的和形式上的表征，能用一次量化的方法直接测量的环境要素。对于制造业企业工艺创新的信息化环境来说，硬信息化环境是制造业企业信息化建设的初级形态，是制造业企业工艺创新的物质基础，没有硬信息化环境作为支撑，制造业企业工艺创新无异于空中楼阁。

1. 信息化基础设施建设环境

信息化基础设施的核心是计算机技术、通信技术、共享的技术平台和数据库，它包括在组织范围内可以共享的技术及技术服务。这些基础设施可以便于制造业企业大规模连接和应用程序的有效运行，通过正确地使用，信息技术资源会成为制造业企业价值的源泉。信息化基础设施是制造业企业工艺创新的物理基础，是信息系统管理的关键问题。因此，必须构建一个技术先进和性能稳定的信息化基础设施平台，既当作内部沟通之桥梁，又作为外部交流之媒介。

2. 信息化人力资源环境

信息化人才是指从事软件开发、系统整合、系统维护的技术人员以及致力于制订计划、整合资源、领导并激励开发团队在规定的时间和财务约束内完成信息技术项目的管理人员。Bharadwa A. S. （2000）认为信息技术人力资源难以获取，因其非常复杂而难以模仿，能为企业带来竞争优势。信息化基础设施对企业绩效的提高几乎没有直接的影响，经过对其正确地使用才能实现其价值，而正确地使用需要培养高素质的信息化人才。由于信息化人才具有复杂性和创新性的特点，因此，信息化人才能为制造业企业带来核心竞争优势，且难以模仿。

3. 信息化软件应用环境

应用软件既包括用于辅助设计、辅助制造以及生产控制方面的软件，如CAD、CAPP、CAM、CIMS、MES（Manufacturing Execution System，制造执行管理系统）等，也包括用于辅助决策和管理方面的软件，如CRM、

SCM、ERP、MRP、DSS（Decision Support System，决策支持系统）、BI（Business Intelligence，商务智能）、EIS（Executive Information System，经理信息系统）等，这些软件是实现生产自动化、管理网络化和决策智能化的强有力手段。

4.2.2 软信息化环境

与硬信息化环境相对应的是软信息化环境，它是指信息化环境中内在的、间接的、潜在的和无形的表征，不能用一次量化直接测量的环境因素。对于制造业企业工艺创新的信息化环境来说，软信息化环境是制造业企业信息化建设的高级形态，是对制造业企业工艺创新硬信息化环境的内化和升华。单纯的硬信息化环境徒具信息化建设之形，而无信息化建设之神，配之以软信息化环境，才能使制造业企业信息化建设形神兼具。

1. 企业文化的建设

任何一项管理制度的开展，必然涉及文化的变革，若一个组织的文化没有发生改变，没有形成适合信息化的文化，则信息化不会成功。在一个将个人信息视为私产、吝于与他人分享、认为拥有信息就拥有权力的文化中，信息化难获成功。成功的信息化融于企业文化之中，而不仅仅停在技术形式上。2007 年 1 月《e 制造》对中国制造行业的信息化现状和趋势进行调查后发现，在信息化的阻碍因素中，员工应用积极性不高占到了 12.6%，领导支持力度不够占到了 8.7%。领导不支持、中层管理人员抵触、基层员工积极性不高都会影响信息化进程，解决问题的关键是进行企业文化的建设，它是深入企业灵魂的信息化。通过全员信息教育，强化信息意识，树立信息观念，建设以人为本的信息文化，消除信息噪声，使企业员工乐于通过先进的信息技术交流和共享其隐性信息，并从中受益。企业文化的作用在于使信息能力得以保持，进而使竞争优势得以延续。

2. 组织结构的变革

信息技术与组织结构之间存在着互构机制，信息技术通过组织结构的关联性维度和结构性维度直接作用于组织系统。伴随着信息技术的发展，组织结构也应随之改变。组织结构的变革是指制造业企业在动态环境中，结合信息技术对传统的职位和职能进行相应的调整，明确信息化职责，建构信息中心和信息情报部门，设立 CIO（Chief Information Officer，首席信息官）职务，并采用事业部、矩阵、动态网络等组织形式，使组织结构扁平化、有机化，减少管理层次和中间环节，缓解企业组织机构工艺创新信息流通不畅、工艺创新信息失真严重等弊端，缩短工艺创新信息传递时间。

3. 业务流程的重组

李大勇等人认为在制造业企业信息化中，信息技术的使用和流程的重组是分不开的，从某种意义上讲，业务流程重组的深度决定了组织绩效提高的程度。如果不对原有低绩效的业务流程进行变革和重组，则将会使低绩效的业务流程更加低效，使不合理的业务流程更加不合理。因此，制造业企业应结合 CAD、CAP、CAM、MES、CIMS 等信息技术，采用精益生产、敏捷制造、并行工程等先进的生产方式对业务流程进行重组和改造，提高从产品设计到生产过程的自动化程度。

4. 管理理念的转变

对于一个制造业企业而言，除了设计开发和加工制造之外，质量控制、人事保障、财务支持等管理活动也是其经营过程的重要组成部分。制造业企业信息化是一个信息技术应用和管理变革聚合的过程，信息化问题不仅是一个技术问题，更是一个管理问题，信息化不仅需要将各类信息系统用于企业管理，更应结合 CRM、SCM、ERP、MRP、PDM/PLM、财务管理系统、生产管理系统等信息技术，将过程管理（PM）、虚拟企业、学习型组织等先进的管理理念融入企业管理之中，提高制造业企业的管理水平。

5. 决策机制的优化

决策关系到制造业企业的前途命运。“巧妇难为无米之炊”，决策需要大量信息的支持，而实际上决策往往是在信息不完备的情况下做出的，决策的质量在某种程度上取决于所获信息的质量。因此，应结合 DSS、BI、EIS 等现代信息技术，采用信息决策等先进的决策机制，增强决策者的信息处理能力和方案评价选择能力，拓展决策者的思维空间，延伸决策者的智力，提高决策的效益和效率。

4.3 信息化环境下工艺创新的显著特点

借助信息化对制造业企业工艺创新能力高低的影响和工艺设备水平的重要载体作用，在信息诱导因素的影响下，既可以推动制造业企业改进工艺设备和工艺创新水平，同时又能把它们作为传导途径来实现制造业企业工艺创新能力的提升。在用信息化改造传统制造业的过程中，生产工艺的信息化已成为制造业信息化改造的核心内容。所以，在信息化环境下，对工艺创新的影响是方方面面的。以下结合工艺创新的定义，对信息化环境下的制造业企业工艺创新的特点进行分析。

4.3.1 工艺设计创新的特点

工艺设计创新是工艺技术创新和工艺设备创新的总称，是制造业企业进行加工生产的重要组成部分，在制造业企业生产中占有举足轻重的作用。在信息化环境下，工艺设计创新以计算机辅助为设计核心，形成了技术与设备互相融合的生产信息平台。通过此信息平台，一是可以使工艺设计更加符合国际标准；二是可以在生产过程中解放人力，尤其是工艺技术创新人员，以使他们有更多的时间进行工艺创新工作；三是提高工艺设计的水平和质量，减少资源消耗和环境污染，提高制造业企业的竞争力。

1. 工艺技术创新

在信息化环境下对工艺技术进行创新，第一，从生产技术手段的角度来看，目的是实现机器的智能化与自动化，从而实现由数字化、智能化机器减轻人的劳动量的目的。第二，可以以数字化为共同的桥梁，建立起自动化系统。第三，促使适应这种高效、快速生产过程的新的组织形式得以产生。

2. 工艺设备创新

工艺设备是完成工艺过程的主要生产装置，可供制造业企业在生产中长期使用，并在反复使用中基本保持原有实物形态和功能的劳动资料和物质资料的总称。人类社会的进步，从某种意义上说就是生产工具的更新换代。从农业时代役用的牲畜和简单的助力工具，到工业时代以蒸汽机、内燃机等为代表的动力机设备，再到信息化环境下的数字控制设备，各种工具装备都体现着这个时代的特点，制造业企业的工艺设备尤其应该符合信息化环境下的技术特点，以促进社会生产力的发展。

4.3.2 工艺管理创新的特点

工艺管理创新包括工艺流程创新和工艺组织创新，二者互为工艺管理创新的条件和结果，即工艺流程创新能够促进工艺组织的改变，工艺组织的创新能够优化工艺流程。

1. 工艺流程创新

信息化的应用能够加快工艺流程的重组与优化，能够使工艺创新人员在产品设计阶段就参与到工艺设计与工装设计过程中来，而且能够从结构的工艺性方面及时准确地对以上设计方案提出意见和建议，把工艺生产的工时、原料等数据，及时准确地传达给计划采购部门，为生产做准备，从而提高生产的效率和管理的水平，甚至可以实现在整机设计完成之前进行关键零件的试制。目前，使用计算机技术和现代测试技术，进行加工工艺模拟和优化设计的技术非常流行。例如，机械制造业的材料热加工技术，已经应用于模拟工艺创新。这一模拟工艺创新首先虚拟现实材料热加工的工艺过程，并通过信息技术预测工艺结果，运用各种不同的参数用以比较、优化工艺设计方案，以保障大件制造的一次性成功，避免多次实物试制造成的浪费，降低工艺创新成本。

2. 工艺组织创新

在信息化环境下研究企业工艺创新的组织管理过程，学者们首先论证了信息化环境下工艺创新组织变革的趋势。在信息化背景下，工艺创新面临着业务流程再造（BPR）的需求，组织结构将打破传统的金字塔式的科层制结构，向扁平化、网络化、虚拟化、柔性化等方向发展，以更加适合企业员工参与工艺创新，实现企业内部各个工艺组织层次的有效沟通，从而缩短工艺创新周期。具体来说，数据库、网络、通信技术可以突破劳动分工的束缚，工艺创新组织结构在企业实施信息化之后会发生相应变化，企业需要根据这种所处的特定阶段和环境变化，适时对工艺创新组织结构进行调整或重新设计，使其与信息技术环境相适应，这样才能保证企业工艺创新在信息化环境中顺利实施。

依赖于信息技术，工艺创新信息在先进的工艺管理下、合理的工艺管理组织结构中交流起来更加方便，各工艺创新团队内成员间或团队间的相互联系更加紧密，从而形成了创新资源共享、优势互补，超越传统组织边界和空间障碍的功能群体，能够实现动态管理和高效管理，降低企业的管理成本。

通过上述分析，快速发展的信息技术对工艺创新的促进作用已是不争的事实，制造业企业工艺创新在信息化环境下，工艺设计创新、工艺管理创新都有各自的特点。企业应该转变思想，将关注点从原料设备和劳动力对企业发展的影响上转移到信息化与创新上，并逐步引导信息化环境下的工艺创新向以下四个方面发展，具体如图 4－3 所示。

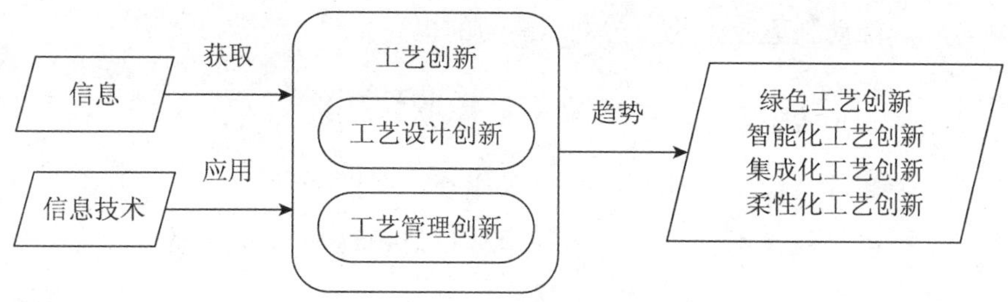

图 4-3 信息化环境下的制造业企业工艺创新

（1）绿色工艺创新

建立高效的信息网络和信息传递机制，了解国内外绿色工艺创新的最新动态，并通过计算机辅助等信息化技术建立节省资源、避免或消除对生态环境污染和破坏的生态工艺、建立以应用信息技术为前提的绿色工艺创新体系。

（2）智能化工艺创新

利用信息技术改进的工艺技术，能够实现从简单到复杂、从单机到系统、从人工到机器加工的转变，对工艺流程的控制实现质的飞跃，所以智能化的工艺创新是发展的必然趋势。

（3）集成化工艺创新

计算机辅助的工艺创新，必然把物流、信息流、能量流有效地整合在一起，相应的就需要将相关人员、相关设备、相关管理和技术要素有机结合在一起，以适应企业工艺创新的需要，保证工艺活动集成有效地运行。

（4）柔性化工艺创新

为了能够适应多变的市场，拥有较强的竞争实力，管理学界提出了“柔性化生产”的思想。随着信息技术的发展，通过及时获取市场信息，提高工艺设计水平，合理组织生产（即按订单生产，提供个性化服务），使得生产过程有序，生产节奏平稳，同时能够保持工艺创新高效率、低成本的优势。

4.4 信息化对工艺创新能力的促进作用

信息化对制造业企业工艺创新能力的影响，主要源于信息技术与工艺创新的融合。信息化的内部要素和工艺创新的内部要素会相互渗透、相互作用，从而引起制造业企业工艺技术方面的变化。在这一过程中，信息化可以通过重新整合工艺创新内部要素、转变生产方式等直接作用于制造业企业的工艺创新过程，推动制造业企业工艺创新能力的提高。

4.4.1 信息化改进了工艺创新的信息收集功能

工艺创新可以看作一种市场和技术相互融合的活动，所以制造业企业的工艺创新不但需要技术信息，还需要市场信息，这两个方面都不可或缺。我国制造业企业的工艺创新在现实中缺乏信息资源，整个企业工艺创新的过程实际上是企业不停地消除信息的不确定性的过程。在工艺创新过程中，企业可以收集尽量全面的信息，并应用科学合理的方法分析处理这些信息，最终促使企业工艺创新的实现。

与国际先进水平的企业相比，我国制造业企业在工艺创新的过程中不仅信息收集的绝对数量与国际先进水平相比显得不足，并且对于与工艺创新相关的信息加工处理的程度也不深。以上这些现状使得我国制造业企业工艺创新比较盲目，阻碍了制造业企业工艺创新的健康发展。企业收集相关工艺创新信息资源的过程本身就是企业学习的过程，企业自身的技术水平影响企业从所在的创新网络环境获取知识与信息的功能。以上的不足可以通过利用信息化手段获取更多的信息来弥补。

运用信息化手段，把软装备与企业的技术设备等硬装备，与生产手段及生产流程予以融合，从而形成企业工艺创新平台。信息技术能够提高企业获取信息的能力，拓宽企业的信息渠道，为企业提供便捷的网络信息通道，这些都能够帮助企业在创新活动中获取更充足的技术来源，从而极大地提高企业的快速反应能力。并且，运用信息化手段可以使企业更及时、准确地捕捉到市场信息、觉察到市场需求，这可以为企业紧抓市场机遇，进而进行工艺创新创造良好的条件。信息技术特别是网络技术的应用与发展能改进企业工艺创新能力不足的现状，这是由于网络信息资源源于其资源使用者的能力、知识与创造力，信息技术能够促进企业工艺创新创造能力的提高。

4.4.2 信息化影响了工艺创新的生产方式转变

工艺创新的成果融入了信息化的因素，运用并推广信息技术对传统制造业企业进行创新与改造，能够提高制造业企业工艺设备水平，促进工艺创新内部各要素的整合。因为受到信息化的影响，工艺所包含的内容已不再局限于传统的加工、装配、维修与检测，而是扩展到在信息化环境下微电子技术得到广泛应用，信息化技术可以使系统得到优化，并加速信息的传递，从而推动生产工艺过程出现创新性的变化。工艺创新信息化可以和企业生产各个环节相结合，缩短生产工艺创新的周期，并节约生产周期中物料的使用和流转时间。当企业在进行工艺创新时，可以采用信息技术对生产要素进行融合；在产品研制与技术开发中，运用计算机集成制造技术进行生产加工，能够缩短创新活动的研发周期，降低生产成本，同时满足顾客多样化的需求。运用信息技术和先进的信息设备，采用 CAE、CAPP、CAM、PDM 等先进的技术与方法，可以最终实现提高工艺设备生产效率、改善生产工艺、提高信息化水平，从而提高产品质量、降低生产成本的目的。

制造业企业采用新的生产组织方式，目的是适应新工艺设备和流程的要求。第一，这一变化从生产手段的角度看，就是要实现机器的自动化与智能化，最终达到机器辅助，甚至延伸到部分工作代替人力的功能。第二，从改造生产手段的技术形式来看，把物质的生产过程看作抽取、存储、处理、传输、控制信息的一个动态过程，把数字化当作共同的桥梁，在人机、机机和机器与劳动对象之间构建一套自动化的系统，在这一系统中，以人为控制的中心发生改变，人可以与直接劳动相分离。第三，生产手段的实质性变化，可以使得这种以效率高、速度快为特征的新的组织形式应运而生，这种组织形式能够适应信息快速流动的特点，而以前的组织形式只与物料的置放和位移相关，而新的组织形式能够实现人员分工，工序、工位的有效安排，并与工艺管理相关的要素相互组合。生产组织与管理部门着重关注的对象变成了信息、知识与人才，这和传统的物料、制造设备和普通劳动力有着较大的区别。

4.4.3 信息化加强了工艺创新的技术知识转化

因为信息化平台具有外部性的特点，所以，无论是信息网络、信息技术还是信息人才的介入，都会加强其对工艺创新基础研发的影响。信息化的介入会增加工艺技术相关的研发投入，并能够提高工艺技术的整体水平。这一现象是把对工艺创新投入的学习能力与吸收能力作为起点，沿着其技术设备投入所产生的技术路径进行深层次的研究，最终取得更多有技术含量的成果，相应地，企业的创新能力也会得到长足的发展。

工艺创新技术的转化能力是工艺创新能力的重要方面，工艺创新能力的强弱最终取决于工艺创新技术转化能力的强弱。并且，工艺创新技术的转化能力也是制造业企业工艺创新实现内生转化的必要条件。在信息化环境下，技术转化能力是以信息收集、技术开发、研发能力为前提条件，并在实施工艺创新的过程中得以实现的。

制造业企业的工艺中间投入与设备投入可从两方面对技术转化能力施加影响，一是工艺创新投入可以导致人力资本与知识经验的积累，从而为工艺创新技术的转化做好准备；二是信息交换和设备投入为工艺创新转化能力的构成与实现提供了导向。

4.4.4 信息化降低了工艺创新过程产生的风险

信息化降低工艺创新的风险可以从资金与管理两个角度来分析。第一，信息技术可以为工艺创新提供全新的组织形式，例如，虚拟的研究机构等，这样就可以在一定程度上扫清工艺创新资金进入的障碍；信息化可以为工艺创新提供更多新型的投融资渠道，例如风险投资，这样就可以很好地保障工艺创新活动的投入需求，最终减少工艺创新的资金风险。第二，工艺创新的另一特点是不确定性较强，其成功的影响因素不但包括企业资金的投入规模，而且和 R&D 人员的努力程度关系密切。一般来说，企业资金的投入量会受到企业规模等因素的影响。因此，企业客观上需要反映企业规模的数据与指标，而这些数据与指标的获得有赖于现代信息技术。管理人员很难监控 R&D 人员的努力程度，而管理人员可以通过测评到创新成果来推测 R&D 人员的努力程度。应用先进的信息技术进行组织调控、监测，可以在很大程度上提高经营管理效率，在管理者、管理者与 R&D 人员及其他员工间建立起彼此信任的良好人际关系，从而有助于充分调动员工的积极性，最终达到减少企业工艺创新风险的目的。

4.5 本章小结

本章为信息化与制造业企业工艺创新能力的关系分析，论述了信息化对制造业企业发展的带动作用，包括信息化实现了制造业企业业务流程的优化、信息化加速了制造业企业组织结构的改革、信息化带来了制造业企业管理决策的变革、信息化完善了制造业企业人力资源的管理等。结合制造业的特殊性，将硬信息化环境归纳为信息化基础设施建设环境、信息化人力资源环境、信息化软件应用环境 3 个方面，将软信息化环境归纳为企业文化的建设、组织结构的变革、业务流程的重组、管理理念的转变、决策机制的优化 5 个方面。通过“软硬兼施”的信息化环境作用，实现提高制造业企业工艺创新能力的目的。

在用信息化改造传统制造业的过程中，生产工艺的信息化已然成为制造业信息化改造的核心内容。可以说，信息化环境对制造业企业工艺创新的影响是方方面面的。本书结合工艺创新的定义，从工艺设计创新和工艺管理创新两个方面对信息化环境下的制造业企业工艺创新的特点进行深入、全面的分析。其中，工艺设计创新是工艺技术创新和工艺设备创新的总称，是制造业企业进行加工生产的重要组成部分，在制造业企业生产中占有举足轻重的作用；工艺管理创新包括工艺流程创新和工艺组织创新，二者互为工艺管理创新的条件和结果，即工艺流程创新能够促进工艺组织的改变，工艺组织的创新能够优化工艺流程。

信息化对制造业企业工艺创新能力的影响，主要源于信息技术与工艺创新的融合。信息化的内部要素和工艺创新的内部要素相互渗透、相互作用，从而引起制造业企业工艺技术方面的变化。在这一过程中，信息化通过改进工艺创新的信息收集功能、影响工艺创新的生产方式转变、加强工艺创新的技术知识转化、降低工艺创新过程产生的风险等直接作用于制造业企业的工艺创新过程，推动制造业企业工艺创新能力的提高。

5 制造业企业信息化水平与测度研究

在知识经济时代，信息化的实施导致制造业企业发生了根本性的变化，制造业企业信息化水平测度可以对制造业企业信息化发展到什么程度进行定量的研究。通过对信息化水平测度理论与方法进行深入研究，可发现采用的方法主要是马克卢普、波拉特的信息经济测度模型或是采用不同的计算函数，没有根本性的突破。本书针对国内外企业信息化水平测度过程中存在的局限性，并结合制造业企业信息化的特殊性，构建了由生产信息化和管理信息化所组成的制造业企业信息化水平测度指标体系；考虑到单纯运用主观或客观赋权方法都难以做到准确和全面，提出了基于组合赋权的信息化水平指数模型。

5.1 制造业企业信息化水平划分及特征

根据事物发展变化规律，不同领域都将分级研究作为一种有效的研究方法而广泛地应用。分级研究一般需要两个重要前提：① 各等级特征可分辨；② 各等级之间的先后关系及驱动力可明确定义。制造业企业信息化是周期较长、投入较大、风险较高的复杂系统工程，同时也是信息技术倍增作用、信息资源的开发与利用不断发展的过程。因此，分级推进制造业企业信息化建设是降低、分散制造业企业信息化风险的可行方法之一。

5.1.1 制造业企业信息化划分级别的必要性

制造业企业信息化的建设涉及从需求分析、总体设计、详细设计、编码、测试到安装和维护的全过程，专业化程度较高、风险较大、可预见性小，严重影响制造业企业信息化进程，造成许多信息化项目不成功、不完善。据资料统计，我国实施 ERP 系统的制造业企业中，仅有 10%～20%的企业取得全面成功，仅有 30%～40%的企业局部实施成功，ERP 实施的失败率高达

50％。如果制造业企业不能稳健地、扎实地进行基础级的信息化水平建设，不仅会影响制造业企业信息化现有水平的实施效果，而且会制约后续的信息化水平的持续发展和提高。因此，必须寻求一些措施以降低信息化实施的风险，从而提高制造业企业信息化建设水平。

在制造业企业信息化建设中，采取分级实施的策略，可有效分散风险，提高制造业企业信息化建设的成功率。从系统动态发展的角度，在充分考虑当前企业信息化的特点的基础上，对每一级的信息化水平进行全面评价，不仅可以单纯地反映制造业企业当前的信息化实施效果，而且与信息化建设存在着一定的交互作用，可以更好地指导制造业企业下一级信息化的实施。制造业企业信息化更高层次的系统目标需要在低层次系统目标实现的基础上不断增强企业基础管理水平，逐步提高企业员工的信息化应用水平才能实现，因此，制造业企业信息化的建设不能脱离制造业企业的实际情况采取跨越式的发展模式，而应该遵循事物发展的螺旋式上升规律。

5.1.2 制造业企业信息化级别的划分

国内外学者针对企业信息化的发展过程划分问题有着不同的论述。1973年，诺兰将信息化水平分为引入、传播、控制和集成 4 种水平，提出了著名的诺兰水平理论；刘树森（2005）针对现代制造业企业的特点，提出制造企业信息化水平可以分为部门级应用水平、企业级应用水平和企业间应用水平等；郭迅华（2005）根据我国企业信息化的成长阶段，提出将我国企业信息化分为引入、传播、降温、普及 4 种水平；龚炳铮（2007）按信息化水平的划分方法，将我国企业信息化分为初级水平、中级水平和高级水平 3 个层次。在借鉴上述企业信息化水平划分的基础上，根据我国制造业企业信息化的发展现状，本书将制造业企业信息化建设水平划分为初级水平、中级水平和高级水平。制造业企业信息化建设这 3 个级别是一个不断积累与提高的过程，任何阶段都不可逾越。企业信息化系统部门级应用即制造业企业信息化初级水平；企业信息化系统企业级（企业内部）应用即制造业企业信息化中级水平；企业信息化系统跨企业应用即制造业企业信息化高级水平。

5.1.3 制造业企业信息化水平的特征

制造业企业信息化水平分为初级水平、中级水平和高级水平，每一级别都具有各自的特征，具体如下。

1. 制造业企业信息化初级水平

制造业企业处于信息化初级水平时，制造业企业旨在原有工作模式基础上应用信息技术，在企业局域网支持下实现企业某些部门的信息化管理，以提高工作效率和质量。处于该信息化水平的制造业企业的主要特征表现为：① 在项目管理和职能管理方面，制造业企业内部管理缺乏智能化，管理质量和监控质量都很低；② 在信息技术方面，信息管理软件仅在某些部门使用，“信息孤岛”现象普遍存在；③ 在数据需求方面，整体数据的准确性、完整性和及时性均较低；④ 在人机协同方面，信息系统软件操作的易用性和有用性中等，企业管理层和决策层的易用性、有用性和灵活性均较低；⑤ 在管理团队方面，企业尚未形成专业化的队伍；⑥ 在发展战略方面，制造业企业的发展战略没有与信息技术很好地关联。总之，在信息化初级水平阶段，制造业企业信息技术处于辅助地位，缺乏信息技术应用的广度和深度。

2. 制造业企业信息化中级水平

在企业内联网（Intranet）的支持下，处于信息化中级水平的制造业企业集团内或项目部内应用各种信息系统软件，将企业内部各业务管理领域的信息和管理过程进行集成，制造业企业基本实现了内部信息集成。处于该信息化水平的制造业企业的主要特征表现为：① 在项目管理和职能管理方面，制造业企业内部管理智能化水平仍较低，管理质量和监控质量达到中等水平；② 在信息技术方面，制造业企业核心应用系统已实现完全集成，但与上、下游其他项目部间尚无关联，如监理单位、设计单位、监管机构等；③ 在数据需求方面，企业核心业务数据已达到中等或良好，具有一定的准确性、完整性和及时性；④ 在人机协同方面，制造业企业集团决策层的有用性和灵活性仍较低；⑤ 在管理团队方面，企业成立了信息化管理中心，有专业人员维护信息化系统，基本形成了专业化的队伍；⑥ 在发展战略方面，企业的发展战略能够得到应用的信息技术的支持。总之，在信息化中级水平阶段，制造业企业实现了企业内部核心管理系统的完全集成，信息技术应用的广度和深度有所发展，信息技术处于不可或缺的地位。

3. 制造业企业信息化高级水平

制造业企业处于信息化高级水平时，在 Extranet（外联网）和 Internet（互联网）的支持下，制造业企业应用信息技术实现了核心流程最优化、信息处理集中化、决策支持知识化和企业管理透明化，实现了企业与上、下游其他部门间的信息集成与交换，全面提高了企业整体管理水平与技术创新能力。

处于该信息化水平的制造业企业的主要特征表现为：① 在项目管理和职能管理方面，制造业企业内部管理智能化水平较高，管理质量和监控质量均达到优秀；② 在信息技术方面，企业核心应用系统与上、下游其他部门间实现协同，完全集成；③ 在数据需求方面，企业核心业务数据达到优秀水平，具有相当的准确性、完整性和及时性；④ 在人机协同方面，制造业企业集团的决策层以及项目部的操作层、管理层，均实现了高水平的易用性、有用性和灵活性；⑤ 在管理团队方面，企业已形成成熟的信息化管理体制，具有一支高水平的专业化队伍维护信息系统的运转；⑥ 在发展战略方面，企业有明确的战略发展目标，企业发展战略及驱动战略的变革能够得到信息技术的有效支持。总之，在信息化高级水平阶段，制造业企业经营管理水平和管理效率均得到了大大提高，信息技术处于战略地位，为制造业企业飞速发展插上了腾飞的翅膀。信息化水平和信息技术在企业的扩散度的关系，具体如图 5-1 所示。

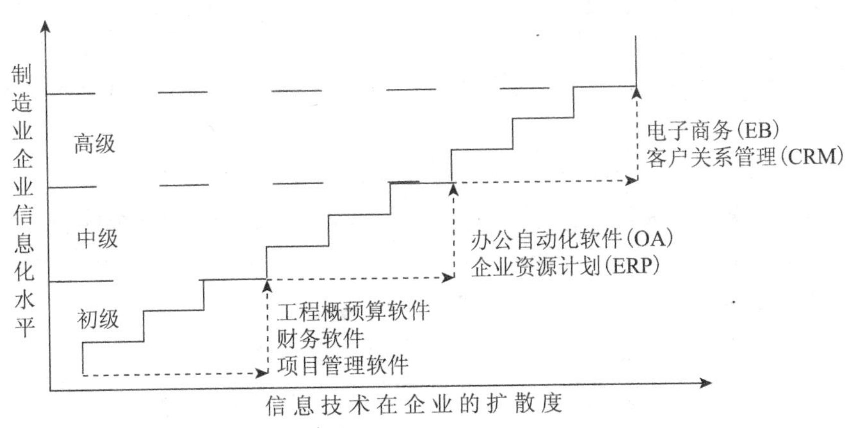

图 5-1 信息化水平和信息技术在企业的扩散度的关系

当前，将制造业企业信息化过程划分为若干个级别来实施，采用分级实施策略是我国制造业企业信息化建设的必由之路，它为制造业企业信息化的建设提供了一种科学模式。

5.2 制造业企业信息化水平测度目标与思路

构建制造业企业信息化水平测度指标体系的基础是测度目标与测度思路，在测度目标和测度思路的基础上，结合制造业企业自身的实际情况，才能更加科学合理地构建制造业企业信息化水平测度指标体系。

5.2.1 制造业企业信息化水平测度目标

从信息化水平测度入手，大力推进制造业企业信息化建设是提升制造业企业核心竞争力的重要途径。信息化水平测度是制造业企业信息化建设的重点，一方面是做好信息化建设的基础工作，包括制造业企业信息化的后续建设是否与信息化建设的资金数量、信息化软件的成熟度、软件对数据的要求等有良好的接口，是否充分了解本企业信息化设施的完备程度等的信息化现状；另一方面是为企业信息化发展制定长远规划战略目标，比如企业是准备实现内部信息化管理还是与上、下游相关部门实现信息传递和共享等。要使信息化建设行动更有成效，就要在充分掌握这些基本信息之后有针对性地进行信息化建设。因此，制造业企业信息化建设离不开信息化水平测度这个重要指导工具，通过企业信息化水平测度，要达到以下目标。

(1) 通过制定制造业企业信息化整体发展规划，从长远角度进行信息化建设，使信息化建设与企业发展战略有机融合起来，能够使信息化建设成为提升制造业企业管理水平的利器。

(2) 通过建立一套适合制造业企业的测度指标及测度方法，测度制造业企业信息化水平达到什么程度，帮助企业总结信息化建设的经验和教训，指明企业信息化建设需改进和努力的方向，使制造业企业的信息化建设成为达标过程，为制造业企业的信息化建设打下坚实的基础。

(3) 进行信息化水平测度，有利于掌握我国制造业企业的信息化建设水平，帮助政府建设主管部门制定产业发展政策以及为宏观决策提供科学依据和参考。

5.2.2 制造业企业信息化水平测度思路

制造业企业信息化建设的主要任务是使信息技术与研发技术、制造技术、管理技术有机结合，以提升制造业企业的经济效益和竞争力。在制造业企业内部，实施全面信息化包括生产（制造）信息化和管理信息化两部分。一般来说，制造业企业生产业务过程包括产品设计→工艺设计→生产计划→原材料和外构件采购→对外协作加工→内部制造和装配→销售→客户服务；管理业务过程包括内部办公、资产设备管理、财务管理、质量管理、进销存管理、人力资源管理等。因此，制造业企业信息化最直接地体现在从产品设计到生产过程自动化程度的提高及管理的优化上。具体地，制造业企业信息化的基本内容如图 5-2 所示。从图 5-2 中可以看出，制造业企业信息化每部分内容又涉及很多有关的工作内容，其中企业人员信息化是保障，属于保障层面；产品研发信息化、生产制造信息化、经营管理信息化及企业商务信息化是手段，属于核心层面；企业信息化基础建设是前提和基础，属于基础层面。

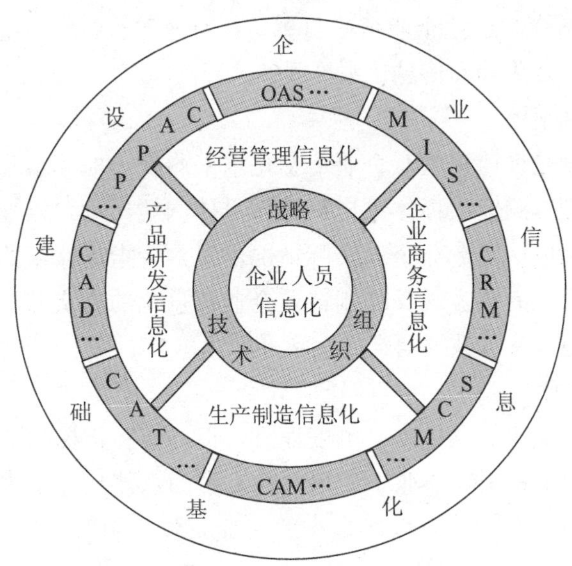

图 5-2 制造业企业信息化基本内容轮图

本书重点突出制造业企业在信息化领域的特殊性，即生产信息化和管理信息化，根据现有的制造业企业信息化的内容范畴、测度指标及测度方法，将已有的制造业企业信息化测度指标体系汇集起来，进行全面系统的研究分析，保留合理的测度指标，舍弃不合理的测度指标，增加需要的测度指标，并征求有关专家、学者的意见，建立起本书的制造业企业信息化水平测度指标体系的方案。

5.3 制造业企业信息化水平测度指标体系构建

5.3.1 测度指标体系构建原则

由于涉及面广、要素多，因而制造业企业信息化水平测度指标体系需要从多层次、多角度、多环节建立一套科学化、系统化、标准化、规范化的指标体系，以全面客观地反映制造业企业信息化水平建设的全貌。基于上述考虑，本书提出以下指标体系构建原则。

1. 目的性原则

制造业企业信息化建设和测度工作要紧紧以制造业企业战略为核心，以提升制造业企业信息化水平为目的。因而，制造业企业信息化水平测度指标体系的设计要围绕制造业企业核心目标，在有效益、务实、统筹规划的基础上引导制造业企业为提高信息化水平服务。

2. 科学性原则

科学性原则是设计制造业企业信息化水平测度指标体系和确保测度结果准确合理的基础。测度指标体系应从我国具体国情出发，以投入法测评为主导，设计的指标应从制造业企业实际情况出发，将指标体系的确定建立在科学性的基础之上，力求客观反映制造业企业信息化的真实状况，表达上应科学、合理和规范，注重数据的真实性和可靠性。

3. 适度性原则

对于制造业企业信息化水平测度而言，指标层和指标的数量并不是越多越好，而是要根据我国制造业企业信息化发展的总体状况来构建合理的指标层次及指标数量。因此，要以尽量少的指标来包含制造业企业的主要信息，而且指标设置应具有一定的综合性，指标之间逻辑关系要强，不应具有相关性。

4. 系统性原则

整个指标体系中的指标应具有层次性、简约性、针对性，要全面系统地反映制造业企业整体的信息化水平，由粗到细，由浅入深，指标之间的相关度尽可能小，以较少的指标覆盖较广的范围，解决比较实质的问题。

5. 可操作性原则

为了便于相应数据的收集、统计和分析，指标体系应以定量指标为主、定性指标为辅，以减少定性指标带来的主观偏差，进行具体、直接的测量。整个指标体系的指标数目不能太少，也不能太多太杂，数量适中为宜，内容实用为宜，且应具有可比性，可以进行同行业企业间的横向比较或本企业的纵向比较。

6. 成长性与预测性原则

一定程度上，制造业企业信息化水平的测度要反映出目前制造业企业的信息化状况，同时要揭示出制造业企业信息化发展的潜力和后劲，能够从时间和空间上发展和延伸。

5.3.2 测度指标体系层次结构

在依据构建原则的基础上，根据指标体系的设计思想，本书构建了由企业人员信息化水平、产品研发信息化水平、生产制造信息化水平、经营管理信息化水平、企业商务信息化水平和企业信息化基础建设水平 6 个二级指标组成的测度指标体系。其中，企业人员是企业信息资源的使用者，因此对于其他各要素的发展速度和质量来说，人才有着决定性的影响，企业信息化成功的根本是要具备一定信息化素质的员工。产品研发信息化是将现代信息技术综合应用于企业产品研究与开发的全过程，是企业产品研发不可缺少的手段，在产品技术创新过程中发挥着重要作用。生产制造信息化是制造业企业执行层次的信息化，是制造业企业按时、按质、按量生产出满足市场需要的产品的直接保证，是制造业企业信息化的重要组成部分。经营管理信息化反映综合利用现代信息技术和管理科学的情况，可以用以实测企业的各种经营情况，并可预测未来情况，从全局出发，辅助企业进行管理、决策，帮助企业实现其规划目标。企业商务信息化是在企业商务活动领域综合应用现代信息技术的体现，其主要包括电子商务、供应商关系管理、客户关系管理 3 个方面。另外，企业信息化基础建设是信息跨时空流动的载体，信息化是否具备相应的物质条件与它的发育程度直接相关，它是制造业企业信息化发展所依赖的物化设备和物质基础。具体如表 5－1 所示。

表 5－1　　制造业企业信息化水平测度指标体系的结构

测度目标	测度层面	测度指标
制造业企业信息化水平测度	保障层面	企业人员信息化水平测度 产品研发信息化水平测度
	核心层面	生产制造信息化水平测度 经营管理信息化水平测度
	基础层面	企业商务信息化水平测度 企业信息化基础建设水平测度

5.3.3 测度指标体系主要内容

本书在分析了国内外相关文献的基础上，从生产信息化和管理信息化两个角度出发，依据其指标体系的设计原则，构建了由 6 个二级指标组成的测度指标体系，其中包括企业人员信息化水平指标、产品研发信息化水平指标、生产制造信息化水平指标、经营管理信息化水平指标、企业商务信息化水平指标和企业信息化基础建设水平指标。具体如表 5－2 所示。

表 5－2　制造业企业信息化水平测度指标体系

一级指标	二级指标	三级指标
制造业企业信息化水平	企业人员信息化水平 X_1	大专以上学历员工的比重 x_1 专职信息技术人员的比重 x_2 信息化技能的普及率 x_3 电子化学习的员工覆盖率 x_4
	产品研发信息化水平 X_2	信息技术投入占研发支出的比重 x_5 研发过程信息技术的应用率 x_6 信息技术研发产品占企业总产品数比例 x_7
	生产制造信息化水平 X_3	生产过程计算机自动控制应用率 x_8 生产过程计算机自动控制质量水平 x_9 主要产品生产线或关键工序的数控比率 x_{10}
	经营管理信息化水平 X_4	企业主要业务流程再造的程度 x_{11} 办公自动化水平 x_{12} 决策信息化水平 x_{13}
	企业商务信息化水平 X_5	管理信息系统使用的覆盖率 x_{14} 供应商关系管理系统建设和应用水平 x_{15} 客户关系管理系统建设和应用水平 x_{16} 电子商务建设和应用水平 x_{17}
	企业信息化基础建设水平 X_6	信息化投入占同期固定资产投入的比重 x_{18} 每百人计算机装备率 x_{19} 网络性能水平 x_{20} 信息安全技术操作水平 x_{21}

1. 企业人员信息化水平指标（X_1）

企业信息资源的使用者，即企业员工，是企业信息化的主体。因此，人才对其他各要素的发展速度和质量有着决定性的影响，企业信息化成功的根本是具备一定具有信息化素质的员工。本书主要通过大专以上学历员工的比重、专职信息技术人员的比重、信息化技能的普及率、电子化学习的员工覆盖率等指标进行测度。

2. 产品研发信息化水平指标（X_2）

产品研发信息化是指在企业产品研究与开发全过程中，综合应用以现代信息技术、数学方法、工程技术等为代表的多学科、多领域的科学与技术，是企业产品研发不可缺少的手段，在产品技术创新过程中发挥着重要作用。本书主要通过信息技术投入占研发支出的比重、研发过程信息技术的应用率、信息技术研发产品占企业总产品数比例等指标对其进行测度。

3. 生产制造信息化水平指标（X_3）

生产制造信息化是制造业企业信息化的重要组成部分，是制造业企业执行层次的信息化，是制造业企业按时、按质、按量生产出满足市场需要的产品的直接保证。这一维度主要通过生产过程中的计算机自动控制质量水平、生产过程计算机自动控制应用率、主要产品生产线或关键工序的数控比率等指标来测度。

4. 经营管理信息化水平指标（X_4）

经营管理信息化反映综合利用现代信息技术和管理科学的情况，可以实测企业的各种经营情况，并可预测未来情况，从全局出发辅助企业进行管理、决策，帮助企业实现其规划目标。本书主要用企业主要业务流程再造的程度、办公自动化水平、决策信息化水平、管理信息系统使用的覆盖率等指标来测度。

5. 企业商务信息化水平指标（X_5）

企业商务信息化是在企业商务活动领域，综合应用现代信息技术的体现，主要包括 3 个方面：电子商务、供应商关系管理、客户关系管理。这一维度主要用以下指标测度：供应商关系管理系统建设和应用水平、客户关系管理系统建设和应用水平、电子商务建设和应用水平。

6. 企业信息化基础建设水平指标（X_6）

企业信息化基础建设是制造业企业信息化发展所依赖的物化基础和物资设备。企业信息化基础建设的发育程度直接关系到信息化是否具备相应的物质条件。本书主要用每百人计算机装备率、信息化投入占同期固定资产投入的比重、网络性能水平和信息安全技术操作水平等指标来测度。

5.3.4 测度指标的含义及计算

本书在已有文献的基础上，结合我国制造业企业自身特点，构建了制造业企业信息化水平测度指标体系。该指标体系主要包括 6 个二级指标：企业人员信息化水平、产品研发信息化水平、生产制造信息化水平、经营管理信息化水平、企业商务信息化水平、企业信息化基础建设水平。各个二级指标又具体包含数个三级指标。本书指标的含义和计算方式主要参照中国信息化测评网上所公布的《中国企业信息化指标体系》，另有部分指标的含义和计算方法参考相关教材和文献等给出。指标的具体含义和计算方法如下。

1. 企业人员信息化水平（X_1）测度指标含义及计算

（1）大专以上学历员工的比重 x_1

它反映制造业企业实现信息化的总体人力资源条件。大专以上学历员工主要包括拥有专科、本科、硕士、博士学历的工作人员。其计算公式为：

$$\text{大专以上学历员工的比重} = \frac{\text{大专以上学历员工总数}}{\text{企业员工总数}} \times 100\% \quad (5-1)$$

（2）专职信息技术人员的比重 x_2

它反映人力资源中信息技术应用状况。企业专职信息技术人员总数包括计算机机房、图书馆（室）、各类档案室、情报资料室、收发传达室、战略情报室等从事计算机系统的维护、操作和其他非计算机信息管理工作的工作人员。其计算公式为：

$$\text{专职信息技术人员的比重} = \frac{\text{专职信息技术员工总数}}{\text{企业员工总数}} \times 100\% \quad (5-2)$$

（3）信息化技能的普及率 x_3

它反映制造业企业中掌握信息化技能的人才的多少。这体现了企业竞争力中的人员技能水平，将直接影响到信息化建设和运行的效果。其计算公式为：

$$\text{信息化技能的普及率} = \frac{\text{掌握信息化技能员工总数}}{\text{企业员工总数}} \times 100\% \quad (5-3)$$

（4）电子化学习的员工覆盖率 x_4

它反映制造业企业中电子化学习的员工的多少，体现学习能力和文化的转变。电子化学习员工总数是指通过 Internet、企业内外联网或 PC 机，运用电子版的学习软件、教程以及其他学习资源来进行学习的员工总人数。其计算公式为：

$$电子化学习的员工覆盖率 = \frac{电子化学习员工总数}{企业员工总数} \times 100\% \quad (5-4)$$

2. 产品研发信息化水平（X_2）测度指标含义及计算

(1) 信息技术投入占研发支出的比重 x_5

它反映制造业企业在研发领域对信息化的投入力度。信息技术投入总额的计算主要包括计算机辅助设计（CAD）、计算机辅助工艺规划（CAPP）、计算机辅助制造（CAM）、计算机辅助工程分析（CAE）、产品数据管理（PDM）、虚拟产品开发（VPD）等技术费用的投入。其计算公式如下：

$$信息技术投入占研发支出的比重 = \frac{企业信息技术投入总额}{企业研发支出总额} \times 100\% \quad (5-5)$$

(2) 研发过程信息技术的应用率 x_6

它反映制造业企业在研发过程中信息技术的使用情况。其中，信息技术主要包括计算机辅助设计（CAD）、计算机辅助工艺规划（CAPP）、计算机辅助制造（CAM）、计算机辅助工程分析（CAE）、产品数据管理（PDM）、虚拟产品开发（VPD）等。

(3) 信息技术研发产品占企业总产品数比例 x_7

它反映在研发过程中制造业企业对使用信息技术的重视程度。信息技术研发产品是在网络和计算机辅助下通过建立产品数据模型，全面模拟产品的设计、分析、试验、制造、装配等过程。它集成了现代设计与制造过程中的多项先进技术，是以 CAD、CAE、CAPP、CAM、PDM、VPD 等技术为工具，开展产品开发的技术活动。其计算公式为：

$$信息技术研发产品占企业总产品数比例 = \frac{信息技术研发的产品总数}{企业产品总数} \times 100\% \quad (5-6)$$

3. 生产制造信息化水平（X_3）测度指标含义及计算

(1) 生产过程计算机自动控制应用率 x_8

它反映制造业企业生产过程信息化的深度和广度信息化对生产过程优势的突出程度，效率提高程度，运行通畅程度，主要生产过程信息化覆盖面如何，是否全部实现了最优控制等。其计算公式为：

$$生产过程计算机自动控制应用率 = \frac{实现计算机自动控制的工位数}{生产过程全部工位数} \times 100\% \tag{5-7}$$

（2）生产过程计算机自动控制质量水平 x_9

它反映制造业企业在生产过程中信息化对产品质量和精度的控制程度。它主要体现为采用柔性加工制造（CNC/FMS）；应用可编程控制（PLC）和分布式控制（DCS）；采用先进控制系统（APC），实现生产过程综合自动化和最优智能控制等。

（3）主要产品生产线或关键工序的数控比率 x_{10}

它反映制造业企业核心业务流程信息化的深度和广度，信息化对主要产品生产线或关键工序优势突出程度，生产效率提高程度，运行通畅程度，主要产品生产线或关键工序信息化覆盖面如何，是否全部实现最优控制等。其计算公式为：

$$主要产品生产线或关键工序的数控比率 = \frac{数控产品生产线或关键工序数}{产品生产线或关键工序数} \times 100\% \tag{5-8}$$

4. 经营管理信息化水平（X_4）测度指标含义及计算

（1）企业主要业务流程再造的程度 x_{11}

它反映制造业企业在业务流程再造领域信息化软件的应用状况。企业主要业务流程是指企业生产流程、供给流程、销售流程、财务流程、人员管理流程、产品开发流程、售后服务流程和企业信息宣传流程。

（2）办公自动化水平 x_{12}

它反映制造业企业在网络应用基础上办公自动化的应用状况。主要表现为企业是否建立了基于 Intranet/Extranet 的企业网；是否有面向外部的电子公文交换系统；是否实现了信息流程的跟踪与监控；是否实现了文档共享、发文管理、收文管理、签报管理、周报管理、月报管理、信息集成、信息发布、业务讨论、电子邮件、人力资源管理、个人数据管理、档案管理、固定资产管理、决策支持等。

（3）决策信息化水平 x_{13}

它反映制造业企业重大决策由信息技术支持的状况。主要表现为开展数据分析处理，为企业决策提供有力的辅助支持；采用人工智能专家系统，进入管理决策智能化；通过信息资源的开发利用，为企业决策提供初步支持等。

(4) 管理信息系统使用的覆盖率 x_{14}

它反映制造业企业信息化在管理领域的应用状况。计算机管理软件主要包括 CAD 计算机辅助设计、CAM 计算机辅助制造、CAT 计算机辅助测试、CAE 计算机辅助工程、MIS 管理信息系统、DSS 决策支持系统、SIS 战略信息系统、OAS 办公自动化系统、CIMS 集成制造系统、MRPⅡ 制造资源计划、ERP 企业资源计划、SCM 供应链管理、CRM 客户关系管理等。管理信息系统主要包括财务管理、采购管理、生产制造管理、仓储管理、营销管理、客户关系管理、人力资源管理、电子商务、信息采集与发布管理、信息安全管理等。

5. 企业商务信息化水平(X_5)测度指标含义及计算

(1) 供应商关系管理系统建设和应用水平 x_{15}

它反映制造业企业通过与供应商建立长期的、紧密的业务关系，市场需求和占有份额扩大的状况。供应商关系管理由交易自动化、在线协作、异常处理、数据挖掘和报告、分析五个部分构成。供应商关系管理加速了企业与供应商的有效合作，增强了供应链的核心竞争力，创新了企业间的合作模式，帮助供应商和企业实现了双赢。

(2) 客户关系管理系统建设和应用水平 x_{16}

它反映制造业企业为吸引和保持更多的客户而提供快速、周到的服务，并全面管理营销业务流程来降低产品销售成本的状况。客户关系管理由销售自动化、营销自动化、客户服务与支出、呼叫中心、客户信息分析等功能组成。客户关系管理可以提高企业对客户的响应速度，帮助企业改善服务，提高工作效率，有效降低成本，规范企业管理，深入挖掘客户需求，从而为企业科学决策提供技术支持。

(3) 电子商务建设和应用水平 x_{17}

它反映制造业企业基于互联网并支持企业价值链增值的信息系统，支持企业的对外业务协作的状况。电子商务分为企业与消费者、企业与企业、消费者与消费者以及企业或消费者与政府之间电子商务四种模式。电子商务系统包括企业开展商务活动的外部电子化环境和内部电子化环境两部分。电子商务系统由企业电子商务基础平台、电子商务服务平台、电子商务应用系统、电子商务应用表达平台、安全保障环境几部分组成。

6. 企业信息化基础建设水平(X_1)测度指标含义及计算

(1) 信息化投入占同期固定资产投入的比重 x_1

它反映企业对信息化投入的力度。其中，信息化投入总额的计算主要包括软硬件、网络、聘用 IT 技术人员的费用、信息化培训、通信设备等费用的投入。其计算公式如下：

$$\text{信息化投入占同期固定资产投入的比重} = \frac{\text{企业年度信息化投入总额}}{\text{企业年度固定资产投入总额}} \times 100\% \tag{5-9}$$

（2）每百人计算机装备率 x_2

它反映制造业企业信息化基础设施状况。计算机总数的计算口径为包括主频在 75 MHz（含）以上的 PC 机在内的企业内能正常运转的大、中、小型机以及服务器和工作站，不含私人购置的电脑。其计算公式如下：

$$\text{每百人计算机装备率} = \frac{\text{企业拥有的正常运作的计算机总数}}{\text{企业员工总数}} \times 100\% \tag{5-10}$$

（3）网络性能水平 x_3

它反映制造业企业整体网络环境，包括制造业企业网络的出口带宽、制造业企业内部局域网带宽、制造业企业网络建设情况、制造业企业网络运转情况，以及网络维护能力。

（4）信息安全技术操作水平 x_4

它反映制造业企业对信息化安全的重视程度。包括全面安装杀毒软件，并严格按照供应商要求按时升级；制定有相关的信息安全制度；重视对员工安全意识的培养、培训；拥有 2 个（含）以上 ISP（Internet Services Provider）；设有常年法律顾问；设有专门的信息安全管理机构；建立了虚拟网；安装了防火墙；安装了邮件加密系统等。

5.4 制造业企业信息化水平指数测度模型构造

5.4.1 测度模型构造的总体思路

制造业企业信息化具有多样性和复杂性等特点，因此需要用问卷调查方式对样本指标进行统计测算，进而对制造业企业信息化水平进行测度。本书在信息化综合指数法、模糊数学、熵理论与方法的基础上，提出了企业信息化水平指数测度模型，其具体分析流程如图 5－3 所示。制造业企业信息化水平各测度指标的作用不同，其在指标体系中就应该占有不同的权重，这样对指标权重的确定是测评方法选择中一个最基本而又很重要的内容，其权重值的大小直接影响信息化水平测评结果。

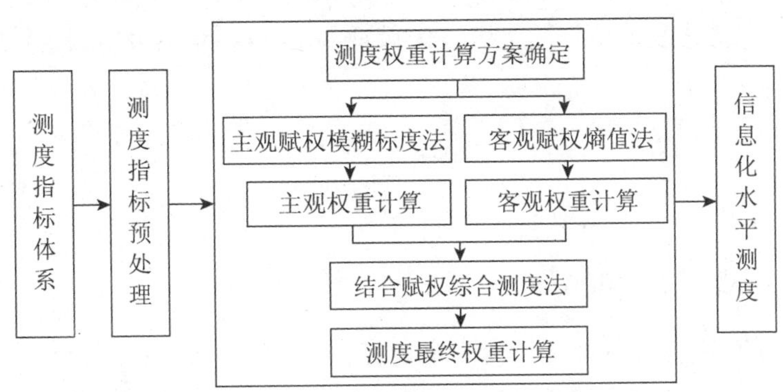

图 5-3 基于组合赋权的制造业企业信息化水平指数模型流程图

在测度过程中，首先，采用模糊标度法对制造业企业信息化水平测度指标进行主观赋权，得到能够反映测度指标实际含义的主观权重。与此同时，利用熵值法对同样的测度指标进行客观赋权，得到其较少受人为因素影响的客观权重，并采用结合赋权综合测度法合理地对主观赋权和客观赋权得到的权重进行处理，确定各测度指标的最终权重。其次，根据信息化综合指数法的基本原理，即信息化程度或水平应当考察它的整体的、综合的能力和水平，而不能仅仅只看某一个或几个局部方面。本书采用加权和与加权积模型，将信息化加权算术平均综合测度值和信息化加权几何平均综合测度值相混合，最终得到信息化水平指数，进而达到剔除“倍增效应”影响的目的，较客观准确地反映出企业在信息化实施过程中的真实程度或水平，最终为企业及企业管理者找出企业信息化建设过程中存在的不足和努力方向，制定相应战略和措施，提供可靠的量化依据。

5.4.2 主观赋权模糊标度法

模糊标度法是运用相关经验知识，通过对复杂系统中的各指标之间的相对重要性进行反复酌量，按照模糊数学方法，将定性的经验和知识定量化的方法。制造业企业信息化水平测度需要考虑的因素很多，具体测度指标的测度值又具有模糊性。根据这些特点，通过向有关专家发放调查问卷，对信息化水平测度指标之间的相对重要性关系进行详细的分析，用语气算子和模糊标度表示信息化水平测度指标的权重，即将最重要的信息化水平测度指标依次与第 2 重要，…，第 m 重要的信息化水平测度指标进行对比，权衡比较不同测度指标对总目标作用程度的差异，按照语气算子得到未归一化权重（重要性的相对隶属度值）W'_{si}，归一化后便可得到各信息化水平测度指标的权重：

$$W_{si} = \frac{W'_{si}}{\sum_{i=1}^{m} W'_{si}} \tag{5-11}$$

5.4.3 客观赋权熵值法

熵值法是在客观条件下，由测度指标值构成的判断矩阵来确定指标权重的一种方法。这种方法的优点是可以排除人为因素、风险因素等的干扰，客观反映测度对象的指标信息。熵值法不需要对数据的分布形态进行任何假定，且经过计算各指标之间的相关程度不高，不宜做主成分分析或因子分析。因此，本书采用熵值法进行制造业企业信息化水平测度指标赋权。具体步骤如下。

1. 对原始数据进行规格化处理

制造业企业信息化水平各测度指标的计量单位不同，不能直接进行加权综合，需要对原始数据进行规格化处理。由于本书测度信息化水平的指标均为正指标，所以采用线性型极值法：

$$x_{ij} = \frac{x_{ij}^0 - \min x_j^0}{\max x_j^0 - \min x_j^0} \quad (i=1,\ 2,\ \cdots,\ m;\ j=1,\ 2,\ \cdots,\ n) \tag{5-12}$$

其中，x_{ij} 为标准化值，数值在 [0，1] 的范围内；x_{ij}^0 为第 i 个指标中的第 j 个指标的初始值；$\max x_j^0$ 与 $\min x_j^0$ 分别为第 j 个指标中最大与最小指标初始值。由此可得到标准化后的测度矩阵：

$$X = (x_{ij})_{m \times n}$$

2. 指标信息熵值的计算

将 x_{ij} 转化为比重形式的 p_{ij}：

$$p_{ij} = \frac{x_{ij}}{\sum_{i=1}^{m} x_{ij}} \quad (i=1,\ 2,\ \cdots,\ m;\ j=1,\ 2,\ \cdots,\ n) \tag{5-13}$$

由信息熵的定义可得第 j 个信息化水平测度指标的熵为：

$$H_j = -k \sum_{i=1}^{m} p_{ij} \ln p_{ij} \quad (j=1,\ 2,\ \cdots,\ n) \tag{5-14}$$

其中，$k=\frac{1}{\ln m}$，式中加一个常数 k 是为了保证第 j 个指标的各比重 p_{ij} 都相等（$=1/m$）时满足 $H_j=1$；式中还假定，当 $p_{ij}=0$ 时，$p_{ij}\ln p_{ij}=0$，从而保证 $H_j\in[0,1]$。

3. 测度指标权重的确定

熵值法评价的实质为利用各项测度指标的价值系数来计算其权重，价值系数越大的指标，其对系统测度的重要性越大，则可定义第 j 个信息化水平测度指标的熵权 $\omega_{\sigma j}$ 为：

$$\omega_{\sigma j}=\frac{1-H_j}{\sum_{j=1}^{n}(1-H_j)}=\frac{1-H_j}{n-\sum_{j=1}^{n}H_j}\ (j=1,\ 2,\ \cdots,\ n) \qquad (5-15)$$

其中，$\omega_{\sigma j}\in[0,\ 1]$，且 $\sum_{j=1}^{n}\omega_{\sigma j}=1$。

5.4.4 基于结合赋权的信息化水平指数法

主观赋权与客观赋权各有优缺点，主观赋权法客观性差，但根据指标本身含义确定权重具有优势，而客观赋权法确定的权重有时与实际重要程度相悖，在不考虑指标实际含义的情况下确定权重具有优势。因此，本书根据主、客观权重的本质区别，综合主、客观赋权法的优点，采用结合赋权法合理地对主观赋权和客观赋权得到的权重进行处理。计算公式如下：

$$\omega_j=\alpha\omega_{\sigma j}+(1-\alpha)\omega_{sj}\ \ (j=1,\ 2,\ \cdots,\ n) \qquad (5-16)$$

由于制造业企业信息化水平各测度指标的重要性不在同一重要等级上，主、客观赋权法得到的权重排序又不一致，但重要等级排序相同，此时，取 $\alpha=0.5$，即取主、客观赋权法得到的权重的平均值。

制造业企业信息化水平测度指标中，6 个二级指标中两两不可补偿，即使在一定范围内可以补偿，这种补偿也是非线性的。相对于各个二级指标，三级指标之间一般是存在着线性补偿关系的。所以，本书用结合赋权法确定指标权重，弥补主、客观赋权的不足，然后用加权和与加权积模型进行信息化水平指数测度认定，即：

$$ILI=\prod_{m=1}^{n}\left(\omega_m\sum_{k=i}^{j}\omega_k Y_k\right)\ (i=1,\ 2,\ \cdots,\ m;\ j=1,\ 2,\ \cdots,\ n) \qquad (5-17)$$

式中，ILI 为信息化水平指数测度值，m 为模块代码，n 为模块的数目，ω_m 为模块的权重，ω_k 为具体指标的权重，Y_k 为具体指标的属性值，k 为具体指标代码。

5.5 本章小结

本章探讨了制造业企业信息化划分级别的必要性，分别描述了制造业企业信息化初级水平、制造业企业信息化中级水平和制造业企业信息化高级水平每一级别所具有的特征。在依据构建原则的基础上，根据指标体系的设计思想，本书构建了由企业人员信息化水平、产品研发信息化水平、生产制造信息化水平、经营管理信息化水平、企业商务信息化水平和企业信息化基础建设水平 6 个二级指标组成的测度指标体系。该指标体系具有一定的独特性、可比性和全面性，为对制造业企业信息化水平进行测度奠定了坚实的基础。

制造业企业信息化具有多样性和复杂性等特点，因此需要用问卷调查方式对样本指标进行统计测算，进而对制造业企业信息化水平进行测度。本章在信息化综合指数法、模糊数学、熵理论与方法的基础上，提出企业信息化水平指数测度模型，考虑到单纯运用主观或客观赋权方法都难以做到准确和全面，提出了基于组合赋权的制造业企业信息化水平指数模型。该测度理论与方法不仅可以用于几个企业间的横向比较，找出企业自身在信息化建设方面存在的不足，而且可以用于某一企业若干年的信息化水平的纵向比较，从而更准确地了解企业信息化水平，使其更有针对性地采取相应的策略来加强信息化建设。

6 信息化水平对工艺创新能力影响机理的研究

工艺创新能力是制造业企业生存和发展的决定因素，信息化水平是制造业企业总体战略的重要组成部分。因此，在构建基于信息化水平的制造业企业工艺创新能力体系过程中，需要将制造业企业信息化水平与工艺创新能力紧密结合起来。本章研究了制造业企业信息化水平对工艺创新能力的影响机理，把制造业企业信息化水平与工艺创新能力直观联系起来，为后文基于信息化水平的制造业企业工艺创新能力体系的提出奠定了坚实的理论基础。

6.1 信息化水平与工艺创新能力互动关系分析

6.1.1 信息化水平对工艺创新能力的作用

越来越多的企业已达成共识，将信息化作为一种战略手段，开始加大对信息化的投资，以期通过信息化水平的提升使得工艺创新能力得以提高并形成竞争优势。信息化水平对工艺创新能力的作用具体表现如下。

1. 企业信息化改变了工艺创新方式

伴随着信息技术的发展，任何工艺创新都含有信息技术的成分，制造业企业工艺创新已经成为信息化基础上的创新。企业通过信息化手段的使用，能够便利地获取和运用新技术，能够更快地创造和开发出新工艺，能够有效地培养出自身的工艺创新能力。信息化强化了工艺创新细节上的服务，使消费者从一开始就参与到工艺设计和工艺研发过程之中，更好地满足不同地区不同客户的需求，培养消费者的忠诚度，进一步扩大市场份额。信息化加快了工艺技术传播的速度，使获取工艺技术更加便利和高效，能够为企业创造出更多新的工艺技术和方法，进而为企业提供更多商机，以增强企业竞争优势。

2. 企业信息化降低了工艺创新成本

粗放式的生产经营管理方法导致企业的生产经营陷入困境，加之原材料价格和人工成本越来越高，越来越多的制造业企业正面临着发展瓶颈，使其在市场竞争中处于劣势。然而，信息时代，信息化成为制造业企业的重要抉择，制造业企业可以借助信息化来提高企业效率和产品质量。企业通过运用信息技术，全面实施信息化手段，使得市场需求信息可以更好、更快地被收集到；通过现代化制造方法（如敏捷制造、自动化生产、集成制造等）的采用，可以有效地重组企业的业务流程，在小批量、多品种的生产方式下，优化组合成本、质量、交货期等，实现企业的高效率生产，在产品和服务方面保持企业的成本优势；同时，通过结合供应链管理和库存管理，实时控制企业成本。

3. 企业信息化提高了创新资源配置

信息时代的企业创新资源配置效率与工业经济时代的企业创新资源配置效率相比，不可同日而语。信息时代，企业可以通过信息化实现准时化生产方式和零库存管理，企业创新资源配置效率成为提高企业工艺创新能力的关键。企业创新资源配置效率的高低决定了企业的边界，同时也决定了企业在成本和服务方面的创新能力。企业通过供应链管理等信息化手段，使其掌控范围由企业内部的创新资源管理延伸到供应商的创新资源管理。通过信息技术的运用，企业的创新资源呈现有序的流动，企业资源的管理变得可以实时监控，企业生产和服务过程变得透明，使得企业资源的配置效率达到了一个较高水平，从而为企业提高工艺创新能力提供了保证。

6.1.2 工艺创新能力对信息化水平的推动

技术的发展将促使工艺创新的产生，信息化的基础又是技术，因此，信息化水平与工艺创新能力具有互相促进的作用。企业工艺创新能力对信息化水平的推动主要体现在以下几个方面。

1. 工艺技术的网络化改变了信息化推进的动因

当前，市场结构已经逐渐形成“赢者通吃”的格局，这使得提高信息化水平更多的是出于工艺技术的网络外部性。比如，工艺标准的全球采用、CIMS 操作系统的使用都充分体现了这个特点。再如，互联网上的电子邮箱的出现也体现了网络外部性的特点。电子邮箱在首次出现时并不具有价值，但随着电子邮箱用户的增多，它的价值会逐渐增加。在外部性这个过程中，信息化水平的提高扮演着重要的角色，它不仅能够增强用户的信心，而且能减少企业对未来市场预期的不确定性。

2. 工艺技术的系统化加强了信息化的兼容发展

作为一个体系，信息化能够使得工艺技术产品更好地兼容，同时这也进一步推动了信息化的发展。在信息化时代，诸如 CAD、CAM、FMS、CAPP、CIMS 等先进工艺技术和先进生产制造设备是由 IT 技术与传统工艺及传统设备相结合而形成的，它们能够进一步优化工艺方案和工艺流程，进而促进企业降低成本、提高生产效率、降低能耗、减少环境污染等。因此，无论信息化水平如何，都在详细说明整个工艺技术系统与信息化的兼容发展起到很重要的作用。

3. 工艺创新速度决定了信息化水平提高的速度

过去，一般都是在信息技术已经相对成熟的时候应用信息技术，信息化平台的建设与应用也至少需要 10 年或是更长的时间，而现代技术的生命周期已经迅速缩短，对信息化的发展提出了新的要求。现在，企业的研发人员在改进工艺技术与实现工艺创新的基础上，正在努力直接并快速地提高企业信息化水平。

6.2 基于要素的信息化水平对工艺创新能力的影响机理分析

6.2.1 基于要素的影响机理概念模型

工艺创新要素是指工艺创新必须具有的实质或本质组成部分。在每一个不可预料的工艺创新行为中，都有工艺创新人员、工艺创新资金、工艺创新信息以及工艺创新设备等要素在起作用，它们被称之为制造业企业工艺创新的四大要素。

1. 工艺创新人员

工艺创新人员是制造业企业工艺创新的核心要素，是从事工艺创新的能动主体。工艺创新人员主要包括供应商、工艺设计人员、制造商、最终用户等，其中工艺创新研发人员的作用尤为重要，其作用体现在对工艺技术的把握及创新产品的工艺形成上。人员队伍建设的基本目的是形成工艺创新能力，队伍的构成、知识结构、能力培养等都十分重要。

2. 工艺创新资金

工艺创新资金是制造业企业从事工艺创新活动的必要条件和保障。制造业企业要未雨绸缪，统筹规划，为工艺创新创造良好的内部资金环境；要指定资金分配规则，保障工艺创新的基本资金供给；要通过多种筹资渠道筹措资金，要善于争取外部资金，合理运筹，保证工艺创新项目的正常进行。

3. 工艺创新信息

信息资源是指对制造业企业工艺创新活动顺利开展有用的各种内部和外部信息。在信息化时代，网络化、数字化信息资源的开发建设为制造业企业提供了大量的信息。制造业企业通过对信息资源进行整体、系统的分析，获得更多有利于制造业企业工艺创新活动开展的信息，实现其工艺创新活动的顺利开展。

4. 工艺创新设备

设备是可供生产中长期使用，并在反复使用中基本保持原有实物形态和功能的生产资料和物质资料的总称。制造业企业进行工艺创新受到制约的硬性条件是工艺创新设备。企业只有通过不断地加大设备投入力度，才能更有效地在吸收先进科学成果的基础上把科学技术知识转化为新的产品和工艺。

制造业企业信息化改善了工艺创新人员的构成，优化了工艺创新的组织结构，降低了工艺创新的交流成本、机会成本、社会成本，增加了工艺创新信息的数量，丰富了工艺创新信息的形式，提高了工艺创新设备的可重用性，实现了工艺创新设备的分布性，为培育工艺创新能力提供了智力支持、财力支持、信息支持与设备支持，促进了工艺创新能力的持续提高。具体如图 6-1 所示。

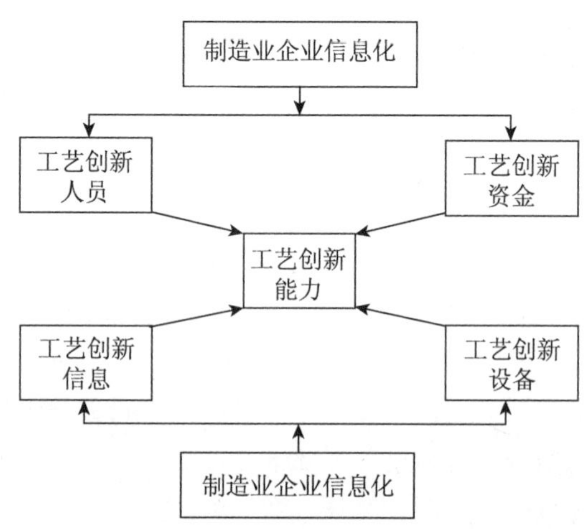

图 6-1　基于工艺创新要素的信息化水平对工艺创新能力的影响机理模型

6.2.2 基于人员的信息化水平对工艺创新能力的影响

1. 信息化改善了工艺创新人员的构成

制造业企业信息化使得制造业企业的供应商、顾客能够及时了解企业需要，有效地参加制造业企业的技术活动，越来越多地参与产品和工艺的开发，并有可能使制造业企业与客户保持密切联系，解决产品使用、维护和废弃处理过程中的各种问题，借助于信息技术，制造业企业将从仅仅向客户提供产品转化成与客户一起创造价值的企业。可见，制造业企业信息化扩大了工艺创新群体，改善了工艺创新人员的构成，增加了工艺创新人员的数量，为工艺创新能力的培育与提高提供了人才保障和智力支持。

2. 信息化优化了工艺创新的组织结构

制造业企业信息化使得制造业企业的工艺创新人员可以突破地域和空间的限制，在不同的地方从事工艺创新活动并有效地进行工艺创新协同和技术交流。“虽远在天涯，却仿佛近在咫尺”，工艺创新人员不必拘束于同一地点，而是可以散布于世界各地，昔日的竞争对手亦有可能成为工艺创新的合作伙伴，制造业企业的工艺创新活动因此可以在全世界范围内实施和开展。可见，制造业企业信息化优化了工艺创新的组织结构，延伸了工艺创新的组织边界，为工艺创新活动的顺利开展提供了更为广阔的地域和空间，为工艺创新能力的提高提供了组织保障。

6.2.3 基于资金的信息化水平对工艺创新能力的影响

工艺创新成本的降低使得制造业企业有更多的资金用于工艺创新活动，从而可以为工艺创新能力的培育与提高提供更多的资金支持和财力保障。制造业企业信息化降低工艺创新成本表现在以下 3 个方面。

1. 信息化降低了工艺创新的交流成本

参与分布式创新活动的工艺创新人员分布于不同地方，工艺创新的复杂性和不确定性需要工艺创新人员频繁交流，而传统的面对面、信件、电报等交流方式耗时较长，耗资较多，交流成本较高。随着信息技术的发展和制造业企业信息化的深化，工艺创新人员之间面对面交流的次数大幅度减少了，交流时间显著缩短，工艺创新的交流成本（Communication Cost）明显降低，“通过 E-mail 复制通信无须任何额外的努力，而复制面对面地交流却需要复制相同的努力”。

2. 信息化降低了工艺创新的机会成本

传统的面对面的交流方式会产生大量的机会成本。一个分布式的工艺创新团队召开一次会议，除了要花费大量的差旅费，在不工作的旅途中所损失的工作时间也是应该考虑的成本因素。而且，一些重要的专家必须留在其办公室内，他们的缺席将会给公司带来高昂的损失，这些损失是难以用金钱来衡量的。制造业企业信息化为工艺创新人员提供了虚拟的交流方式，使得制造业企业一些须臾不可离开的专家可以有更多的时间和更多的精力用于工艺创新活动，可以同时兼顾母公司和虚拟团队的工艺创新工作，因出差而导致的缺席因此可以得以避免，从而降低了工艺创新的机会成本（Opportunity Cost）。

3. 信息化降低了工艺创新的社会成本

出差的社会成本往往易为工艺创新管理者所忽略。频繁的出差使工艺创新人员疲于奔波，也给其家庭带来负担。对于大规模的国际技术创新项目，家庭要承受分居之苦，这会减少研发人员的创造性和创新激情，进而影响研发人员工作的效率和有效性。制造业企业信息化可使工艺创新人员足不出户即可进行创新协同和技术交流，使工艺创新人员有更多的精力和激情、更好的心态投入工艺创新之中，从而降低工艺创新的社会成本（Social Cost）。

制造业企业信息化的建设需要一定的投资，但大多数公司的信息化投资都不超过其全部研发预算的 10%，因此，尽管制造业企业信息化要付出一定的代价，但这种代价要远远小于其所节约的工艺创新成本。所以，就总体而言，制造业企业信息化为制造业企业的工艺创新节约了大量成本，进而为工艺创新能力的培育与提高提供了资金支持。

6.2.4 基于信息的信息化水平对工艺创新能力的影响

工艺创新能力的提高需要信息要素的支持。在信息化环境下，制造业企业工艺创新信息传播途径越来越广，更新速度越来越快，重复利用价值越来越大，制造业企业信息化对工艺创新信息的数量、形式产生影响，进而对工艺创新能力产生影响。

1. 信息化增加了工艺创新信息的数量

根据信息的来源，可将工艺创新信息分为内部信息和外部信息。内部信息包括项目进展情况、设备状况、科技人才储备、财务状况、产品技术、工艺技术等方面的信息，是指制造业企业内部的技术、组织、经营、运作等方面的信息。外部信息包括顾客、供应商、竞争者、研究机构、大专院校、行业、政策等方面的信息。制造业企业信息化既增加了内部信息的数量，也增加了外部信息的数量，从而减少了工艺创新中所面临的不确定性，进而提高了工艺创新能力。

2. 信息化丰富了工艺创新信息的存在形式

制造业企业信息化使制造业企业不但可以获取文本信息，而且可以获取图形信息、图像信息、视频信息和音频信息，图书、报刊等纸质文字资料不再是信息的唯一形式，图形、图像、视频、音频等多媒体成为科技信息新的载体，运用信息技术对制造业企业的产品信息、工艺信息、设计信息、市场信息、生产信息、顾客信息进行规范、整理，使其日益数字化、电子化、网络化和虚拟化。同时，制造业企业信息化不仅促进了显性信息的传播，也部分促进了各种表情、手势、语气、肢体语言等隐性信息的传播，而隐性信息对于制造业企业工艺创新能力的培育至关重要。

6.2.5 基于设备的信息化水平对工艺创新能力的影响

工艺创新设备是开展工艺创新活动的物理平台，是制造业企业从事工艺创新工作的物质基础。制造业企业信息化提高了工艺创新设备的可重用性，增加了工艺创新设备的种类，实现了工艺创新设备的分布性，为工艺创新能力的培育与提高提供了设备支持。

1. 信息化增加了工艺创新设备的种类

信息技术与制造技术相融合，产生了诸多智能化且功能强大的技术创新设备，如 CAD、CAM、CIMS、工业机器人、虚拟制造、数控机床以及各种智能化的实验设备，为制造业企业工艺创新活动提供了设备支持。将 CAD 和交互图形系统相结合，通过利用虚拟现实和模型技术使得原来需要数月或数年的产品开发设计可以在几小时内完成，大大缩短了产品的开发周期。在 CAD/CAM/CAE/PDM 集成的基础上发展起来的数字化开发，结合产品设计和样机试制过程，减少了失误，使新产品开发周期大大缩短，保证了一次投产成功，从而显著地加快了上市速度。可见，这些新型的工艺创新设备缩短了工艺创新时间，降低了工艺创新成本，提高了工艺创新能力。

2. 信息化提高了工艺创新设备的可重用性

由于每个制造业企业的发展方向、核心产品、战略定位、资源禀赋各不相同，其所拥有的工艺创新设备也不尽相同，即便生产相似产品的制造业企业，其工艺创新设备也存在差异。每个制造业企业不可能拥有所需的全部工艺创新设备。一方面，一些制造业企业需要不经常地使用某些工艺创新设备；另一方面，这些工艺创新设备在另一些制造业企业却经常闲置，低负荷运转。正如一个单位不必为每一个员工都配置一台打印机，但不同员工可以通过各自的计算机终端交替使用、共享同一台打印机一样，信息化为制造业企业使用、共享其他企业的某些工艺创新设备提供了手段，企业可以较低的代价增加其“虚拟设备”，实现虚拟的设计和制造，提高了工艺创新设备的可重用性。

3. 信息化实现了工艺创新设备的分布性

由于受到落后通信方式的限制，制造业企业工艺创新的全部设备往往集中于同一地理位置，而信息化则改变了工艺创新设备的物理布局，变工艺创新设备的集中式为分布式。制造业企业可以根据自身发展战略，结合各地的资源、市场、人才、交通等情况，在更为广阔的地理空间优化配置其工艺创新设备资源，将工艺创新设备分布于不同的地理位置，并通过信息技术使这些工艺创新设备保持精确同步，从而实现工艺创新设备的分布性。

6.3 基于模式的信息化水平对工艺创新能力的影响机理分析

6.3.1 基于模式的影响机理概念模型

工艺创新模式是制造业企业工艺创新过程中有关工艺技术的产生、选择、组织、应用与扩散方式的综合。根据工艺创新方法，可将工艺创新分为 3 种基本的工艺创新模式：自主工艺创新模式、模仿工艺创新模式与合作工艺创新模式。

1. 自主工艺创新模式

自主工艺创新模式是指制造业企业依靠自身的力量进行研发，由企业进行工艺创新资源整合以及对工艺创新研发过程进行管理的模式。这种创新模式成功的基础是企业内部拥有丰富的工艺技术、工艺知识以及工艺能力等资源。

2. 模仿工艺创新模式

模仿工艺创新模式是指学习模仿他人工艺创新思路和工艺创新行为，吸取其成功经验和失败的教训，引进购买或破译其核心工艺技术和工艺技术秘密，并改进完善的模式。这种创新模式以引进、跟随、吸收、学习、反求、改进他人自主创新的工艺技术为特征。

3. 合作工艺创新模式

合作工艺创新模式是指一个主体企业与其他科研院所、大学或者其他企业之间开展合作工艺创新的模式。在合作工艺创新模式中，合作双方利用自身的工艺技术、工艺知识和工艺能力等资源，在工艺创新资源共享的条件下，实现关键工艺技术的创新，从而实现科技与经济的有效结合。

每类工艺创新模式都对应不同的工艺创新能力，即模仿工艺创新能力、自主工艺创新能力、合作工艺创新能力。在制造业企业信息化的不同阶段会影响工艺创新模式的选择，从而对不同的工艺创新能力产生不同的影响。具体如图 6－2 所示。

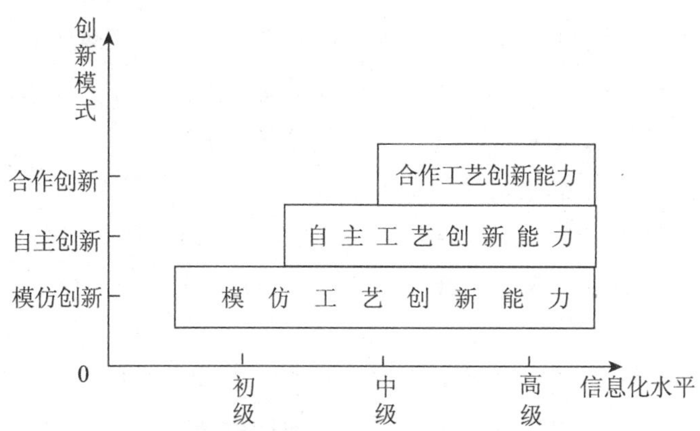

图 6－2　基于工艺创新模式的信息化水平对工艺创新能力的影响机理模型

6.3.2　初级信息化水平对模仿工艺创新能力的影响

模仿工艺创新能够提供高起点的技术平台，使企业实现技术积累。技术落后的企业从简单模仿开始，认真学习技术领先企业的成功经验，吸取其失败的教训，不断增加工艺创新含量，提高技术积累的针对性和效率，实现工艺创新与技术积累间的良性循环。在信息化水平的初级阶段，制造业企业构建了基础设施，配置了部分应用软件，采用了 CAD、CAM、CAPP 等技术，接入了互联网络，实现了信息获取的网络化和信息处理的计算机化。

此阶段的信息化延长了制造业企业的触角，为制造业企业获取市场信息提供了便利，制造业企业可以更快捷地了解用户需求，实时地监控竞争者动态，可以比以往任何时候都更容易地收集竞争者的产品信息、工艺信息，加速了工艺创新中的技术溢出和知识溢出，促进了工艺创新的扩散和传播，从而引发了更多的模仿工艺创新，提高了制造业企业模仿工艺创新能力。Frishammar 等人（2005）认为，管理者应监控顾客的需求与竞争者的变化，但过度的市场导向会导致新产品开发的乏味和趋同，因为顾客与竞争者的信息限制了创新思想，收集的信息局限于顾客所熟知的事物上以及和用户有关的产品上，而顾客对技术和市场缺乏全面的了解；监控竞争者也有很多弊端——采用竞争者的想法和技术可能使企业热衷于生产仿造产品。

6.3.3 中级信息化水平对自主工艺创新能力的影响

自主工艺创新是指企业主要依靠自身技术力量突破关键技术，攻克技术难关，形成有价值的研究成果，并首次将其商业化，以实现其市场价值的工艺创新行为。自主工艺创新具有领先开发关键技术、自主突破核心技术、率先开拓新市场以及高风险的特点。伴随着信息化的深入，进入了信息化水平的中级阶段，制造业企业结合信息技术对业务流程、管理理念、决策机制、企业文化、组织结构进行了调整，实现了硬信息化和软信息化的集成，采用了电子化的技术创新技法，促进了制造业企业的自主工艺创新，提高了其自主工艺创新能力。

运用信息技术并结合管理理念的变革和决策机制的转变对一些传统的工艺创新技法进行优化，将其移植到信息化的环境中，对工艺创新活动提供电子支持，形成了电子化的工艺创新技法，其中，最为典型的当属电子头脑风暴法。Boutellier 于 1998 年描述了基于群件的电子头脑风暴法，他认为通过计算机终端，参与者访问系统并输入各自的想法，同时随机接收或全部收集他人意见，全新的解决方案在结合他人意见和自己灵感的情况下便产生了。新想法产生后，还必须被检查并被匿名评估。工艺创新的自主在一定程度上取决于工艺创新信息的自主，这些电子化的创新技法提高了自主工艺创新能力，促进了创新信息的产生。另外，信息化也为制造业企业提供了电子化的学习方式，这种新的学习方式按照学习者的实际情况按需提供学习，有助于制造业企业持续地学习和不断创新，同时，企业自主工艺创新能力在一定程度上也得到了提高。

6.3.4 高级信息化水平对合作工艺创新能力的影响

随着全球性科技竞争的不断加剧，企业在工艺创新过程中所面对的技术问题也越来越复杂，技术的综合性和集群性也越来越强，即使是实力雄厚的大企业也面临着技术资源短缺的问题。单个企业依靠自身能力取得技术进步越来越困难，一些大的工程或项目已经不是靠一两个企业的努力就能完成的了，因此，企业间以分工合作的方式进行重大的工艺创新，实现资源共享和优势互补，就成了新形势下企业工艺创新的必然趋势，信息化则加剧了这种趋势。随着信息化逐渐突破企业边界，内部信息化逐步扩展为外部信息化，制造业企业信息化水平随之进入第 3 阶段——高级阶段，即内外信息化集成阶段。

在此阶段，信息化重新定义了制造业企业工艺创新组织的效率边界，打破了传统工艺创新的组织障碍，扩大了工艺创新范围，拓展了工艺创新空间，制造业企业的工艺创新随着信息化的扩展而突破企业边界，更多地发生于多个制造业企业之间，导致了大量的合作工艺创新。在这种创新模式下，制造业企业根据创新机会，将不同地区、不同的知识体系集成在一起，通过信息技术形成动态联盟、虚拟组织等各种形式的合作工艺创新组织，参与工艺创新合作的制造业企业彼此之间共享工艺创新资源，分摊工艺创新成本，分散工艺创新风险，实现了优势互补，缩短了工艺创新周期，提高了其合作工艺创新能力。

6.3.5 信息化水平与工艺创新能力的复合效应分析

由于制造业企业信息化存在累进性，后一阶段信息化水平以前一阶段的信息化水平为基础，即中级信息化水平以初级信息化水平为基础，高级信息化水平以中级信息化水平为基础。因此，后一阶段信息化水平所对应的工艺创新模式并不排斥前一阶段信息化水平所对应的工艺创新模式，信息化水平对工艺创新能力的提升存在复合效应。具体如图 6－3 所示。

图 6－3 表明，中级信息化水平阶段是由初级信息化水平阶段发展而来的，因此，在中级信息化水平阶段，制造业企业可以在模仿工艺创新的基础上进行自主工艺创新。同样，高级信息化水平阶段是由中级信息化水平阶段发展而来，在高级信息化水平阶段，制造业企业可以在自主工艺创新的基础上，以自身为主体同其他企业开展合作工艺创新。从总体上看，信息化水平

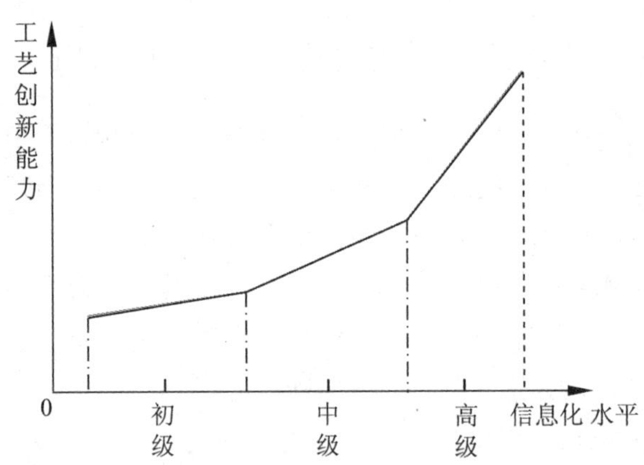

图 6-3 制造业企业信息化水平对工艺创新能力的复合影响

越高，对工艺创新的影响越深刻，对工艺创新能力的提升作用越强。但就每一阶段而言，信息化水平对工艺创新能力的提升幅度有所不同，由于复合效应的存在，边际工艺创新能力（信息化水平每提高一个单位所提升的工艺创新能力）存在递增趋势。由于复合效应的存在，在信息化高级水平阶段，信息化水平对工艺创新能力的提升幅度最大；在信息化中级水平阶段，信息化水平对工艺创新能力的提升幅度居中；在信息化初级水平阶段，信息化水平对工艺创新能力的提升幅度最小。

6.4 本章小结

本章首先探讨了信息化水平与工艺创新能力的互动关系，信息化水平对工艺创新能力的作用具体表现为：① 企业信息化改变了工艺创新方式；② 企业信息化降低了工艺创新成本；③ 企业信息化提高了创新资源配置。企业工艺创新能力对信息化水平的推动主要体现在：① 工艺技术的网络化改变了信息化推进的动因；② 工艺技术的系统化加强了信息化的兼容发展；③ 工艺创新的速度决定了信息化水平提高的速度。

在此基础上，本章构建了基于要素的信息化水平对工艺创新能力影响机理的概念模型，揭示了信息化通过影响工艺创新人员、工艺创新资金、工艺创新信息以及工艺创新设备等要素而对工艺创新能力产生影响的机理。构建了基于模式的信息化水平对工艺创新能力影响机理的概念模型，分析了初级信息化水平对模仿工艺创新能力的影响、中级信息化水平对自主工艺创新能力的影响、高级信息化水平对合作工艺创新的影响，探讨了信息化水平与工艺创新能力的复合效应。由于复合效应的存在，在信息化高级水平阶段，信息化水平对工艺创新能力的提升幅度最大；在信息化中级水平阶段，信息化水平对工艺创新能力的提升幅度居中；在信息化初级水平阶段，信息化水平对工艺创新能力的提升幅度最小。本章的研究将为基于信息化水平的制造业企业工艺创新能力体系构建与分析提供相应的理论基础。

7 基于信息化水平的工艺创新能力形成路径研究

信息在企业经营管理中日益重要，有关企业信息化的研究逐步渗透到了企业管理领域，改变了制造业企业成长的环境，制造业企业只有通过不断地主动创新，在积极参与竞争的过程中培养制造业企业的工艺创新能力和市场竞争意识，才能发挥企业自身的竞争优势。然而，制造业企业在战略实施过程中要受到诸多不可控因素的制约，而且会有不少传统因素嵌入之中，易形成制造业企业成长的不同路径。因此，探索制造业企业工艺创新能力动态适应性形成路径及其共同特征，对于理解制造业企业工艺创新能力体系的内在机理有着重要意义。

7.1 基于信息化水平的工艺创新能力路径形成动因

作为工艺创新能力的内在核心问题，制造业企业工艺创新能力的形成动力有着复杂的构成和作用原理，其概念也一直比较模糊，很难进行清晰的描述。所谓动力，泛指事物运动和发展的推动力量。因此，本书对制造业企业工艺创新能力形成动力进行了界定，认为其具有一定的稳定性和规律性，是为推动制造业企业工艺创新能力形成与提高的力量结构体系及其运行规则。通过对工艺创新能力形成动力的研究，将有助于提高我国制造业企业的工艺创新能力，进而提高国家的竞争力，并加快创新型国家的建设步伐。

基于系统科学的视角，企业系统的动力最终都要通过具体的人和组织发生作用，也就是说，其动力来源于人以及由人组成的组织之间的相互作用。因此，动力的主体及其行为是动力因素的主要来源。从动力因素的主体看，内部动力来自高层管理、工艺部门和 IT 部门的推动；外部动力来自同行企业、贸易伙伴、政府信息化政策、IT 软件商和相关咨询机构的推动。内部动力与外部动力之间存在着协同作用，这种作用会促使原有结构不断发展并演变为新的有序结构，这样就会形成工艺创新能力体系。

根据协同学原理，当作为外界参量的政府信息化政策的推动、IT 软件商或咨询机构的推动、供应链上贸易伙伴企业的业务链接要求以及竞争对手的信息化举措等不断加强时，将波及企业的各主要工艺环节和相关工艺部门，导致企业与外界的产品、服务的交换态势以及竞争地位发生改变。企业管理者洞察到通过信息化提升组织绩效的潜在价值；IT 部门意识到通过软件的运用提高企业工艺创新能力的重要性；工艺部门主管感受到利用信息技术提高工作效率和实现预期效果的需求。在企业管理者、IT 部门和工艺部门的协同作用下，工艺创新能力提升的内在推动力逐渐形成。同时，“创新文化”成为整个系统的序参量，因为企业的文化氛围决定着工艺创新能力发展的方向和速度。在创新文化的引导下，内部主体与外部环境相互协同作用，一种内聚力会逐渐形成。这种内聚力促使形成了组织独特的工艺创新能力，具体如图 7-1 所示。

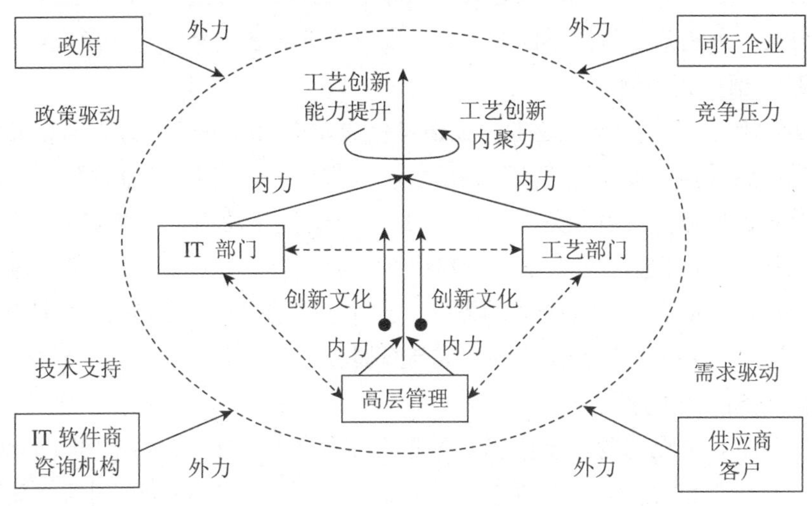

图 7-1 基于信息化水平的工艺创新能力演进的动力模型

从图 7-1 可以看出，制造业企业内部动力因素是直接动力，制造业企业外部动力因素是间接动力。内部动力因素直接关系工艺创新能力提升的主体；而外部动力因素促使其产生运用信息技术提升工艺创新能力的意愿，通过影响内部动力因素而起到推动作用。制造业企业工艺创新能力的形成是一个渐进累积的过程，内部动力因素和外部动力因素的协同效应会促使工艺创新能力不断发展。

7.1.1 制造业企业内部动力因素

1. 高层管理的推动

工艺创新能力和动力的大小都可以归结到高层管理创新意识的强弱上。高层管理在IT部门、工艺部门主管的建议下，受外界各种力量的影响，激发了培育和发展工艺创新能力的动力。在管理上的权威和力度，使得高层管理能够为工艺创新能力的培育决定相关方案或措施，能够提供必要的人力、物力、财力等，以配合工艺创新能力的培养，从而促进工艺创新能力的形成与发展。

2. 工艺部门的推动

工艺部门是IT使用的主体，高层领导的决策直接受到工艺部门工作人员对信息化的态度和认识的影响。工艺部门利用IT开展工作，在IT使用中参与配合和知识积累，推动高层管理采取相应的措施，促进IT知识在企业中的顺利转化，并将形成源源不断的动力，促进企业工艺创新能力的形成与提升。

3. IT部门的推动

实际上，IT部门在制造业企业信息化建设中对外界信息化方面的知识和信息最敏感，担任着“看门人”的角色。一方面，IT部门起辅助作用，辅助高层管理做出相关决策；另一方面，IT部门是重要动力，它能够使IT知识和工艺技术知识相融合并促进IT知识在企业中转移。因此，IT部门基于自身专业和职能的需要以及企业的需求，通常都是重要力量，它推动了制造业企业培育和发展工艺创新能力的形成与发展。

4. 创新文化的推动

实际上，文化问题是企业创新过程中很多问题的症结所在，推动创新文化与工艺组织相融合是工艺创新的关键。在工艺创新过程中，创新文化决定了企业各级人员对创新价值的认同程度，影响着工艺创新能力发展的速度和方向。因此，创新文化的培育和营造，能够支配工艺创新能力形成的全过程，引导工艺创新能力的不断发展和演进。

7.1.2 制造业企业外部动力因素

1. 政府信息化政策的推动

政府信息化政策包括发展信息基础设施，制定法律法规、管理制度、金融政策以及人才培训政策等政府信息化政策，这些都会成为推动企业引进信息技术实施工艺创新的动力。政府在政策、资金等方面的有效支持，是推动企业利用信息技术改造现有工艺装备、工艺技术和促进制造业企业提升信息化水平的重要因素。政府部门运用资金扶持等优惠手段，搭建制造业企业间交流和学习的平台，引导、激励制造业企业培育和发展自身的工艺创新能力。

2. IT 设备供应商和相关咨询机构的推动

CN、IR、CNC、FMS 等生产设备供应商以及制造业应用软件供应商、计算机供应商、网络产品供应商等也会推动最终用户——制造业企业通过了解制造业信息化的有关信息，掌握信息化生产设备、生产工具、应用软件等对工艺创新的重要作用，从而实施内部的工艺创新活动，促进工艺创新能力的提升。同时，相关咨询机构通过为制造业企业提供管理培训，增加员工 IT 知识和使用技能，辅助制造业企业制定 IT 战略、系统选型等，加强员工对 IT 管理价值的认同，从而促进企业工艺创新能力的形成与发展。

3. 同行企业竞争压力的推动

潮流性和竞争压力以及示范效应往往是由同行企业信息化举措导致的，这将形成迫使制造业企业进行信息化的动力。当行业信息化成为一种趋势时，组织面对的竞争压力比较大，制造业企业会想方设法增强自身的工艺创新能力，其利用信息技术提升工艺创新能力的欲望就会增强。而由制造业企业成功运用信息技术提升工艺创新能力的“示范效应”，会使其他企业产生模仿和学习的动力，不得不利用信息技术提升自身的工艺创新能力。

4. 贸易伙伴业务链接要求的推动

作为制造业企业的贸易伙伴，供应商和客户是与制造业企业利益联系最为紧密的对象。为了构建更加顺畅的供应链，在业务交往过程中，供应商、客户与制造业企业间会直接或间接地对制造业企业提出信息化的建议或要求，产生信息共享、提升工艺及其服务水平的需求，从而迫使企业加强工艺创新能力。

7.1.3 工艺创新能力形成的阻碍因素

通过上述分析可以发现，现有的关于工艺创新能力形成动力的研究主要关注的是能够带动工艺创新能力形成和发展的积极因素，具有一定的局限性，缺乏关于工艺创新能力形成过程中的阻滞因素的分析和研究，导致现实中企业工艺创新实践环节出现的很多问题无法解决。Srinivasan、Lihen 和 Rangaswamy（2002）从企业能力的角度出发，尝试通过技术机会理论来解答此类问题，但关于企业不同的技术能力来自哪里的问题仍没有具体的实质性分析。Kline 和 Rosenberg（1986）提出，由于物质和精神层面惰性的存在，在项目改变发展方向时会使早期投入的各种力量成为阻碍因素，也就是说，企业发展过程中内部技术和知识积累的多少与技术开发的突破性创新成反方向变化。基于此，本书引入路径依赖角度探讨和分析制造业企业工艺创新能力形成的阻碍因素。

Cristiano（2000）认为，在技术变迁过程中可以有效区分内部路径依赖和外部路径依赖。其中，内部路径依赖取决于生产要素投入的不可逆性，当企业试图变化原有的生产要素投入水平时，企业对新技术的选择将受到转换成本的影响；外部路径依赖则取决于企业所面临的市场环境的改变。Rajneesh（2002）通过研究得出，企业的活动领域会因为路径依赖而受到局限，这将使企业工艺创新的步伐过于缓慢。因此，影响制造业企业工艺创新能力路径形成的因素不仅应该包括动力因素，而且应该包括阻碍因素，具体如图 7-2 所示。

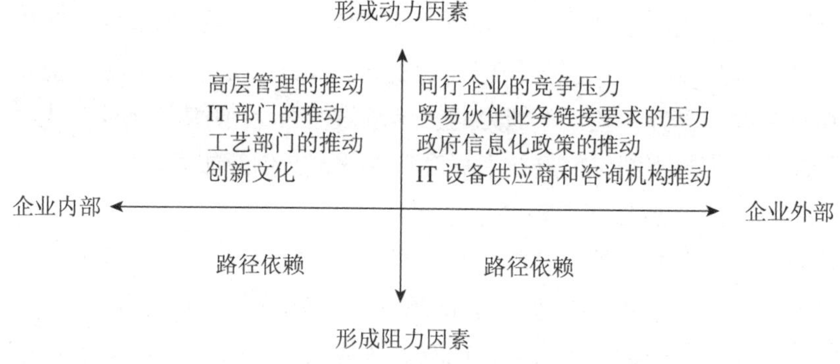

图 7-2　影响工艺创新能力形成的因素

7.2　基于信息化水平的工艺创新能力路径形成过程

依据制造业企业工艺创新能力的内涵，本书认为制造业企业工艺创新能力的形成源于核心工艺技术。由制造业企业信息资源研发而形成核心工艺技术，核心工艺技术经工艺创新形成工艺技术平台，工艺技术平台又经产品与工艺创新形成核心产品与最终产品，并最终实现商业化应用，这一系列过程便形成了工艺创新能力。工艺创新能力形成后又成为信息资源更新的动力，使其开始培育新一轮工艺创新能力。具体如图 7－3 所示。在制造业企业工艺创新能力的形成过程中，工艺创新能力形成的基础是企业信息资源，工艺创新能力形成的内核是核心工艺技术，工艺创新能力形成的桥梁是工艺技术平台，工艺创新能力形成的物质载体是核心产品，工艺创新能力形成的市场体现是最终产品。

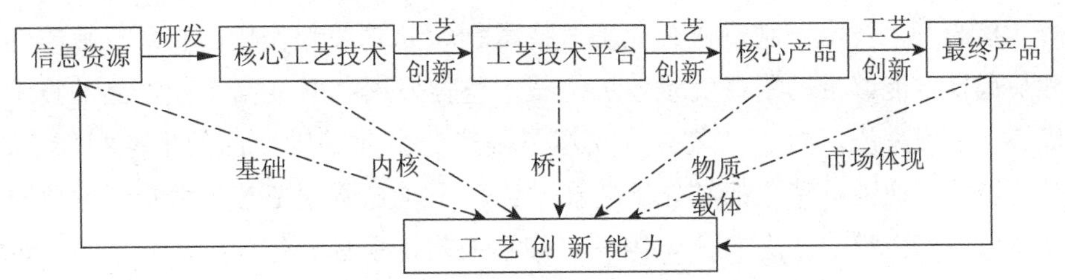

图 7－3　基于信息化水平的工艺创新能力形成过程

7.2.1　工艺创新能力形成的基础

企业资源与企业能力之间存在着相互促进、相互转换的内在关系，企业资源是企业能力形成的基础。早在 1959 年，Penrose 就对企业成长的问题进行了阐述，他的观点与古典经济学的观点不同：古典经济学认为企业仅仅是产品和市场的集合，而他将企业视为资源的集合体。Prahalad 和 Hamel 等学者（1990）也认为，企业资源与企业能力之间相互转换的过程实质上就是企业能力形成的过程。关于企业资源的划分，Barney（1991）认为企业资源分为三种类型：物化资源（如设备和有形资产等）、人力资源（如劳动力和管理团队等）和组织资源（如企业文化和远景等）。通过企业资源的有效配置、开发转化便会形成企业能力，而相对于企业某些业务能力的建立而言，企业能力是重要的支撑性因素和关键性因素。

对制造业企业而言，信息和信息技术正在成为战略资产，制造业企业最需要的就是各种异质性资源，尤其是异质性信息资源，它们包括企业所拥有或控制的信息资源及其所产生的信息技术等。这些异质性信息资源是制造业企业工艺创新能力形成与发展的基础，是制造业企业工艺创新能力的基本构成要素。识别和鉴定这些异质性信息资源是制造业企业的首要工作，然后要采取措施将它们保护起来。只要控制甚至垄断形成特定工艺创新能力所必需的异质性信息资源，竞争对手就会由于缺乏这些必要的信息资源而无法进行模仿，就可以提高竞争对手的进入壁垒。若制造业企业有发展所需的异质性信息资源，则应给予掌握这些资源的优秀员工以良好的待遇和发展空间，使其稳定下来；若制造业企业没有发展所需的异质性信息资源，则应考虑采取有效的方式获得所需的异质性信息资源，如企业联盟、技术引进等。

7.2.2 工艺创新能力形成的内核

核心工艺技术对制造业企业工艺技术领域起着关键作用，它富有战略性和长远性，能够带动制造业企业工艺技术整体发展，并提高企业产品的技术优势。一般来说，核心工艺技术支撑了制造业企业关键产品的生产和加工，是制造业企业独具特色的领先工艺技术。对企业异质性工艺技术资源的研究开发可以产生核心工艺技术，因此，核心工艺技术具有价值性、异质性、难以模仿性和延展性等特征。这些特征绝大程度上也产生了工艺创新能力的许多特征，也就是说，核心工艺技术是工艺创新能力形成的基础和前提。与同类企业相比，大凡成功的制造业企业都拥有难以匹敌的核心工艺技术，如海尔集团的冷冻技术等。因此，可以说核心工艺技术是制造业企业开发核心产品、占据核心市场的主导因素，是提高企业核心竞争力的关键因素。

根据不同的工艺技术水平，制造业企业核心工艺技术存在着自主开发模式、引进模式、联合开发模式和兼并模式四种不同的开发构建模式。其中，采用自主开发模式的企业，一般工艺技术实力和研发能力均较强，可以通过自主开发，利用自有资源形成核心工艺技术；采用引进模式的企业，一般工艺技术实力较弱，则可通过充分消化吸收、模仿式创新，引进特殊工艺技术资源，以形成核心工艺技术；采用联合开发模式的企业，自主研发的难度和风险都较大，但由于其具有一定研发实力，则可与社会技术力量（如大学、科研院所等）联合开发核心工艺技术；采用兼并模式的企业，工艺技术实力和经济实力都较为雄厚，可以采用兼并相关企业的方式获取核心工艺技术。

7.2.3 工艺创新能力形成的桥梁

工艺技术平台是制造业企业商业平台的基本构件，是制造业企业核心产品的直接支撑。一般地，制造业企业工艺技术平台包括核心工艺技术、关键工艺技术和配套工艺技术（如支持工艺技术和补充工艺技术）等基本构件，具体如图 7－4 所示。所谓工艺技术平台，就是基本工艺技术构架，是由相关的特殊技能和技巧、基本构件及其集成结构构成的。如果说企业产品差别化的主要和直接来源是核心产品，那么通过先进的工艺技术平台就可以实现企业产品的独特差别化，并且这种差别化是企业及其产品和服务中基于工艺技术的核心产品和竞争优势的基础。同时，工艺技术平台为核心产品提供了贯穿整个产品线的工艺技术基础，如果在较长时间内不能被竞争者模仿，那么它就会促使企业形成独特的工艺创新能力和核心竞争力。

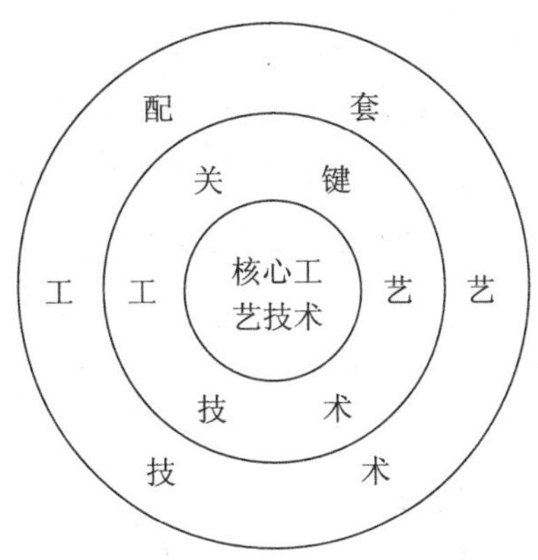

图 7－4　工艺技术平台的概念模型

工艺技术平台是以核心工艺技术为基础，通过开发支撑核心工艺技术的关键工艺技术和配套工艺技术构建而成的。核心工艺技术决定了由其支撑的工艺技术平台的本质特征和生命周期，它的准确选择和及时开发是构建强大的工艺技术平台的基础，它决定着制造业企业总体战略的成败；关键工艺技术是联结核心工艺技术与配套工艺技术的纽带，为工艺技术平台提供支架，它标志着核心工艺技术的水平和价值，它的进一步研发会促使新的核心工艺技术产生；配套工艺技术是从大众工艺技术资源中选取的专门为开发利用核心工艺技术和关键工艺技术的特定成分，主要包括支持工艺技术和补充工艺技术，它是工艺技术平台的外围构件。工艺技术平台的衍生或扩展往往由关键工艺技术的变化所致；工艺技术平台的升级或跳跃则是由核心工艺技术的变化引起。因此，工艺技术平台的创新升级可以源于核心工艺技术的变化，也可源于关键工艺技术的变化。

7.2.4 工艺创新能力形成的物质载体与市场体现

制造业企业工艺创新能力的形成仅有内核和桥梁（即核心工艺技术和工艺技术平台）是不够的。只有核心工艺技术和工艺技术平台通过运用产品与工艺创新形成核心产品与最终产品，才能说制造业企业拥有真正的工艺创新能力。在生产过程和市场过程中，制造业企业形成了“信息资源→核心工艺技术→工艺技术平台→核心产品→最终产品”这样的流程，不断传递和建立工艺技术领先与商业化的优势。因此，制造业企业必须运用核心工艺技术和工艺技术平台，发挥它们基础和桥梁的作用，开发出核心产品和最终产品。

核心产品是工艺技术和过程技术两方面优势的集成，是产品族及其衍生产品的核心内容，集中体现了工艺技术平台的水平和价值，是企业工艺创新能力展现和保存的固化载体。最终产品是由核心产品衍生出来的、最终推向市场的产品，在时间和空间中展现了核心产品及工艺技术平台的价值和潜力，是企业工艺创新能力最终形成的市场体现。每一种核心产品都可以开发出一系列的最终产品。而包含的最终产品越多，这种核心产品就越能以不同的功能和特色满足特定细分市场的多样化需求。

综上所述，由信息资源（特别是异质性信息资源）→核心工艺技术→工艺技术平台→核心产品→最终产品，直至实现商业化应用，整个始末便构成了制造业企业工艺创新能力的形成过程。然而，这个过程并不是单一的循环过程，工艺创新能力形成的结束是新的工艺创新能力形成的开始。也就是说，工艺创新能力形成后又会成为新的异质性资源，支撑核心工艺技术的不断升级，进而促进新的工艺技术平台的形成，不断推出新的核心产品和最终产品，最终形成更高级的工艺创新能力。

7.3 基于信息化水平的工艺创新能力路径形成模式

研究开发内部信息技术资源或引进创新外部信息技术资源都可以培育制造业企业工艺创新能力。根据这两种不同方式，制造业企业工艺创新能力的形成模式可分为两种，即内生型模式和外生型模式。

7.3.1 内生型模式

工艺创新能力的本质特征决定了内生化的知识和技能等资源产生了工艺

创新能力，而企业内部的研究开发与创新活动是这些资源的一个重要来源。内生型工艺创新能力形成模式的基本思想是，通过企业内某一工艺技术项目的研发与创新，或在不同工艺技术项目研发后产生的新知识的交叉和积累，形成和拓展企业的工艺创新能力。Garud 和 Nayyar（1994）认为，企业内不同研发项目的组合创新可以创造出不同知识层面的节点，所以，有效的工艺技术项目组合，能够有效且快速地培育企业的工艺创新能力；Prahalald 和 Hamel（1990）分析，通过工艺技术项目组合培育工艺创新能力，就是经由不同工艺技术项目研究所产生知识的组合交叉而拓展制造业企业的工艺技术平台。因此，大部分制造业企业通过不同工艺技术要素组合培育企业工艺创新能力，这是一种更加有效且现实可行的途径。

通过工艺技术项目组合，制造业企业通过自主研发来培育企业工艺创新能力的过程具体如图 7－5 所示。由于这种模式下产生的新知识先天地产生于企业组织内部，因此这种新知识也就天生地具有企业特性。制造业企业工艺创新能力拓展的基础，不仅包括不同工艺技术项目在工艺技术要素和工艺技能的联结中产生的特殊知识，而且包括由不同工艺技术项目之间工艺技术的整合导致的工艺技术平台的形成和拓展。因此，通过工艺技术项目组合来实现工艺技术要素的高效率重组，可以对工艺技术资源进行互补与共享，能够强化工艺创新能力形成的核心工艺技术以及核心知识，进而实现对制造业企业工艺创新能力的培育。

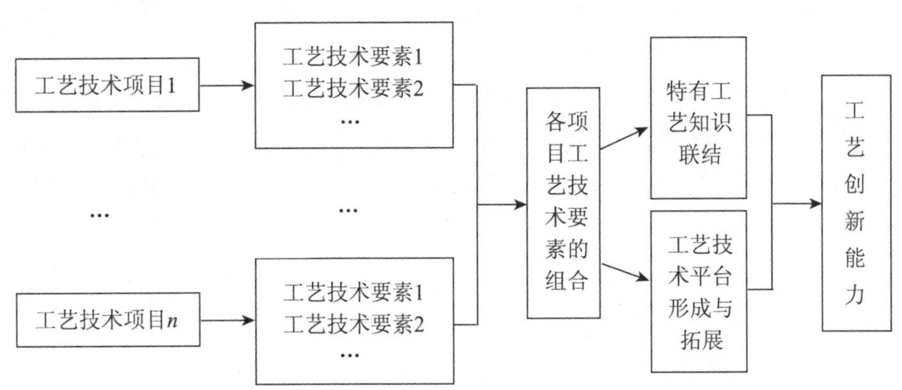

图 7－5 内生型工艺创新能力形成模式

制造业企业如若采用内生型工艺创新能力形成模式，那么它应具有以下条件：① 企业应具有较强的研究开发能力，同时，企业也应具有较高水平的包含在现有产品中的工艺技术知识，并且在同行中具有一定的优势；② 企业应具有较雄厚的资金实力，企业只有不断加大对研究开发的投入，才能通过自主工艺技术项目的开发和积累不断地产生和创造新的企业知识；③ 为防止由于研究开发人才的外流而导致的知识溢出，企业应保证研究开发队伍的稳定性和同类研究项目的连续性，以确保企业知识积累的持续性；④ 从长远角度看，企业应注重对企业自身知识资源的积累，并且要具有较高水平的知识存量，这主要表现在：一方面，企业应具有较完善的研究开发机构和较强的科技成果和研究经验的积累；另一方面，企业应拥有一批具有较高研究开发水平的科技人才。

7.3.2 外生型模式

制造业企业工艺创新能力的培育，既可以采用企业内部信息技术资源"自己干"的方式，也可以通过吸纳企业外部信息技术资源的方式，而不仅仅意味着要在企业内部研究开发上全部超过竞争对手。对吸纳的企业外部信息技术资源与企业内部信息技术资源进行整合，可以学习和吸收其他企业的工艺技术和工艺技能，增加企业内部信息技术资源存量，从而迅速获取和增强企业工艺创新能力。外生型工艺创新能力形成模式的基本思想是，制造业企业将原有的工艺技术能力与从外部引进的工艺技术项目中所蕴含的工艺技术和工艺知识相融合，形成和拓展企业的工艺创新能力。其中，外部获取工艺技术项目的途径主要包括工艺技术引进、工艺技术联盟、兼收并购或创新网络等。

通过引进企业外部工艺技术项目，制造业企业通过学习和吸收的方式培育企业工艺创新能力的过程具体如图 7-6 所示。外部引进的工艺技术项目所蕴含的知识不具有企业自身特性，因此首先必须考虑引进的工艺技术项目与内部的工艺技术项目之间的关联与匹配。工艺技术引进方式的最大特点是强调组织的消化吸收能力，消化吸收过程比合作研究开发要困难，而且引进的工艺技术能转化为工艺创新能力所蕴含的工艺技术知识相当有限；工艺技术联盟方式的最大优势在于一直参与合作项目研发的企业内部人员对外部工艺技术知识的吸收较快，与企业原有工艺技术知识的融合相对容易，但由于合作产生的工艺技术知识绝大部分为合作各方所共享，导致其转化为工艺创新能力的工艺技术知识相对较少；企业并购方式包括横向并购和纵向并购等形式，其中横向并购的目的是扩大生产规模，纵向并购的目的是降低交易费用并减少交易成本，但企业并购方式的风险性较高，投入成本较大。

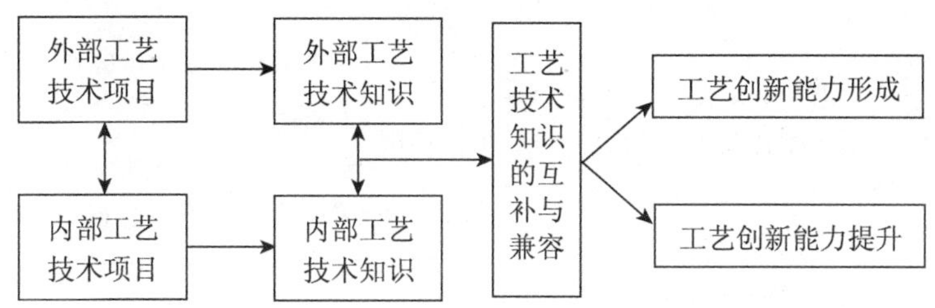

图 7-6　外生型工艺创新能力形成模式

制造业企业如若采用外生型工艺创新能力形成模式，那么它应具有以下条件：① 企业应具有较强的消化吸收能力，能够快速地实现对引进的外部工艺技术项目中的工艺技术知识的消化吸收；② 外部工艺技术项目所蕴含的工艺技术知识与企业自身工艺技术项目所蕴含的工艺技术知识应具有较强的关联性与匹配性；③ 对于采取购并方式的外生型工艺创新能力形成模式的制造业企业来说，还应具有较强的资金支撑能力；④ 企业应具有较强的创新能力，即通过消化吸收学习得到的知识必须与企业原始积累的知识进行融合，使外部知识内生化，创造出新的、具有本企业特性的内、外知识的连接方式和知识结构。

综上所述，内生型工艺创新能力形成模式与外生型工艺创新能力形成模式有着不同的形成条件，分别具有不同的优点，具体如表 7-1 所示。

表 7-1　两种工艺创新能力形成模式的条件及优点

模式	条件	优点
内生型模式	工艺知识积累的速度比较慢，所需资金投入较大，时间较长，要求企业具备较强的创新能力、研发能力和资金实力，需要一支较强而且稳定的科研队伍	工艺知识和能力支持的内在性，有助于提高企业的研发能力；新产生的工艺知识源于企业内部，不需要内部工艺知识的整合成本；可以获得工艺技术和市场方面的率先率

续 表

模式	条件	优点
外生型模式	引进的工艺技术不一定是最新的；转化为工艺创新能力的知识相对较少；不同途径获得的知识资源与企业原有的工艺技术知识融合时间较长，有时还会产生工艺技术项目组合的非效率性	工艺知识积累速度较快，风险较小；能够实现优势互补和快速积累；能够以较少的投入完成对先进工艺技术的消化吸收；能够迅速接触先进工艺技术，缩小能力差距；有效地培养和提高工艺人员素质

因为每个国家采取的技术发展战略不同，所以相应地它们采用的工艺创新能力形成模式也不相同。发达国家奉行技术领先型战略，因而常采用内生型工艺创新能力形成模式；而发展中国家奉行技术追赶型战略，因而常采用外生型工艺创新能力形成模式。鉴于两种模式的互补性，本书认为对工艺创新能力的培育，制造业企业应采取多个模式并存的形式。制造业企业必须结合企业自身特点，根据不同工艺创新能力形成模式的特点，在不同技术发展过程中选择合适且满意的工艺创新能力培育模式。

7.4 基于信息化水平的工艺创新能力路径形成模型

发达国家与发展中国家的制造业企业工艺创新能力形成模式不同，因此它们的制造业企业各自具有不同的工艺创新能力形成路径。发达国家的制造业企业一般采取内生型工艺创新能力形成模型，所以它们的工艺创新能力是沿着转换、流动和专业化的路径增长的；而对于发展中国家的制造业企业来说，它们的工艺创新能力的形成一般要经历基本工艺创新能力→次工艺创新能力→工艺创新能力三个阶段。

需要指出的是，尽管发达国家的制造业企业主要依靠企业内部信息资源来培育工艺创新能力，但是工艺创新能力是一把“双刃剑”，当知识飞速发展的时候，原有的工艺创新能力就会变成核心刚性。为了避免形成工艺创新能力的核心刚性，制造业企业就要建设性地“怀疑”原有的工艺创新能力，重新定义或开创一个新的工艺创新能力。在企业工艺创新能力更新后，原有的工艺创新能力就会转化为基本的工艺创新能力。因此，不论是发达国家还是发展中国家，从长远角度看，其制造业企业工艺创新能力的形成都会经历由基本工艺创新能力到次工艺创新能力、再到工艺创新能力的不断循环的过程，具体如图 7-7 所示。

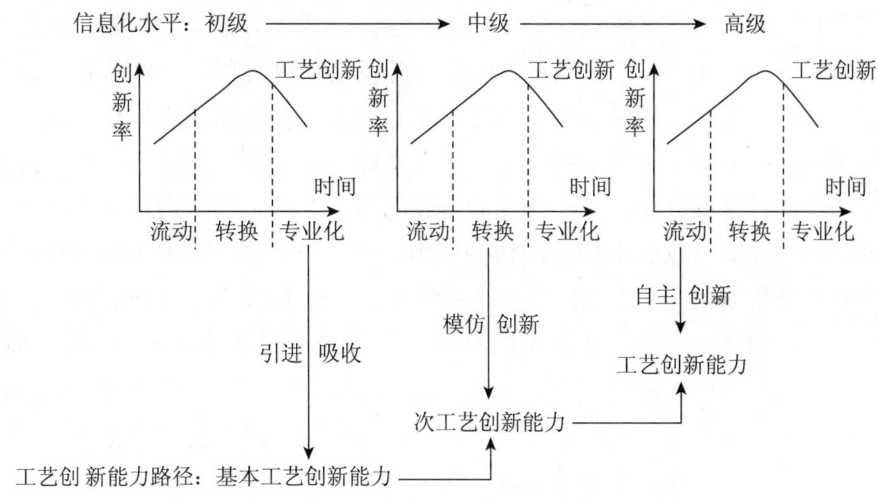

图 7-7 基于信息化水平的工艺创新能力形成路径

7.4.1 基本工艺创新能力形成阶段

所谓基本工艺创新能力，是指在本行业的本地市场中制造业企业具有的短期获利优势的工艺技术能力。技术设备，特别是引进或仿制先进的工艺技术设备，是制造业企业基本工艺创新能力形成的重要因素之一，它们具有决定性的作用。而充分利用技术设备的必要条件就是要拥有相应的工艺技术能力，这也是非常重要的。因此，在基本工艺创新能力的形成阶段，制造业企业的主要任务是对已经成熟的生产设备进行识别、引进以及熟练使用，在生产过程中通过“干中学”对工艺技术和生产管理技能进行消化、吸收。同时，在这一阶段中，制造业企业对外部工艺技术资源的利用水平非常低，对制造业企业外部的工艺技术连接仅限于技术设备引进的简单联系。制造业企业还没有形成规范的工艺技术管理体系与工艺创新战略体系，工艺组织与工艺技术管理还处于初期阶段。在基本工艺创新能力形成阶段，制造业企业一般从引进工艺技术和工艺设备开始，在生产过程中通过“干中学”积累工艺创新能力。

7.4.2 次工艺创新能力形成阶段

所谓次工艺创新能力，是指在本行业的全国市场中制造业企业具有的中期获利优势的工艺技术能力。本质上，次工艺创新能力就是制造业企业的内部开发能力，但在这一阶段制造业企业的开发活动仍在国外企业所建立的工艺技术平台上进行，还没有做到自主开发。在次工艺创新能力形成阶段，工艺技术人员技能和工艺技术组织是工艺技术能力中最重要的要素，而工艺技术能力的关键所在是外部工艺技术的吸收能力、产品工艺的设计能力和企业创新组织的建立以及各部门间的协调能力。在这一阶段，根据本地特性，制造业企业开始重新设计企业产品和生产工艺，调整和改进企业产品和生产工艺。此时，制造业企业工艺技术的提高往往得益于与先进企业的合作研发，其关键工艺技术仍然依赖于企业外部工艺技术引进，在合作研发过程中能够迅速提高企业自身的创新能力。同时，通过与企业外部工艺技术源建立多种多样的工艺技术连接，制造业企业大大增强了对外部工艺技术的利用能力。在次工艺创新能力形成阶段，制造业企业要么根据本国市场的需求状况对现有产品的性能进行延伸或者改进，要么对新一代国际先进产品进行模仿，因此形成了次工艺创新能力累积的两种途径：从分解反求到内部开发；从合作开发到内部开发。

7.4.3 工艺创新能力形成阶段

所谓工艺创新能力，是指在本行业的全球市场中制造业企业具有的长期获利优势的工艺技术能力。工艺创新能力形成阶段开始于对新工艺技术的研究开发，然后通过知识学习和知识积累来培育企业工艺创新的自主开发能力。在工艺创新能力形成阶段，制造业企业致力于充分吸收与利用外部的工艺技术知识和工艺管理知识，建立广泛的网络关系与联盟关系，促使其的研究发展能力达到相当高的水平，开始形成企业独特的工艺技术平台和工艺创新能力。同时，通过工艺技术整合，制造业企业在企业独特的工艺技术平台的基础上已经能够生产出企业独特的系列产品。此时，在企业内部研发的基础上已逐渐积累而产生了制造业企业工艺创新能力，并且具备了工艺创新能力的不能替代、不易模仿、不能购买等特点，因此，制造业企业可以通过独有的工艺创新能力保持长久的竞争优势。

由此可见，制造业企业工艺创新能力的形成要经历基本工艺创新能力、次工艺创新能力和工艺创新能力三个阶段，各个阶段能力的特征各不相同，可以归纳如表 7-2 所示。

表 7-2　　工艺创新能力形成的各阶段能力的特征

能力阶段	获取的竞争优势	主要技术获取模式	能力要素	研发部门工作	外部模仿能力
基本工艺创新能力	维持生存	外部吸收	吸收与生产能力	引进吸收	容易模仿
次工艺创新能力	短时竞争优势	外部吸收 内部生成	模仿创新能力	模仿创新	较易模仿
工艺创新能力	长期竞争优势	内部生成	研发与自主创新能力	自主创新	较难模仿

综上所述，制造业企业工艺创新能力的形成过程呈现出从生存到短期竞争优势再到长期竞争优势的成长态势，分别对应着基本工艺创新能力、次工艺创新能力和工艺创新能力这三种不同强度的工艺技术能力形态。其中，基本工艺创新能力是制造业企业生存的基础，是工艺技术能力的低级形态；次工艺创新能力是制造业企业短期竞争优势的基础，是工艺技术能力的中级形态；工艺创新能力是制造业企业长期竞争优势之源，是工艺技术能力的高级形态。

7.5　本章小结

本章分析了基于信息化水平的制造业企业工艺创新能力路径形成的动因，包括制造业企业内部动力因素、外部动力因素以及工艺创新能力形成的阻碍因素。其中，制造业企业内部动力因素是直接动力，制造业企业外部动力因素是间接动力。内部动力因素直接关系工艺创新能力提升的主体；而外部动力因素促使其产生运用信息技术提升工艺创新能力的意愿，通过影响内部动力因素而起到推动作用。

确定了基于信息化水平的制造业企业工艺创新能力路径形成的过程。在制造业企业工艺创新能力的形成过程中，工艺创新能力形成的基础是企业信息资源，工艺创新能力形成的内核是核心工艺技术，工艺创新能力形成的桥梁是工艺技术平台，工艺创新能力形成的物质载体是核心产品，工艺创新能力形成的市场体现是最终产品。

将工艺创新能力形成模式分为内生型模式和外生型模式两种，以此为基础建立并诠释了基于信息化水平的制造业企业工艺创新能力形成路径。制造业企业工艺创新能力的形成过程呈现出从生存到短期竞争优势再到长期竞争优势的成长态势，分别对应着基本工艺创新能力、次工艺创新能力和工艺创新能力这三种不同强度的工艺技术能力形态。其中，基本工艺创新能力是制造业企业生存的基础，是工艺技术能力的低级形态；次工艺创新能力是制造业企业短期竞争优势的基础，是工艺技术能力的中级形态；工艺创新能力是制造业企业长期竞争优势之源，是工艺技术能力的高级形态。

8 基于信息化水平的工艺创新能力体系构建与分析

根据系统学原理，系统是由两个以上相互区别又相互作用的单元有机结合起来而完成某一功能的整体。首先，系统由多个相互作用的单元有机结合起来，相互补充和相互作用。其次，系统的最终目标是通过多个单元的相互作用行使同一个功能、达到同一个目标。本书根据系统学原理，通过对基于信息化水平的制造业企业工艺创新能力形成路径的分析，对基于信息化水平的制造业企业工艺创新能力体系的内涵进行了界定，着重分析了工艺创新能力体系的目标与功能，并在此基础上构建了由工艺创新基础能力、工艺创新投入能力、工艺创新实施能力和工艺创新产出能力组成的基于信息化水平的制造业企业工艺创新能力体系四维理论模型。

8.1 基于信息化水平的工艺创新能力体系结构分析

8.1.1 工艺创新能力体系界定

基于创新过程的视角，任何企业都不可能一次创新成功且永远保持其竞争优势，同时，工艺创新需要与企业内部、外部各方面相联系，因此，工艺创新是一个不断循环且开放的过程。企业的工艺创新能力应该是一种整体能力，其构成要素从不同角度分析会各不相同。任何企业的资源相对于复杂的外部环境而言都是有限的，因而企业只有集中利用资源并且形成合力，才能够在目标业务领域取得突破。因此，企业工艺创新能力体系是一种传统结构定式，是一个动态的、开放的、复杂性高的系统。为了实现关键核心工艺技术的突破，企业要积极取得自主知识产权，通过建立组织和制度促进工艺创新成功，从而形成企业工艺创新能力体系。企业只有将有限的资源重点集中于适合自身条件的关键性业务领域，通过建立企业工艺创新能力体系来提高企业工艺创新能力，才能实现企业的自主创新。

同时，明确工艺创新能力体系边界对于分析与构建能力体系十分重要。明确边界后就可以更好地分析与构建能力体系的内部流程、构成要素、作用机理；同时，也可以更好地分析能力体系与外部环境的联系。系统论认为系统在同环境相接触时存在一定的边界反应。系统在运行的过程中，会不断与环境之间进行能量、物质、信息的交换，而这种交换在系统与环境之间形成了一些具有功能突变性的突变点，这些突变点连成一个界面，即系统边界。系统边界通过系统的输入输出将其与环境联系起来，从而决定了系统的结构、功能及其运行方式与其他系统的不同之处。

基于信息化水平的制造业企业工艺创新能力体系的边界确定也遵循这一原则，即工艺创新各种能力之间的联系和功能发生突变的节点的连线构成工艺创新能力体系的界面。本书基于微观的企业边界对工艺创新能力体系的边界进行确定，但系统边界要小于企业边界，因为工艺创新能力是内生于企业内部的，它与企业内存在的产品创新能力体系等其他系统具有一定的区别，但又通过系统边界与企业内部环境、外部环境进行联系。

8.1.2 工艺创新能力体系目标与功能

1. 工艺创新能力体系目标

完善的工艺创新能力体系是提高企业工艺创新能力的基础，它可以有效整合和利用工艺创新所需的各种资源，最大限度地提高工艺创新效率。因此，工艺创新能力体系的总体目标是通过对企业工艺创新能力的提升，创建国内、国际先进工艺技术，增强企业核心竞争力。其具体目标如下。

（1）培育企业工艺创新环境

工艺创新环境不仅包括硬环境（基础设施）和软环境（金融、税收、贸易政策等），而且包括有利于制造业企业创新发展的社会环境。工艺创新能力的增强可以源自制造业企业和研究机构的内在活力，还可以产生于良好的创新环境中。因此，对工艺创新能力体系的建设，可以充分发挥地方政府的引导和调控作用，以市场为导向，把地区有限的人力、物力、财力集中起来，培育和建设完善的工艺创新环境，从而形成一个局部优化的产业化环境。

（2）激活企业工艺创新活力

与发达国家（或地区）相比，我国制造业企业工艺创新能力薄弱、核心工艺技术缺乏已成为不争的事实。市场竞争是工艺创新的重要动力，在制造业企业中工艺创新发挥着越来越重要的作用，工艺创新是制造业企业提高竞争力的根本途径。从总体状况看，我国制造业企业的工艺技术开发能力不强且工艺创新层次相对较低，这种状况亟待改变。而工艺创新能力体系的建设将进一步创造条件、优化环境、深化改革，引导和支持创新要素向企业集聚，切实增强制造业企业工艺创新的动力和活力，促进科技成果向现实生产力转化，进而提升企业的竞争优势。

（3）提升企业工艺技术层次

建设基于信息化水平的制造业企业工艺创新能力体系可以广泛运用信息技术改革传统工艺流程，加强信息技术与工艺创新的互动发展，提升整体工艺技术层次，实现经济增长方式的转变。我国正处于工业化的中后期，我国制造业企业在相当长的时期内将仍然以传统工艺为主体。通过建设基于信息化水平的制造业企业工艺创新能力体系，积极搭建对接平台，便于信息技术与传统工艺流程对接，加强信息技术和工艺装备的融合，通过信息技术的运用和先进工艺技术的改造提升传统工艺流程，推进先进制造业基地建设，可以极大地提高生产率及产品质量。

（4）推进企业持续不断发展

制造业是国民经济的物质基础和产业主体，其发展规模和水平是衡量一国综合国力最重要的标志之一。伴随着制造业企业信息化进程的加快，先进的生产技术和系统对企业工艺创新也产生了深远的影响，信息化与工艺创新的组合进一步促进企业提高生产效率、降低成本、降低能耗、减小环境污染，推动了企业工艺创新活动的进展。建设基于信息化水平的工艺创新能力体系可以提升企业工艺创新效率，加快企业工艺创新成果的扩散，使企业的工艺创新能够形成一个自我协调、自我发展的良性自适应系统，促进制造业企业发展，并获得和保持长期的竞争优势。

2. 工艺创新能力体系功能

基于信息化水平的制造业企业工艺创新能力体系功能反映了系统的特征，体现了企业工艺创新能力体系在企业工艺创新活动过程中所起的作用和能效，其功能具体体现在以下几个方面。

（1）先导功能

基于信息化水平的制造业企业工艺创新能力体系可以为制造业企业工艺创新提供前瞻性的研究和预测。制造业企业工艺创新能力体系可以引导工艺创新的方向，调整增强工艺创新的反应速度，增强工艺创新的适应度，提出工艺创新阶段性发展方向。

（2）集聚功能

集聚功能是指在制造业企业工艺创新过程中工艺创新资源集聚的能力。制造业企业工艺创新能力体系可以充分调动制造业企业内、外部各种有利于工艺创新的资源，为提升制造业企业工艺创新能力服务。

（3）调控功能

调控功能是指在制造业企业工艺创新过程中对工艺创新状态进行监督和控制的能力。制造业企业工艺创新能力体系运行中可以对一系列创新风险（包括创新环境恶化、创新产品质量下降、创新管理失误等）进行监控，根据监控的结果对运行状态进行反馈和调控。

（4）整合功能

制造业企业工艺创新包含了多种创新模式和它们之间的组合，通过对创新模式和要素的有效整合，在制造业企业工艺创新能力体系的构建和运行过程中能形成制造业企业工艺创新合力。

8.1.3 工艺创新能力体系结构模型

融合企业系统观与企业能力观，可以认为，从某种意义上讲，企业是一个能力系统，企业工艺创新能力体系是其子系统。企业能力的知识特性已广为认同。所以，从本质上讲，企业工艺创新能力是一个知识系统。按照以上要求，本书认为企业工艺创新能力体系是由各种能力要素按照一定关系联结而成的能力系统，包括工艺创新基础能力、工艺创新投入能力、工艺创新实施能力和工艺创新产出能力四个能力要素，它是蕴藏于人才、技术与组织之中的、动态发展的知识系统。其含义有四个方面：第一，企业工艺创新能力体系是一个知识系统；第二，企业工艺创新能力体系具有层次结构；第三，企业工艺创新能力体系以人才、技术和组织为载体；第四，企业工艺创新能力体系是动态发展的。该框架具体如图 8 - 1 所示。

1. 工艺创新能力体系内部层次结构

工艺创新能力体系是具有一定逻辑关系的层次结构，包括工艺创新基础能力、工艺创新投入能力、工艺创新实施能力和工艺创新产出能力四个能力要素。工艺创新基础能力主要包括两个方面，即工艺创新信息化建设能力和工艺创新信息化应用能力，反映工艺创新的可实施水平。工艺创新投入能力主要考虑工艺创新人力投入、物力投入和设备投入。工艺创新实施能力反映

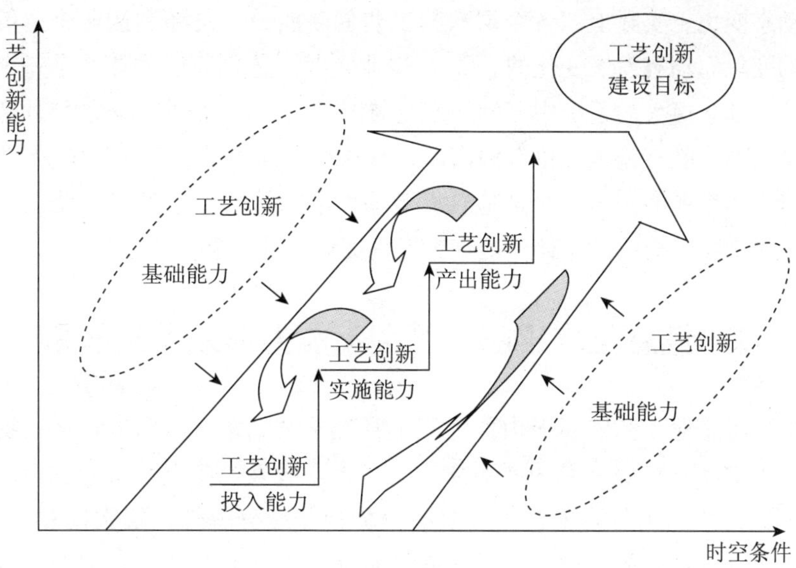

图 8-1 工艺创新能力体系结构模型

制造业企业工艺创新的具体实施能力及状况。工艺创新产出能力主要包括经济效益和对社会的贡献等因素。同时，每一个层次又在一定的信息化水平环境中运行。企业信息化水平可以理解为企业信息化的程度或层次。

2. 工艺创新能力体系载体

工艺创新能力体系作为知识系统，蕴含于企业所拥有的人才、技术与组织之中。Prahalad 和 Hamel（1990）认为人是核心能力的重要载体。陈劲等人（1999）认为隐含知识是核心能力的主要成分，而人又是隐含知识的最重要载体，所以人是核心能力的重要载体。Drejer 和 Riis（1999）提出，人是能力中最显而易见的，人是能力形成的关键点。所以，人才，特别是各方面的拔尖人才，如拔尖管理人才、拔尖技术人才等是工艺创新能力的载体。技术是企业工艺创新能力的无形载体，是企业与大学、科研院所等知识源建立稳定的关系，并获取、吸收和运用这些知识的技能集合。组织结构是企业面临的多项变量（包括环境、技术、人员、任务等）的函数。组织过程本身就是一种动态的且具有操作性的知识。这种组织过程把企业内部的人才和知识整合起来，达到企业的目标。

3. 工艺创新能力体系特性

工艺创新能力体系是一个动态发展的、开放的整体系统。① 动态性是企业能力的重要特性，制造业企业工艺创新能力体系的动态性是基于信息化水平的动态变化。实际上，各个层次的工艺创新能力都是随制造业企业信息化水平的变化而动态发展变化的。② 制造业企业工艺创新能力体系是一个开放系统，它处于更大的系统中（例如产业与国家）。每个企业都必须与外部的资源系统交换，既有输入，也有输出，只有这样才能生存。③ 制造业企业工艺创新能力体系能够作为一个适应性开放系统有效运行，它们必须是一个有机整体，一个不可分割的整体，能带来竞争优势，难以模仿。

8.2 基于信息化水平的工艺创新能力体系要素解析

本书将企业工艺创新能力作为一个管理学概念来进行研究，从系统观点出发，力求既能够揭示其内在本质，又能表达明确，使企业工艺创新能力的表达能够在组织内外良好沟通，具有全面性、可分解性、层次性和系统性，同时不失动态性。简言之，就是要管理企业的工艺创新能力，即企业可以借助该能力体系培育、提高和运用企业的工艺创新能力。

8.2.1 工艺创新基础能力

工艺创新基础能力反映工艺创新的物质基础，是制造业企业工艺创新能力体系建设的初级形态。没有工艺创新基础作为支撑，制造业企业工艺创新能力体系建设无异于空中楼阁。本书主要探讨基于信息化水平的制造业企业工艺创新能力体系，因而仅研究系统所处的信息化基础。企业内部计算机硬件、软件技术、通信网络技术、先进的 AMT 技术、数据库建设等使得实施工艺创新的企业获得了更先进的信息化平台，从而促进工艺创新信息在企业内部及时、准确地传递，使得工艺创新研发人员提高创新效率，使得工艺管理人员提升创新决策效率，并极大缩短工艺开发周期，减少工艺设计成本，实现工艺创新活动的顺利运行，提升工艺创新能力。因此，信息化的实施有效地提高了工艺创新沟通效率和工作效率，为工艺创新能力体系的运行提供了坚实的基础。

8.2.2 工艺创新投入能力

工艺创新投入能力是从投入产出角度出发，对制造业企业工艺创新的考察，是整个工艺创新过程的开始，包括工艺创新人力投入、财力投入和物力投入。这种能力反映了企业对工艺创新资源的投入状况，显示了企业的人才管理效果、资金运筹水平的灵活多样性，在进行工艺创新过程中保证了企业能够获得足够的人才、资金以及技术的支持，确保了企业工艺创新活动的顺利进行。

工艺创新人力投入贯穿于整个工艺创新过程之中，体现着工艺创新中科技人员、企业家和经理阶层、熟练工人队伍的壮大，从而推动着工艺创新的不断发展，因此具备一定素质的员工是企业工艺创新成功的根本，人才对其他各要素的发展速度和质量有着决定性的影响；工艺创新财力投入反映企业对工艺创新活动的投入力度和重视程度，其主要投入到 R&D、新工艺研发和其他的科技活动中，反映了企业能否保持时刻走在科学技术最前沿的能力、是否能够跟上时代的步伐；工艺创新设备投入是企业工艺创新的技术基础和前提，主要包括用于研发和生产的高科技设备和仪器，它从另一个侧面也反映了企业对工艺创新活动的重视程度和投入力度，通过不断地加大设备投入力度，企业能够在吸收先进科学成果的基础上更有效地把科学技术知识转化为新的产品和工艺。

8.2.3 工艺创新实施能力

工艺过程是“科学技术是生产力”的一种具体体现，体现了科学技术成果的一种物化，是一个动态的连续的过程。工艺创新实施能力来源于工艺过程和对工艺过程起辅助作用的各种活动。工艺过程将生产系统中的各项工作有机地联系在一起，像一条纽带纵向融会贯通于生产过程始终，横向与有关环节相协调，形成一个完整的生产制造系统，具体如图 8－2 所示。工艺系统（图 8－2 中虚框内）涉及很多工艺设计与工艺管理方面的工作，其中包括企业技术发展规划（产品与工艺）、产品与工艺技术的研究开发（包括工艺路线、工艺方案、工艺规程的设计与管理）、产品生产工艺准备（包括专用工装设计与管理、工艺定额制订与管理）、现场工艺管理和售后工艺服务与管理等，在生产系统中起着维系全局的举足轻重的作用。

工艺创新实施能力反映了制造业企业工艺创新的具体实施能力及状况。从工艺过程的角度来看，工艺创新实施能力可以分为研发能力、制造能力、管理能力和服务能力等。其中，研发能力是制造业企业提高工艺创新能力、实现创新目标的关键，其主要包括工艺要求的确定、工艺规划、工艺设计、工艺实施和工艺改进各主要研发环节的能力；制造能力是制造业企业发展链上极其重要的关键环节，决定着研究开发成果转化为产品和工艺的能力；管

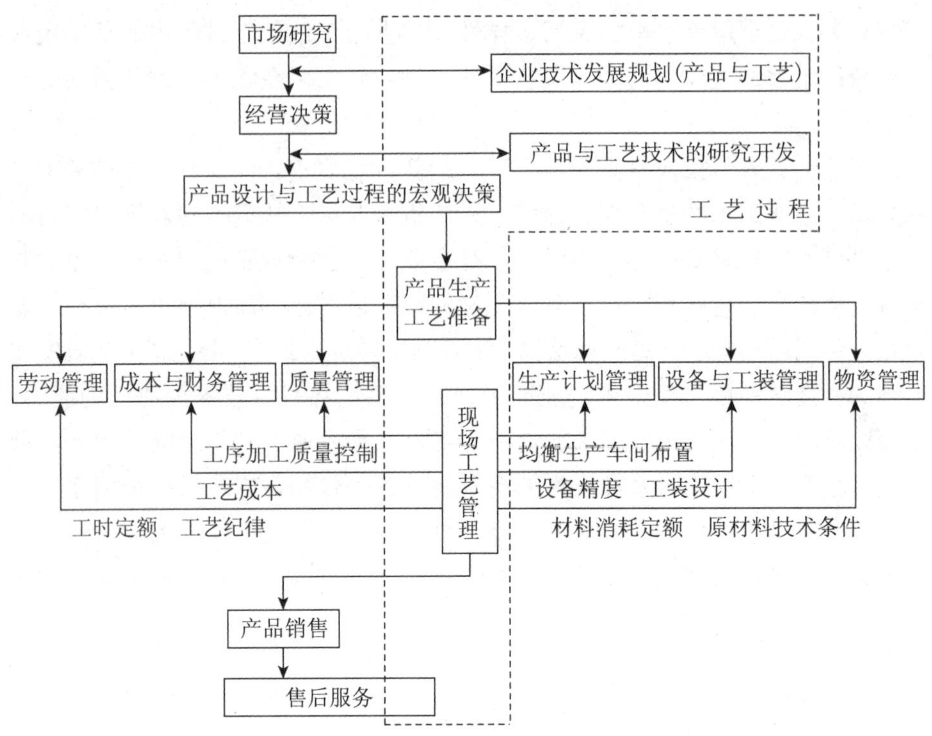

图 8-2 生产活动中工艺过程及其与其他工作的关系（虚框内为工艺主要过程）

理能力是改善和推进工艺创新效率提高的能力，主要包括人力资源管理能力、财务管理能力和界面管理能力等，它促进了其他制造能力的有机融合，使各种活动得以良好地协调和结合，确保了企业目标的实现；售后工艺服务是企业工作的重要组成部分，它围绕调试保养维护、拆装维修、回收处理、培训等工作展开，服务能力就是指售后工艺服务工作的管理与控制能力，它对工艺创新结果的好坏起着重要影响的作用。

8.2.4 工艺创新产出能力

工艺创新产出能力是对制造业企业工艺创新实现程度的检验。根据制造业企业工艺创新所达到的经济及社会等方面的产出效果，制造业企业可以清楚地了解其工艺创新的实现程度。制造业企业工艺创新产出能力用以衡量制造业企业工艺创新的效率和效果，是对制造业企业工艺创新能力的终极评价，主要包括经济效益和社会效益两方面因素。其中，工艺创新经济效益是制造业企业工艺创新的产出指标之一，是根据制造业企业工艺创新要达到的经济目标而得来的。工艺创新社会效益是工艺创新产出的又一指标，主要考察工艺创新对减少环境污染的影响、工艺创新的扩散程度、职工生活条件的改善程度、职工劳动强度的减轻率、职工劳动安全的提高率等。

8.3 基于信息化水平的工艺创新能力体系要素关系

工艺创新能力体系的构成要素（工艺创新基础能力、工艺创新投入能力、工艺创新实施能力和工艺创新产出能力）在提高制造业企业工艺创新能力过程中的作用各有侧重。同时，制造业企业工艺创新能力是支持企业创新战略实现的创新能力及由此决定的系统整体功能。因此，如果使企业工艺创新能力体系构成要素的组合模式有效，就必须要求企业在工艺创新过程中协调发展这四种能力。制造业企业工艺创新能力体系的四种构成要素之间共同作用、相互组合的作用关系，具体如图 8-3 所示。

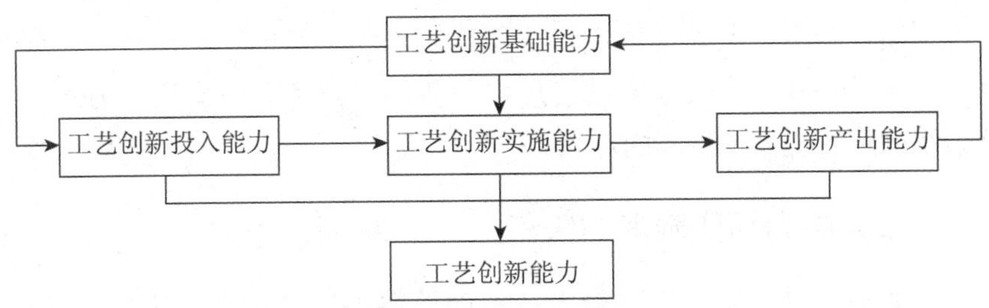

图 8-3 工艺创新能力体系构成要素相互作用关系

8.3.1 基础能力与投入能力关系

一切工艺创新活动顺利开展的物质基础和资源条件都有赖于工艺创新基础能力。制造业企业拥有的信息化资源和基础，是制造业企业工艺创新投入能力得以充分发挥的基础条件。制造业企业没有充足的信息化资源与基础，工艺创新投入能力将无法发挥。当制造业企业具备充足的信息化资源与条件时，利用自身较强的工艺创新投入能力，投入应有的设备、资金和人力，增强研发部门的创新能力与基础，将把自身投入提升到更高的水平，同时工艺创新投入能力会通过资源的配置整合，为工艺创新投入能力的持续获得提供保障。有良好的工艺创新基础能力作保证，企业的工艺创新投入能力才能得到充分的利用与展开。因此，工艺创新基础能力与工艺创新投入能力二者的相互作用促进了制造业企业工艺创新能力的提升，在企业提高工艺创新能力过程中扮演着极其重要的角色。

8.3.2 基础能力与实施能力关系

工艺创新实施系统的持续运行有赖于企业工艺创新基础环境的支撑，因此，工艺创新基础能力也是工艺创新实施能力的物质基础。企业内部计算机硬件、软件技术、通信网络技术、先进的 AMT 技术、数据库建设等使得实施工艺创新的企业获得了更先进的信息化平台，从而推动了工艺创新实施系统的运行。在当前市场竞争日趋激烈的环境下，利用计算机构筑信息处理平台和产品开发环境，员工可利用散布在各处的信息化终端设备、信息化传输设备与工艺创新信息中心服务器联系，进行工艺创新信息的采集、加工或利用，从而促进工艺创新信息在企业内部及时、准确的传递，使得工艺创新研发人员提高创新效率，使得工艺管理人员提升创新决策效率，并极大缩短工艺开发周期，减少工艺设计成本，实现工艺创新实施的顺利运行。因此，工艺创新沟通效率和工作效率通过信息化的实施得到了有效提高，为工艺创新实施系统的运行提供了便利的环境。

8.3.3 投入能力与实施能力关系

制造业企业工艺创新实施能力运行的前提是工艺创新投入能力的提升。制造业企业对工艺创新的投入通过职能的实现来满足国家与社会的需求，适应其所处的内、外部环境，为其提升到更高层次的创新实施提供前提条件。制造业企业通过对电子技术、网络通信技术、计算机硬件、软件技术的投入，掌握信息化生产设备、生产工具、应用软件等对工艺创新的重要作用，会提高工艺编制效率，使重复工作减少，工艺资源实现共享，从而推动制造业企业使用信息化工艺设备、工艺技术实施工艺创新。简言之，如果制造业企业工艺创新投入能力较弱，不能通过有效地创新资源整合去满足社会需求，将会阻碍工艺创新实施能力的发展，制造业企业工艺创新的实施将很难进化到更高层次；反之，如果制造业企业工艺创新投入能力较强，有效利用拥有的创新资源，并适应其所处的环境，满足社会的需求，将有利于制造业企业演进到更高层次的工艺创新能力，二者的相互作用促进了制造业企业工艺创新能力的提升。

8.3.4 实施能力与产出能力关系

工艺创新实施能力反映了制造业企业工艺创新的具体实施状况，决定了制造业企业是否能通过工艺创新产出取得企业成本竞争优势和质量竞争优势，是制造业企业工艺创新能力体系中最重要的能力。一方面，高水平的制造业企业工艺装备是工艺创新产出的重要保证；另一方面，如果想将高水平工艺设备的先进性才能发挥出来，就必须使其与符合制造要求的人员以及相应的管理结合在一起使用，因此，在制造业企业工艺创新实施能力运行过程中应更加强调人员的作用。与此同时，在制造业企业工艺创新能力体系中，工艺创新实施能力是保证和提升制造业企业核心竞争力的关键因素。由于制造业企业工艺创新旨在降低成本、减少浪费、降低能源消耗及减少环境污染，因此，可以认为工艺创新产出与工艺创新实施具有直接相关关系，工艺创新实施对工艺创新产出具有重大影响。

8.3.5 产出能力与基础能力关系

工艺创新产出能力是工艺创新能力体系价值的体现，它主要是实现将企业产品推向市场，快速地把创新优势转化为核心竞争优势。企业从经济效益和社会效益中得到信息，调整企业战略，促进企业工艺创新基础能力的提高。工艺创新产出能力在产品开发过程中的作用并不明显，但对于企业最终获得创新成功却有着举足轻重的作用。

从以上分析中可以看出，工艺创新基础能力、工艺创新投入能力、工艺创新实施能力和工艺创新产出能力之间的作用关系，粗线条地勾勒了工艺创新能力的形成过程。基于良好环境的工艺创新投入资源集聚，就能够提高工艺创新效率，创造产出。工艺创新产出是衡量工艺创新投入绩效的核心指标，同时也是判断工艺创新成功与否的基本标准。从工艺创新基础、工艺创新投入到工艺创新实施和工艺创新产出，这个过程并不是单向循环的。工艺创新产出的显示性和效应，将会进一步强化创新资源的集聚，增强工艺创新实施效率，提高工艺创新产出，如此循环便可加速提升制造业企业的工艺创新能力。

8.4 基于信息化水平的工艺创新能力体系运行机制

结合工艺创新过程，本节将基于动态的视角，从动力机制、决策机制和激励机制三方面构建工艺创新能力体系的运行机制。这三种机制交互作用于多元创新主体，贯穿于创新活动全过程，是创新活动得以实现的重要保障。

8.4.1 运行机制结构模型及运作方式

制造业企业工艺创新能力体系的结构复杂多样，具有层次性且相互嵌套，各要素间彼此影响，相互耦合，十分复杂。通过对工艺创新能力体系运行机制的特征与过程进行深入探讨，本书认为基于信息化水平的工艺创新能力体系运行机制大体可分为动力机制、决策机制和激励机制三个部分，它们共同形成了基于信息化水平的工艺创新能力体系运行机制的主体框架，它们之间的关系可以用下面的回路图来表示，具体如图 8－4 所示。动力机制为工艺创新主体进行工艺创新决策提供动力源泉，决策机制为工艺创新活动提供指南和行动方案，激励机制对工艺创新主体及工艺创新战略进行导向与促进，根据创新绩效信息调整制造业企业工艺创新战略，保证制造业企业工艺创新目标实现。

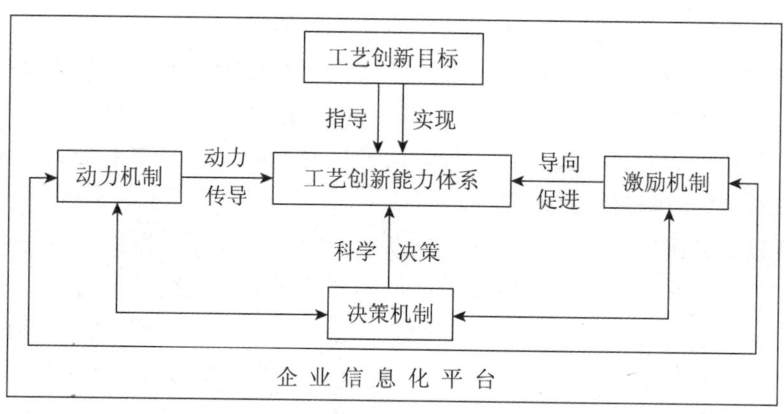

图 8－4　基于信息化水平的工艺创新能力体系运行机制结构模型

企业工艺创新是创新主体在工艺创新机制的作用下为实现工艺创新目标而开展的一系列活动。工艺创新机制与工艺创新目标是相互支持的关系，建立工艺创新机制是为了实现既定的工艺创新目标，而工艺创新目标的不断更新又反过来影响工艺创新机制的进一步完善，这是一个反复循环的回路。同时，各运行机制之间不断发生非线性作用，相互联系，相互作用。每个机制的运行状况和相互作用都会影响整个工艺创新能力体系的运行效率和结果。

动力机制通过创新源传递原动力，并不断渗透，促使制造业企业萌生工艺创新构想；决策机制接受创新源的指向，并对企业内、外部信息源和知识源进行加工、利用，从而对工艺创新项目进行科学的分析、评估和决策；与此同时，激励机制要适时地对关键个体实施有效激励，从而引发更大的创新动力，如此循环往复，共同促进制造业企业工艺创新活动的顺利开展。

8.4.2 工艺创新动力机制

工艺创新动力机制是指在工艺创新过程中，各动力要素相互依存和相互制约所形成的有机联系方式、作用形式、结构功能及所遵循规则的总和。根据技术创新动力的含义，工艺创新的动力可以来自企业内部环境和外部环境（包括市场）两方面的动力，是推动制造业企业工艺创新的某种力量或各种力量的集合。其中，企业内部动力包括企业家精神、企业战略目标的吸引、企业发展的内在需要以及来自技术专家等的事业心和好奇心的驱动；外部环境动力包括社会政治经济变革的动力、市场竞争的压力、技术进步和环境保护方面的压力、产业政策和政府推动等。工艺创新的内部动力是起决定性作用的，外部环境动力为内部动力要素的形成提供基础和条件，通过内部动力要素真正发生实质性的创新驱动作用。

工艺创新动力机制为工艺创新战略的实现提供动力源，是其他运行机制的基础，为企业决策提供依据。工艺创新动力机制的运作方式是：工艺创新的动力主体（主要指制造业企业的所有者/经营者/管理者）以满足工艺创新主体需要为导向，引导工艺创新主体全面开发动力源；将潜在的工艺创新动力转换成现实的工艺创新动力，开展制造业企业的工艺创新活动；通过教育、培训，提高工艺创新主体的素质和能力；将工艺创新动力适度地配置到工艺创新活动中的具体环节；此后，工艺创新主体将通过反馈环节获得相关信息（如为工艺创新提供的动力是否适度、是否推动了工艺创新的良性运行和健康发展等），进而调整工艺创新动力的开发方向、开发手段和开发力度。如此循环往复，使工艺创新活动持续地进行下去，具体如图 8－5 所示。

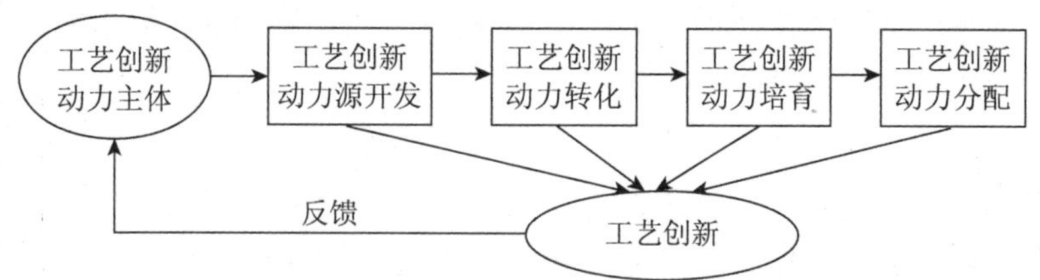

图 8-5 工艺创新动力机制的运作方式

8.4.3 工艺创新决策机制

工艺创新决策贯穿于工艺创新各项工作中，是指工艺创新决策核心主体（即制造业企业）对整个工艺创新过程中所涉及的创新方案选择准则、创新方案评价选优、创新方案实施监控等作出决定的过程。所谓的工艺创新决策机制，就是在工艺创新过程中，各决策要素相互依存、相互制约所形成的有机联系方式、作用形式、结构功能及所遵循规则的总和。工艺创新决策机制的构成要素主要包括决策主体、决策准则、决策程序和决策方式等，各要素是相互联系、相互作用、相互制约的有机整体。

工艺创新决策贯穿于工艺创新的整个过程中，工艺创新决策机制是其他一切机制的统帅，关系着工艺创新效率的高低和工艺创新活动的成败。在制造业企业工艺创新活动中，工艺创新活动离不开工艺创新过程中的各项决策。工艺创新决策机制的运作方式是：根据企业外部环境的客观要求和企业内部条件的主观表现，工艺创新决策主体以市场为导向，对工艺创新决策信息进行收集，依据工艺创新决策准则，按照科学、合理的工艺创新决策程序，选用合适的工艺创新决策方式，指导工艺创新决策事件的实施。然后，积极反思并学习，总结工艺创新决策的经验教训及实施情况，从而不断提高工艺创新的决策质量和决策水平，具体如图 8-6 所示。

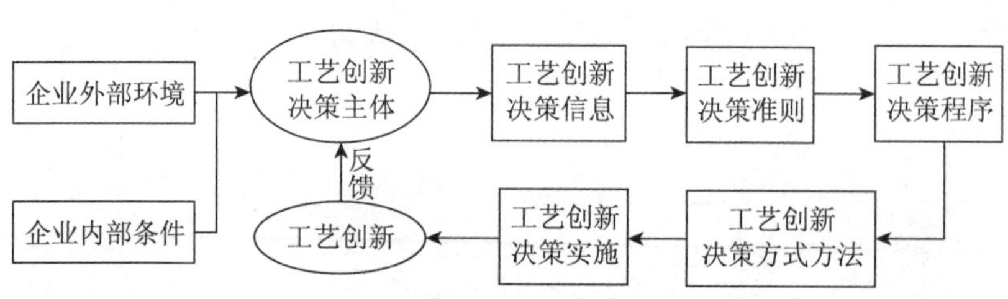

图 8-6 工艺创新决策机制的运作方式

8.4.4 工艺创新激励机制

所谓工艺创新激励机制，是指为促进工艺创新活动，制造业企业所采取的各种直接的和间接的措施、政策之间相互联系、作用、组合、制约的关系。作为制造业企业工艺创新活动的“催化剂”，激励机制在制造业企业工艺创新过程中有着举足轻重的作用。工艺创新激励机制不仅能够促进组织协同，而且可以提高组织内和组织间的整体绩效。工艺创新激励机制的构成要素主要包括工艺创新的激励主体、激励目标、激励重心、激励对象、激励手段等。工艺创新激励机制的目标是，通过某种制度的安排来诱导人们开拓创新，在一定的资源空间和相应的机制配置作用下使创新的收益大于所付出的成本，并且当成本最小时使创新的收益最大。

制造业企业工艺创新激励机制服从于一定目标的运转方式及其功能的总和，是决定工艺创新规模大小、工艺创新速度快慢、工艺创新质量高低的关键。工艺创新激励机制的运作方式是：根据制造业企业自身的利益及激励目标的要求，工艺创新激励主体结合激励对象的实际情况来确定一定时期的激励重心，采取相应的激励手段，作用于特定的激励对象，在这种外力的推动、激发下，激励对象产生实现激励目标的行为。根据激励目标实现情况的信息反馈，激励主体对激励重心或激励手段进行相应调整（或加大或减弱或维持激励力度），继续作用于激励对象并使之发生期望行为，从而更有效地激励工艺创新活动的进行。如此循环往复，促使工艺创新激励目标得以部分实现，不断完善和健全工艺创新激励机制，使制造业企业利益不断增加，具体如图8－7所示。

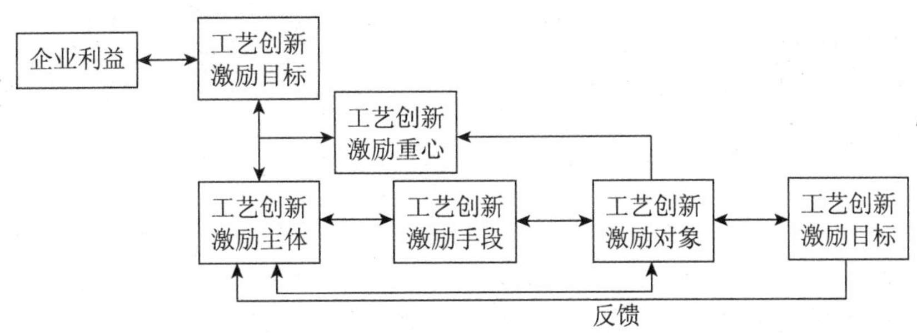

图8－7 工艺创新激励机制的运作方式

8.5 本章小结

本章构建了基于信息化水平的制造业企业工艺创新能力体系。首先，界定了基于信息化水平的工艺创新能力体系的内涵，认为工艺创新各种能力之间的联系和功能发生突变的节点的连线构成了工艺创新能力体系的界面。阐述了基于信息化水平的工艺创新能力体系的目标与功能，提出了工艺创新能力体系的结构模型。工艺创新能力体系是具有一定逻辑关系的层次结构，包括工艺创新基础能力、工艺创新投入能力、工艺创新实施能力和工艺创新产出能力四个能力要素。工艺创新基础能力主要包括两个方面，即工艺创新信息化建设能力和工艺创新信息化应用能力，反映工艺创新的可实施水平。工艺创新投入能力主要考虑工艺创新人力投入、物力投入和设备投入。工艺创新实施能力反映制造业企业工艺创新的具体实施能力及状况。工艺创新产出能力主要包括经济效益和对社会的贡献等因素。同时，每一个层次又在一定的信息化水平环境中运行。

基于静态的角度，在明确制造业企业工艺过程的基础上，提出了工艺创新能力体系的构成（包括工艺创新基础能力、工艺创新投入能力、工艺创新实施能力和工艺创新产出能力），构建了基于信息化水平的制造业企业工艺创新能力体系，然后，全面深入地分析了工艺创新能力体系各构成要素间的相互作用关系。基于动态的角度，从动力机制、决策机制和激励机制三方面构建了工艺创新能力体系的运行机制。动力机制为工艺创新主体进行工艺创新决策提供了动力源泉，决策机制为工艺创新活动提供了指南和行动方案，激励机制对工艺创新主体及工艺创新战略进行了导向与促进，根据创新绩效信息调整制造业企业工艺创新战略，保证制造业企业工艺创新目标的实现。这三种机制交互作用于多元创新主体，贯穿于创新活动全过程，是创新活动得以实现的重要保障。

9　基于信息化水平的工艺创新能力体系运行效果评价

工艺创新能力体系的整体运行效果不能仅靠工艺创新能力体系的构建来反映，因此还需要将工艺创新能力体系的构成要素放在工艺创新能力体系中进行运行效果的研究。本章将对基于信息化水平的制造业企业工艺创新能力体系的运行效果进行评价，以进一步揭示基于信息化水平的制造业企业工艺创新能力体系的运行过程。

9.1　工艺创新能力体系运行效果评价意义及目的

9.1.1　运行效果评价意义

高效稳定运行的制造业企业工艺创新能力体系，影响着制造业企业工艺创新活动的顺利实施，它是一个复杂而又庞大的系统，因此，对制造业企业而言，评价工艺创新能力体系的运行效果具有很强的现实意义和指导意义。在具体的应用当中，由于工艺创新能力体系涉及的要素较多，而工艺创新能力整体的提升是通过能力体系各要素的有效运行体现的，所以这种有效性往往不能得到保证。基于这种情况，需要建立一套机制来衡量基于信息化水平的工艺创新能力体系运行的有效性。本书通过综合评价方法的应用，整体评估基于信息化水平的工艺创新能力体系运行效果，以此来帮助制造业企业发现存在的问题与不足，提出合理的解决措施，为保证基于信息化水平的工艺创新能力体系的有效运作提供依据。

从研究角度来看，当前国内关于基于信息化水平的制造业企业工艺创新能力体系构建的文献几乎空白，对于基于信息化水平的制造业企业工艺创新能力体系运行效果的评价几乎没有，所以通过综合评价模型的设计和应用，可以丰富基于信息化水平的制造业企业工艺创新能力体系评价理论。基于此，本书首先设计了综合评价体系，其次根据该体系建立工艺创新能力评估指标体系，最后分析了现有综合方法的特点，针对基于信息化水平的制造业企业工艺创新能力体系的特性，建立了基于信息化水平的制造业企业工艺创新能力体系模糊神经网络综合评价模型。

9.1.2 运行效果评价目的

基于信息化水平的制造业企业工艺创新能力体系运行效果评价体系，一般来说应具备描述功能、解释功能、评价功能、监测功能和预警功能等。其中，描述功能是指评价体系中的指标能够反映所评价内容的现状和变化趋势；解释功能是指能够科学合理地解释所评价内容的发展状态、变化原因、失调原因和协调程度等；评价功能是指在整体上判别出所评价内容的发展状况，综合测度体系各个系统间的协调性；监测功能是指监测所评价内容的状况，干预导致系统失调的主要因素；预警功能是指干预未来体系的结构和功能，为将来的发展提供切实可行的决策方案。

基于信息化水平的制造业企业工艺创新能力体系运行效果评价的目的主要有两个方面：第一，定量分析工艺创新能力与信息化水平的关系，判断信息化水平对工艺创新能力的影响程度和贡献率，以此分析工艺创新能力从低信息化水平向高信息化水平转变的基本状况，从而为相应政策的制定提供依据。第二，考虑到工艺创新能力体系的系统性问题和现实中制造业企业信息化水平的差异，基于信息化水平的制造业企业工艺创新能力体系运行效果评价最好能揭示出在现有的信息化水平中哪一种工艺创新能力还比较薄弱，哪一种还可以，以及信息化建设中什么环节对工艺创新支撑不足，这些数据信息对进一步完善工艺创新政策，制定合理的、科学的工艺创新战略是必要的。它会有效地提高政策和策略的针对性和实施效果。

9.2 工艺创新能力体系运行效果评价指标体系构建

9.2.1 运行效果评价指标体系构建原则

指标体系的建立一般都应该遵循一定的构建原则，工艺创新能力体系运行效果评价指标体系的建立也不例外，也要遵循一定的构建原则。针对工艺创新能力体系运行效果评价的特殊性，本书选取了相应的指标体系构建原则。

1. 系统性原则

基于信息化水平的制造业企业工艺创新能力体系是由若干个相互依存的要素构成的具有特定功能的复杂系统，其运行效果评价指标体系既要涵盖相关的所有指标又要反映本质及维度特征，在反映各个要素和整体情况方面做到全面、真实，以确保系统评价的全面性和可靠性。评价体系中的指标要有正确的概念和清晰的含义，尽可能避免显而易见的包含关系，各指标之间不应有很强的相关性，在处理时应尽量将隐含的相关关系弱化消除。

2. 相关性原则

指标体系应由一组具有有机联系的个体指标构成，而不应只是许多指标的简单堆砌，因此，评价体系中的各个指标应当是相关的、具有一定的内在逻辑关系的。这里的内在相关性，一方面是指各个指标应该为评价活动的宗旨服务，应当与评价目的相关；另一方面是指各个指标之间能够相互补充、相互验证，具有一定的关联性，对被评价对象的各个方面给予描述，但不要让各个指标的内涵重叠。

3. 实用性原则

本书所设计的指标体系是为制造业企业进行科学管理、实现经济发展目标服务的工具。指标体系的设计应满足客观需要，力求系统、科学、全面、完整，突出其可操作性。同时，指标体系的设计还应考虑到验证所需数据获得的可能性以及评价数据的取得方式和渠道。应当指出的是，有相当一部分数据（特别是一些定性指标）的获得具有相当难度，在实际操作中，可以采用一些近似方法获得相关数据。

4. 可测量性原则

可测量性是指应尽可能采用定量指标，但并非要求全是定量指标，应尽量避免定性指标。对于指标的评价要以相同的标准作为统一的尺度，应有相应标准来衡量被评价对象。因此，对于定性指标的测量要求建立详细的评价标准。对于本书所设计的指标体系中的定性指标，应选择合适的力度进行适当的细分，建立详细的评价标准，以保证在统一标准下对定性指标评价进行衡量。

5. 跟踪性原则

对研究内容进行评价是为了监督一段时间内观念、技术和政策的实践水平，检验该段时间内的制造业企业工艺创新能力，找出存在的不足和差距，为进一步提升企业竞争力找到突破口。因此，在一定阶段以后，需要对评价效果进行跟踪和再评价。所以，在设计评价指标时应当考虑相应指标的跟踪监测性和可控性。

9.2.2 运行效果评价指标体系的特点

目前，国内外学者深入研究了企业工艺创新能力评价指标体系并取得了一定的研究成果，然而，这些研究大部分都缺乏对企业所处信息化环境的考虑，仅仅针对某一特定行业的企业进行研究。因此，本书为了克服这一难题，构建了基于信息化水平的工艺创新能力体系运行效果评价指标体系。与以往工艺创新能力评价指标体系相比，该指标体系具有独特的特点。

1. 评价角度的独特性

本书从一个全新的角度，构建了基于信息化水平的工艺创新能力体系运行效果评价指标体系，以衡量制造业企业工艺创新能力体系的运行效果。具体来说，本书所构建的工艺创新能力体系运行效果评价指标体系从工艺创新过程角度出发，具有实际的应用价值。由于工艺创新分为不同的过程阶段，各过程之间是相互影响、相辅相成的，较好地将各过程融合起来，可以更准确地反映出企业工艺创新能力体系的运行效果。

2. 评价指标的全面性

与以往构建的工艺创新能力评价指标体系相比，本书所构建的工艺创新能力体系运行效果评价指标体系充分考虑了制造业企业所处的信息化环境，所选取的指标具备一定的全面性和代表性。在选择具体的评价指标时，本书不仅充分考虑了工艺创新的投入、工艺创新的实施和工艺创新的产出，而且将反映企业所处的信息化环境等工艺创新的基础指标纳入运行效果评价指标体系中，尽量使指标间要具有层次性、简约性、针对性，由粗到细，由浅入深，指标之间的相关度尽可能小，以较少的指标覆盖较广的范围，解决比较实质的问题。

3. 评价对象的可比性

本书选取的指标充分考虑了各行业企业的内在差异性，使各行业企业工艺创新能力体系运行效果具有可比性，使用了工艺创新各个过程相结合的指标体系来反映企业工艺创新能力体系运行效果。本书所构建的工艺创新能力体系运行效果评价指标体系，既可以用于几个企业间的横向比较，也可以用于某一企业若干年工艺创新能力体系运行效果的纵向比较，评价结果可以清楚地看出每个企业提升工艺创新能力的努力方向，为企业及管理层提供决策依据。

9.2.3 运行效果评价指标体系的建立

根据上章的工艺创新能力体系的构成要素分析，借鉴已有关于制造业及企业工艺创新能力评价的研究结果，从制造业企业工艺创新能力体系运行效果评价的原则出发，本书建立了一个四阶层框架结构，即由 1 个总指标、4 个一级指标、11 个二级指标、39 个三级指标构成的基于信息化水平的制造业企业工艺创新能力体系运行效果评价指标体系，具体如下表所示。

基于信息化水平的制造业企业工艺创新能力体系运行效果评价指标体系

标层	准则层	子准则层	指标层
基于信息化水平的制造业企业工艺创新能力体系运行效果评价	工艺创新基础能力 a_1	工艺创新信息化建设能力 a_{11}	工艺创新信息化投资比重 a_{111} 工艺创新信息化制造设备比重 a_{112} 工艺创新信息化软件系统比重 a_{113} 工艺信息数据库建设水平 a_{114}
		工艺创新信息化应用能力 a_{12}	工艺创新信息化手段覆盖率 a_{121} 工艺创新计算机辅助设计应用率 a_{122} 工艺创新计算机辅助制造应用率 a_{123} 工艺创新办公自动化水平 a_{124}
	工艺创新投入能力 a_2	工艺创新人力投入 a_{21}	工艺创新人员比重 a_{211} 工艺创新 R&D 人员比重 a_{212}
		工艺创新财力投入 a_{22}	工艺创新 R&D 经费比重 a_{221} 技术引进与技术改造经费比重 a_{222} 工艺创新教育培训经费比重 a_{223}
		工艺创新设备投入 a_{23}	微电子设备比重 a_{231} 机器设备和软件比重 a_{232}
	工艺创新实施能力 a_3	工艺创新研发能力 a_{31}	工艺创新专利申请量比重 a_{311} 企业工艺创新产品率 a_{312} 引进工艺技术的改进率 a_{313} 新工艺开发成果数量比重 a_{314}

续 表

标层	准则层	子准则层	指标层
基于信息化水平的制造业企业工艺创新能力体系运行效果评价	工艺创新实施能力 a_3	工艺创新制造能力 a_{32}	生产设备的技术水平 a_{321} 工艺人员技术等级 a_{322} 先进工艺技术采用率 a_{323} 工序质量控制水平 a_{324}
		工艺创新管理能力 a_{33}	企业领导工艺创新欲望和责任心 a_{331} 工艺创新部门之间的配合与协作程度 a_{332} 企业对工艺创新活动的有效控制程度 a_{333} 组织文化和氛围对工艺创新的适合程度 a_{334}
		工艺创新服务能力 a_{34}	产品故障诊断工艺服务水平 a_{341} 产品拆装维修工艺服务水平 a_{342} 产品回收处理工艺服务水平 a_{343}
	工艺创新产出能力 a_4	工艺创新经济效益 a_{41}	工资成本降低率 a_{411} 材料能源消耗降低率 a_{412} 废品降低率 a_{413} 劳动生产率提高幅度 a_{414} 工艺创新技术输出收入比重 a_{415}
		工艺创新社会效益 a_{42}	工艺创新对减少环境污染的影响程度 a_{421} 工艺创新扩散程度 a_{422} 职工劳动强度的减轻率 a_{423} 职工劳动安全的提高程度 a_{424}

1. 工艺创新基础能力状况指标（a_1）

工艺创新基础可以反映制造业企业的工艺创新能力和制造业企业工艺创新的可实施水平。基于信息化水平的制造业企业工艺创新能力体系是在信息化背景中运行的，因此工艺创新能力体系在运行过程中会充分利用各种信息化手段提高自身运行效率，例如，企业会建立必要的信息化基础设施、配置适合的应用软件等，以最大可能识别、把握工艺创新中所需要的创新资源，在此基础上形成正确的工艺创新决策，提高工艺创新实施效率，增强工艺创新产能效果，并最终实现工艺创新能力的提升。本书用以下指标表示：工艺创新信息化投资比重、工艺创新信息化制造设备比重、工艺创新信息化软件系统比重、工艺信息数据库建设水平、工艺创新信息化手段覆盖率、工艺创新计算机辅助设计应用率、工艺创新计算机辅助制造应用率和工艺创新办公自动化水平。将这些指标选择到评价指标体系中，改变了传统的投入产出评价模式。

2. 工艺创新投入能力状况指标（a_2）

从投入产出角度出发，工艺创新投入包括人力、财力及物力的投入，是整个工艺创新过程的开始，是对制造业企业工艺创新的考察。考察工艺创新人力投入的指标包括工艺创新人员比重和工艺创新 R&D 人员比重；考察工艺创新财力投入的指标包括工艺创新 R&D 经费比重、技术引进与技术改造经费比重及工艺创新教育培训经费比重；考察工艺创新设备投入的指标包括微电子设备比重、机器设备和软件比重。这几项指标大都具有比较普遍的特征，使得基于信息化水平的制造业企业工艺创新能力体系运行效果评价指标的设置具有可操作性。

3. 工艺创新实施能力状况指标（a_3）

工艺创新实施反映制造业企业工艺创新过程的特征量，考察制造业企业工艺创新能力的基本情况和可实施程度。工艺创新研发能力、制造能力、管理能力和服务能力是反映制造业企业工艺创新实施的重要因素，是衡量制造业企业工艺创新实施程度的重要组成部分，整体上把握制造业企业工艺创新的实施情况。其中，考察研发能力的指标包括工艺创新专利申请量比重、企业工艺创新产品率、引进工艺技术的改进率、新工艺开发成果数量比重；考察制造能力的指标包括生产设备的技术水平、工艺人员技术等级、先进工艺技术采用率、工序质量控制水平；考察管理能力的指标包括企业领导工艺创新欲望和责任心、工艺创新部门之间的配合与协作程度、企业对工艺创新活动的有效控制程度、组织文化和氛围对工艺创新的适合程度；考察服务能力的指标包括产品故障诊断工艺服务水平、产品拆装维修工艺服务水平、产品回收处理工艺服务水平。

4. 工艺创新产出能力状况指标（a_4）

工艺创新产出突出显示了企业工艺创新能力要素组合的效果，是企业工艺创新过程的最终环节。该指标不但是以往工艺创新测度框架的重要组成部分，而且是企业工艺创新成功与否的重要标志。工艺创新经济效益是制造业企业工艺创新的产出指标之一，包括工资成本降低率、材料能源消耗降低率、废品降低率、劳动生产率提高幅度及工艺创新技术输出收入比重；工艺创新社会效益是工艺创新产出的又一指标，包括工艺创新对减少环境污染的影响程度、工艺创新扩散程度、职工劳动强度的减轻率及职工劳动安全的提高程度。

其中，一级指标分别为工艺创新基础能力、工艺创新投入能力、工艺创新实施能力和工艺创新产出能力，分别对应相应的二级指标和三级指标。本书所选的三级指标具有成熟的理论依据，基本来自相关研究者的已有研究成果，进一步分析和论证了它们内在的逻辑关系和数量关系，由此形成了一套科学合理的基于信息化水平的制造业企业工艺创新能力体系运行效果评价指标体系。

9.2.4 运行效果评价指标含义及计算

在确定制造业企业工艺创新能力体系运行效果评价指标体系中的指标时，因为制造业企业的规模和所处行业不尽相同，所以定量指标多数采用的是相对值指标，以使得制造业企业间工艺创新能力的评价具有可比性。

1. 工艺创新基础能力（a_1）评价指标含义及计算

（1）工艺创新信息化建设能力（a_{11}）

该指标包括 4 项具体评价指标，其指标含义及计算具体如下。

①工艺创新信息化投资比重 a_{111}：企业信息化建设需要投入大量的人力、财力、物力。信息化的投资比重将极大地影响企业信息化的程度。在信息化方面，运行良好的企业通常投资力度较大，信息化的成功又使该企业运行得更好，形成良性循环。实证选择样本企业 2008—2010 年的相应测度值。其计算公式为：

$$\text{信息化投资比重}=\frac{\text{企业信息化投入总额}}{\text{企业固定资产投资总额}}\times 100\% \tag{9-1}$$

②工艺创新信息化制造设备比重 a_{112}：该比值是企业使用的工艺创新信息化制造设备总值与企业制造设备总值之比。实证选择样本企业 2008—2010 年的相应测度值。其计算公式为：

$$\text{工艺创新信息化制造设备比重}=\frac{\text{工艺创新信息化制造设备总值}}{\text{企业制造设备总值}}\times 100\% \tag{9-2}$$

③工艺创新信息化软件系统比重 a_{113}：该比值是企业采用的工艺创新信息化软件数量与企业采用的软件系统总数之比。实证选择样本企业 2008—2010

年的相应测度值。其计算公式为：

$$工艺创新信息化软件系统比重=\frac{工艺创新信息化软件数量}{企业采用的软件系统总数}\times 100\% \quad (9-3)$$

④工艺信息数据库建设水平 a_{114}：该比值是企业制造资源、工艺参数等能以适当的形式建立能够广泛共享的工艺信息数据库的标准化水平。通过调查问卷由企业工程师填写获得。实证选择样本企业 2008—2010 年的相应测度值。

(2) 工艺创新信息化应用能力（a_{12}）

该指标包括 4 项具体评价指标，其指标含义及计算具体如下。

①工艺创新信息化手段覆盖率 a_{121}：该值是企业工艺创新过程中采用信息化的领域总数与企业工艺创新过程的领域总数之比。实证选择样本企业 2008—2010 年的相应测度值。其计算公式为：

$$工艺创新信息化手段覆盖率=\frac{工艺创新过程采用信息化领域总数}{企业工艺创新过程领域总数}\times 100\% \quad (9-4)$$

②工艺创新计算机辅助设计应用率 a_{122}：该值是企业工艺创新中采用计算机辅助设计总数与企业工艺过程设计总数之比。实证选择样本企业 2008—2010 年的相应测度值。其计算公式为：

$$工艺创新计算机辅助设计应用率=\frac{工艺创新采用计算机辅助设计总数}{企业工艺过程设计总数}\times 100\% \quad (9-5)$$

③工艺创新计算机辅助制造应用率 a_{123}：该值是企业工艺创新中的计算机辅助制造总数与企业制造总数之比。实证选择样本企业 2008—2010 年的相应测度值。其计算公式为：

$$工艺创新计算机辅助制造应用率=\frac{工艺创新采用计算机辅助制造总数}{企业制造总数}\times 100\% \quad (9-6)$$

④工艺创新办公自动化水平 a_{124}：该值是工艺创新办公借助先进技术设备来提高工艺创新工作效率和质量的水平，如信息流程的跟踪与监控、文档共享、会议管理、签报管理、信息集成、信息发布、业务讨论、电子邮件、个人数据管理、档案管理、人力资源管理、决策支持等。通过调查问卷由企业工程师填写获得。实证选择样本企业 2008—2010 年的相应测度值。

2. 工艺创新投入能力（a_2）评价指标含义及计算

（1）工艺创新人力投入（a_{21}）

该指标包括两项具体评价指标，其指标含义及计算具体如下。

①工艺创新人员比重 a_{211}：该值是企业从事工艺创新的人员总数与企业职工总数之比。实证选择样本企业 2008—2010 年的相应测度值。其计算公式为：

$$工艺创新人员比重=\frac{从事工艺创新的人员总数}{企业职工总数}\times 100\% \quad (9-7)$$

②工艺创新 R&D 人员比重 a_{212}：该值是企业从事工艺创新的 R&D 人员总数与从事工艺创新的人员总数之比。专业人员是指专门从事工艺创新活动的工程师、生产工艺技术人员的总人数。实证选择样本企业 2008—2010 年的相应测度值。其计算公式为：

$$工艺创新\ R\&D\ 人员比重=\frac{从事工艺创新\ R\&D\ 人员总数}{从事工艺创新的人员总数}\times 100\% \quad (9-8)$$

（2）工艺创新财力投入（a_{22}）

该指标包括 3 项具体评价指标，其指标含义及计算具体如下。

①工艺创新 R&D 经费比重 a_{221}：该值是企业工艺创新 R&D 经费投入总额与产品销售收入总额之比。实证选择样本企业 2008—2010 年的相应测度值。其计算公式为：

$$工艺创新\ R\&D\ 经费比重=\frac{工艺创新\ R\&D\ 经费投入总额}{产品销售收入总额}\times 100\% \quad (9—9)$$

②技术引进与技术改造经费比重 a_{222}：该值是企业在从事工艺创新过程中用于技术引进与技术改造的费用总额与产品销售收入总额之比。实证选择样本企业 2008—2010 年的相应测度值。其计算公式为：

$$技术引进与技术改造经费比重=\frac{技术引进与技术改造费用总额}{产品销售收入总额}\times 100\% \quad (9-10)$$

③工艺创新教育培训经费比重 a_{223}：该值是企业在从事工艺创新过程中用于教育培训经费支出总额与产品销售收入总额之比。实证选择样本企业 2008—2010 年的相应测度值。其计算公式为：

$$工艺创新教育培训经费比重=\frac{工艺创新教育培训经费总额}{产品销售收入总额}\times 100\% \quad (9-11)$$

(3) 工艺创新设备投入 (a_{23})

该指标包括 2 项具体评价指标，其指标含义及计算具体如下。

①微电子设备比重 a_{231}：该值是企业微电子控制设备占生产经营用设备原价比重，用以衡量企业劳动手段的先进程度和设备更新状况。实证选择样本企业 2008—2010 年的相应测度值。其计算公式为：

$$\text{微电子设备比重}=\frac{\text{微电子控制设备原价值}}{\text{生产经营用设备原价值}}\times 100\% \tag{9-12}$$

②机器设备和软件比重 a_{232}：该值是企业用于机器设备和软件的经费占工艺创新费用的比重，用于衡量工艺创新设备的投入水平。实证选择样本企业 2008—2010 年的相应测度值。其计算公式为：

$$\text{机器设备和软件比重}=\frac{\text{机器设备和软件经费}}{\text{工艺创新费用总额}}\times 100\% \tag{9-13}$$

3. 工艺创新实施能力 (a_3) 评价指标含义及计算

(1) 工艺创新研发能力 (a_{31})

该指标包括 4 项具体评价指标，其指标含义及计算具体如下。

①工艺创新专利申请量比重 a_{311}：该值是企业工艺创新专利申请量占行业专利申请量总量的比重。实证选择样本企业 2008—2010 年的相应测度值。其计算公式为：

$$\text{工艺创新专利申请量比重}=\frac{\text{工艺创新专利申请量}}{\text{行业专利申请总量}}\times 100\% \tag{9-14}$$

②企业工艺创新产品率 a_{312}：该值是企业经过工艺创新生产出的产品种类与企业生产的全部产品种类之比。实证选择样本企业 2008—2010 年的相应测度值。其计算公式为：

$$\text{企业工艺创新产品率}=\frac{\text{经过工艺创新生产出的产品种类}}{\text{企业生产的产品种类}}\times 100\% \tag{9-15}$$

③引进工艺技术的改进率 a_{313}：该值是企业对引进工艺技术的改进数量与企业引进工艺技术的总数之比。实证选择样本企业 2008—2010 年的相应测度值。其计算公式为：

$$\text{引进工艺技术的改进率}=\frac{\text{引进工艺技术的改进数量}}{\text{企业引进工艺技术的总量}}\times 100\% \tag{9-16}$$

④新工艺开发成果数量比重 a_{314}：该值是企业采用新工艺成功开发出成果的数量与企业采用新工艺开发成果的总数（其中包括采用新工艺已开发出成果数量和未开发出成果数量）的比值。实证选择样本企业 2008－2010 年的相

应测度值。其计算公式为：

$$新工艺开发成果数量比重=\frac{新工艺成功开发成果数量}{新工艺开发成果总数}\times100\% \quad (9-17)$$

（2）工艺创新制造能力（a_{32}）

该指标包括 4 项具体评价指标，其指标含义及计算具体如下。

①生产设备的技术水平 a_{321}：该值反映企业现有生产工艺设备在同行业中所处的地位，反映其对企业工艺创新所起的作用。通过调查问卷由企业工程师填写获得。实证选择样本企业 2008—2010 年的相应测度值。

②工艺人员技术等级 a_{322}：该值是反映企业工艺人员的素质。本书根据国家划定的技术等级（初级工、中级工、高级工、技师、高级技师）标准来衡量该项指标。通过调查问卷由企业管理人员填写获得。实证选择样本企业 2008—2010 年的相应测度值。

③先进工艺技术采用率 a_{323}：该值是在企业产品生产中，接受并采用先进工艺技术的产品种类比例。实证选择样本企业 2008—2010 年的相应测度值。其计算公式为：

$$先进工艺技术采用率=\frac{采用先进工艺技术的产品种类}{企业生产的产品种类}\times100\% \quad (9-18)$$

④工序质量控制水平 a_{324}：该值是工艺过程中需要重点控制的质量特性、关键部位或关键项目，在一定时期内、一定条件下强化管理，使工序处于受控制的程度。通过调查问卷由企业工程师填写获得。实证选择样本企业 2008—2010 年的相应测度值。

（3）工艺创新管理能力（a_{33}）

该指标包括 4 项具体评价指标，其指标含义及计算具体如下。

①企业领导工艺创新欲望和责任心 a_{331}：该值反映企业领导对工艺创新的重视程度。通过调查问卷由企业领导填写获得。实证选择样本企业 2008—2010 年的相应测度值。

②工艺创新部门之间的配合与协作程度 a_{332}：该值反映工艺创新各部门间的沟通协作对工艺创新的促进作用。通过调查问卷由企业项目主管填写获得。实证选择样本企业 2008—2010 年的相应测度值。

③企业对工艺创新活动的有效控制程度 a_{333}：该值反映在工艺创新过程中，以比较少的人力、财力和物力，较少的精力与时间使工艺创新的各项活动处于控制状态的程度。通过调查问卷由企业领导和企业工程师填写获得。实证选择样本企业 2008—2010 年的相应测度值。

④组织文化和氛围对工艺创新的适合程度 a_{334}：该值反映工艺创新的内部环境和氛围，具体表现为制造业企业对工艺创新所持有的态度。通过调查问卷由企业领导和企业总工程师填写获得。实证选择样本企业 2008—2010 年的相应测度值。

（4）工艺创新服务能力（a_{34}）

该指标包括 3 项具体评价指标，其指标含义及计算具体如下。

①产品故障诊断工艺服务水平 a_{341}：该值反映通过对产品故障状态信息的分析处理，找出故障的原因并给出处理意见的水平。根据故障的分析结果，提供维修工具信息、更换零部件信息或维修网点信息。通过调查问卷由企业专门技术人员填写获得。实证选择样本企业 2008—2010 年的相应测度值。

②产品拆装维修工艺服务水平 a_{342}：该值反映根据拆装维修的需要和产品零部件结构关系对局部装配单元的拆装维修顺序关系进行描述，对常规故障的拆装维修过程进行计算机辅助工艺规划，并随时更新的水平。通过调查问卷由企业专门技术人员填写获得。实证选择样本企业 2008—2010 年的相应测度值。

③产品回收处理工艺服务水平 a_{343}：该值反映产品回收处理，主要是废旧产品的收集、废旧产品的再加工、零件拆用、材料回收、废弃物处理等的水平。此时的工艺服务就是提供与拆卸和回收设计有关的各种信息。通过调查问卷由企业专门技术人员填写获得。实证选择样本企业 2008—2010 年的相应测度值。

4. 工艺创新产出能力（a_4）评价指标含义及计算

（1）工艺创新经济效益（a_{41}）

该指标包括 5 项具体评价指标，其指标含义及计算具体如下。

①工资成本降低率 a_{411}：该值是企业由工艺创新所带来的工资成本降低额与工资成本总额之比。实证选择样本企业 2008—2010 年的相应测度值。其计算公式为：

$$\text{工资成本降低率}=\frac{\text{工资成本降低额}}{\text{工资成本总额}}\times 100\% \qquad (9-19)$$

②材料能源消耗降低率 a_{412}：该值反映企业由工艺创新所带来的材料能源消耗的降低量与材料能源的消耗量之比。实证选择样本企业 2008—2010 年的相应测度值。其计算公式为：

$$\text{材料能源消耗降低率}=\frac{\text{材料能源消耗的降低量}}{\text{材料能源的消耗量}}\times 100\% \qquad (9-20)$$

③废品降低率 a_{413}：该值反映由工艺创新带来的废品数量减少额与出现废品总数量之比。实证选择样本企业 2008—2010 年的相应测度值。其计算公式为：

$$废品降低率=\frac{出现废品数量的减少额}{出现废品的总数量}\times 100\% \tag{9-21}$$

④劳动生产率提高幅度 a_{414}：该值反映企业由工艺创新所带来的劳动生产率提高的程度。其中，劳动生产率是指劳动者在生产中的劳动效率。实证选择样本企业 2008—2010 年的相应测度值。其计算公式为：

$$劳动生产率=\frac{产品产量}{劳动消耗量}\times 100\% \tag{9-22}$$

⑤工艺创新技术输出收入比重 a_{415}：该值反映企业工艺创新技术创造的输出收入总额与产品销售收入总额之比。实证选择样本企业 2008—2010 年的相应测度值。其计算公式为：

$$工艺创新技术输出收入比重=\frac{工艺创新技术创造的输出收入总额}{产品销售收入总额}\times 100\% \tag{9-23}$$

（2）工艺创新社会效益（a_{42}）

该指标包括 4 项具体评价指标，其指标含义及计算具体如下。

①工艺创新对减少环境污染的影响程度 a_{421}：该值反映企业由于采用了工艺创新而使得废气污染物的生产和排放减少的程度。通过调查问卷由企业领导和企业工程师填写获得。实证选择样本企业 2008—2010 年的相应测度值。

②工艺创新扩散程度 a_{422}：该值反映企业工艺创新进入市场后引起其他企业的模仿而使得工艺创新广泛扩散的程度。通过调查问卷由企业领导和企业工程师填写获得。实证选择样本企业 2008—2010 年的相应测度值。

③职工劳动强度的减轻率 a_{423}：该值反映企业当前的平均劳动时间和平均能量代谢与原有的平均劳动时间和平均能量代谢之比的减轻比率。实证选择样本企业 2008—2010 年的相应测度值。其计算公式为：

$$职工劳动强度的减轻率=1-\frac{当前平均劳动时间率\times 3+当前平均能量代谢率\times 7}{原来平均劳动时间率\times 3+原来平均能量代谢率\times 7}\times 100\% \tag{9-24}$$

④职工劳动安全的提高程度 a_{424}：该值反映企业工艺创新对机械设备的管理、使用及维修保养等的提高使职工劳动安全得到保障的程度。通过调查问卷由企业领导和企业工程师填写获得。实证选择样本企业 2008—2010 年的相应测度值。

9.3 工艺创新能力体系运行效果评价方法的确定

9.3.1 选择模糊神经网络综合评价模型的依据

评价指标既包括定量指标也包括定性指标，评价结果具有模糊性，基本属于定性的描述，这就是基于信息化水平的制造业企业工艺创新能力体系运行效果评价体系的特点。目前，关于这类评价问题，层次分析法和模糊综合评价法是比较常用的方法。但是，这两种方法在运用上都有一定的困难，层次分析法需要获得有关专家的偏好及判断矩阵，而模糊综合评价法需要获得关系矩阵。随着对计算方法研究的不断深入，近年来的评价研究中出现了诸如神经网络（NN）、模糊神经网络（FNN）等评价方法。其中，神经网络具有学习功能，但神经网络不擅长处理语言型变量；而模糊神经网络则兼具了神经网络和模糊逻辑的相关优点，具有学习能力，同时还可以处理语言型变量。

模糊神经网络模型能够有效实现定性描述与定量数据之间的转换；能够确定模糊神经网络模型的结构，通过对参与评价样本的学习，能够将专家的知识和经验通过权值和阈值的变化体现出来；能够使系统误差达到一定的精度要求，具有收敛性；能够进行进一步的样本学习和实现动态跟踪评价。利用模糊神经网络进行评价，可以通过学习案例，充分利用以往决策的案例来获得决策者关于评价问题的知识。模糊神经网络模型评价的关键就在于建立样本数据集，这其中包括两个方面，即从以往的决策案例中获得包含决策者经验的数据以及对语言型变量的处理方法。为了解决这一问题，本书通过数值变量获取模糊规则，根据模糊规则构建简化的神经网络，然后通过学习建立系统模型。这样，当需要对一组数据进行决策时，在已训练好的模糊神经网络系统中输入实际数据，就可以得到与决策者本人的决策结果一致的评价结论了。

9.3.2 模糊神经网络综合评价模型的评价思路

作为模糊理论与神经网络相结合的产物，模糊神经网络（Fuzzy Neural Network，FNN）集学习、识别、联想、自适应及模糊信息处理于一体，汇集了神经网络与模糊理论的优点。模糊理论与神经网络技术的结合具有一定的数学基础，其中，模糊系统可视为一种结构型数字估计器，而神经网络系统可视为一般的函数估计器。因此，模糊理论与神经网络都拥有相同的正规数学特性，而且享有同一状态空间，具有一般自适应模型无偏估计的作用。所谓模糊神经网络技术，就是对人类的经验和知识进行数字化的模糊处理，将从数据库样本中直接提取的经验规则和神经网络的映射处理结合起来，并对其进行智能控制和智能信息处理的技术。利用相应的模糊系统来初始化神经网络结构，同时，神经网络能实现模糊逻辑推理，这样可以使神经网络的学习速度得到极大提高。

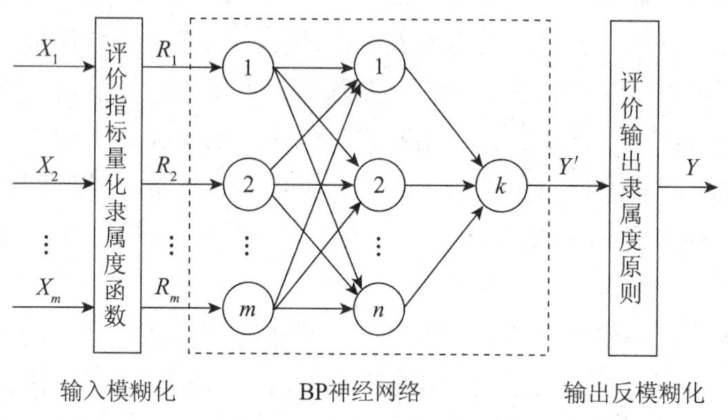

运行效果评价的模糊神经网络结构

上图即模糊神经网络结构，它具有学习能力，能够从评价实例中学习知识，实现评价功能。该网络包括输入模糊化层、BP 神经网络层和输出反模糊化层 3 层结构。根据模糊神经网络结构，当在系统中输入一组数据时，首先，各输入变量的隶属函数值在输入模糊化层被计算，同时模糊处理的结果值被输出；其次，在 BP 神经网络层中，对上一层模糊处理过后的数据进行网络训练和训练结果检验，此时，成熟的神经网络将被获取；最后，根据隶属度原则，在输出反模糊化层对具体数组实际运算所获取的结果进行反模糊化计算，并得到有效输出。该模型具有提取包含于样本数据中的专家经验和知识的能力，利用专家提供的实际范例来训练网络。因此，当对系统输入新的评价样本时，该模型可以像专家一样进行评价，并在输出层得到相应的评价结果。

9.4 工艺创新能力体系运行效果的模糊神经网络综合评价模型

9.4.1 数值型变量隶属度的确定

由于在基于信息化水平的制造业企业工艺创新能力体系运行效果评价指标体系中，既有数值型指标，也有语言型指标，为了使各指标在整个评价系统中具有可比性，必须对各指标进行处理，使其标准化，转化为无单位的变量，然后再将标准化的指标数据作为模糊神经网络的输入信号。本书的数值型变量都是越大企业工艺创新能力体系运行的效果就越好，可见，这些指标都属于正指标类，也即指标数值越大越好的指标。现采取一种二次抛物偏大型分布的数学模型描述：

$$f(x_i)=\begin{cases}0 & x_i \leqslant x_{\min} \\ \left[\dfrac{x_i-x_{\min}}{x_{\max}-x_{\min}}\right]^2 & x_{\min} \leqslant x_i \leqslant x_{\max} \\ 1 & x_{\max} \leqslant x_i\end{cases} \tag{9-25}$$

式中，$x_{\max}$指评价系统区域范围内某项指标的最大值；$x_{\min}$指评价系统区域范围内某项指标的最小值；x_i 指评价系统区域范围内某企业该指标的实际值。该模型实际就是“运行效果好”这个模糊集的隶属度，具有如下性质。

（1）严格单调性：在其评价系统区域范围内变化时，模糊集的隶属度严格单调。

（2）函数 $f(x)$中包含用于比较的标准值，即各企业某指标的最大值和最小值。

（3）当正指标数值较低时，隶属度随指标数值的增大而缓慢增大，随着正指标数值增大程度的提高，隶属度增大加速。

（4）$0 \leqslant f(x) \leqslant 1$，函数 $f(x)$刻画了“运行效果好”这个模糊集。

9.4.2 语言型变量隶属度的确定

语言型变量往往体现了决策者主观上的差异，因为语言型变量没有数值论域，具有模糊性，不同人对同样的数据会有不同的理解。可以连续变化的函数（如钟形函数）相对于直线型函数来说，更适合表示语言型变量。利用钟形函数，将主观上的差异用不同的曲线斜率来表示，具体可以用如下公式表示“高”、“中”、“低”：

$$
\begin{aligned}
&高=\frac{1}{1+e^{-wg_1(x-wc_1)}}\\
&中=\frac{1}{1+e^{-wg_2(x-wc_1)}}-\frac{1}{1+e^{-wg_3(x-wc_2)}}\\
&低=\frac{1}{1+e^{-wg_4(x-wc_2)}}
\end{aligned}
\tag{9-26}
$$

其中，wg_1、wg_2、$wg_3>0$，$wg_4<0$。

1. 参数 wc_i 的确定

将高、中、低的中心值用连续变化的整数 1、2、3（或 0、1、2 或 2、3、4、…）来表示，即模糊集合“高”用“3”表示，模糊集合“中”用“2”表示，模糊集合“低”用“1”表示。式（9－26）的 wc_i 就可以确定为 $wc_1=2.5$，$wc_2=1.5$。式（9－26）就可以写成式（9－27）：

$$
\begin{aligned}
&高=\frac{1}{1+e^{-wg_1(x-2.5)}}\\
&中=\frac{1}{1+e^{-wg_2(x-2.5)}}-\frac{1}{1+e^{-wg_3(x-1.5)}}\\
&低=\frac{1}{1+e^{-wg_4(x-1.5)}}
\end{aligned}
\tag{9-27}
$$

其中，wg_1、wg_2、$wg_3>0$，$wg_4<0$。

2. 参数 wg_i 的确定

根据式（9－27），模糊集合“高”、“中”及“低”的图形就可以根据给定的参数 wg_i 得到。令“高”$=f_1$，“中”$=f_2-f_3$，“低”$=f_4$，则由公式（9－26）可以计算出各模糊集合的导函数：

$$
\begin{aligned}
&高'=wg_1f_1(1-f_1)\\
&中'=wg_2f_2(1-f_2)-wg_3f_3(1-f_3)\\
&低'=wg_4f_4(1-f_4)
\end{aligned}
\tag{9-28}
$$

当 $wc_1=2.5$、$wc_2=1.5$ 时，即在相邻模糊集合的交点处，模糊集合的隶属度都是 0.5，与 wg_i 的数值无关。所以，当 $wc_1=2.5$、$wc_2=1.5$ 时，各隶属函数的斜率分别为：

“高”：在 $wc_1=2.5$ 处，斜率为 $0.25wg_1$；

“中”：在 $wc_1=2.5$ 处，斜率为 $0.25wg_2$；

在 $wc_2=1.5$ 处，斜率为 $-0.25wg_3$；

“低”：在 $wc_2=1.5$ 处，斜率为 $0.25wg_4$。

由此可见，交点处的斜率与参数 wg_i 是成正比关系的。另外，在评价过程中，不同专家对同一变量感觉上是存在差异的，因此，我们需要获得专家的偏好，也就是说，要知道专家所认为的“高”、“中”、“低”的含义是什么。在这里，不同的专家偏好可以表示为不同的模糊集合图形。可以请专家回答如下问题，通过向相关专家提问的方式获得 wg_i 的值：① 如果你认为“$x=$高”表示 1.0，那么你认为“$x=$中”表示多少？② 如果你认为“$x=$中”表示 1.0，那么你认为“$x=$高”表示多少？③ 如果你认为“$x=$中”表示 1.0，那么你认为“$x=$低”表示多少？④ 如果你认为“$x=$低”表示 1.0，那么你认为“$x=$中”表示多少？

通过专家对以上 4 个问题的回答，由式（9-29）即可推算出 wg_1-wg_4：

$$wg_1=2\ln\left(\frac{1}{a_3}-1\right),\ wg_2=2\ln\left(\frac{1}{a_1}-1\right)$$

$$wg_3=2\ln\left(\frac{1}{a_4}-1\right),\ wg_4=-2\ln\left(\frac{1}{a_2}-1\right) \tag{9-29}$$

对于系统中的语言型变量，不同 wg_i 值可反映出不同专家的偏好程度，得出不同的隶属函数形状，但这样做工作量很大。简单的做法是，请专家回答一组问题，就可根据对称性原则，计算出一个 wg_i（即专家回答不全为 0）来确定其余的 wg_i：$wg_1=wg_2=wg_3=-wg_4$，并将其用于所有的语言型变量。

9.4.3　系统精确输入的确定

当样本数据水平为“高”时，根据上图的模糊神经网络，则输入层相应的输入应为模糊集合 3。随截取值的不同，模糊集合 3 的论域也不同。如果截取值为 0.5，那么区间应为（2.5，3.5）。此时，可利用指标的隶属度来计算模糊神经网络的输入，该值应为区间内的某一精确数值。

由公式（9-27）可知，$高=\frac{1}{1+e^{-wg_1(x-2.5)}}$，故可由该公式计算出相应的论域值 x：

$$x=2.5-\frac{\ln\left(\frac{1}{高}-1\right)}{wg_1} \tag{9-30}$$

同理，对于模糊集合“低”，可计算出：

$$x=1.5-\frac{\ln\left(\frac{1}{\text{低}}-1\right)}{wg_4} \tag{9-31}$$

对于模糊集合“中”，其计算比较复杂，可以通过查找事先做好的隶属度与论域值的对应表，得到相应隶属度所对应的论域值。

综上所述，利用上述方法可以获得所有案例样本数据的精确输入值，根据输入值就可以利用模糊神经网络进行相应评价。

9.4.4 网络训练及评价功能的实现

BP 神经网络中的动力学过程有学习过程和计算过程两类。其中，学习过程，为了与环境信息相符合，将调整神经之间的连接权值，学习算法即连接权的调整方法；计算过程，将实现神经网络的活跃状态的模式变换。相比于计算过程，学习过程的速度较慢，因此，学习过程通常称之为慢过程，而计算过程称之为快过程。在所有样本数据的精确输入值被获得之后，样本知识就可以通过 BP 网络学习算法来进行学习。输入值在 BP 神经网络中首先传播到隐层单元，再经作用函数运算把隐层单元的输出信息传播到输出单元，最后便可得到输出值。每个单元的输出值均可按下列公式计算。

（1）输入单元的输出值：

$$O_{pi}=r_{pi} \qquad (p=1,\ 2,\ \cdots,\ s;\ i=1,\ 2,\ \cdots,\ m)$$

（2）隐单元的输出值：

$$O_{pj}=f(net_{pj}) \qquad (j=1,\ 2,\ \cdots,\ n)$$

$$net_{pj}=\sum_{i=1}^{m}w_{ij}\cdot O_{pi}-\theta_j \qquad (j-1,\ 2,\ \cdots,\ n)$$

（3）输出单元：

$$O_p=f(net_p)$$

$$net_p=\sum_{j=1}^{n}w_j\cdot O_{pj}-\theta$$

这里，$f(net_p)$采用 S 型作用函数：$f(net)=\frac{1}{[1+\exp(-net)]}$，通常，$-\theta_j$ 及 $-\theta$ 可以看成是虚拟神经元的输出。

对于样本模式 p，目标输出 b_p 与实际输出 O_p 之间的误差函数为 E_p：

$$E_p=\frac{1}{2}(b_p-O_p)^2$$

各样本的总误差为：

$$E=\sum_{p=1}^{n}E_p$$

当 $E<\varepsilon$ 时，意味着神经网络学习结束。

因此，评价模型的具体算法如下：

(1) 赋初值给网络连接权值 $w_{ij}(0)$、$w_j(0)$ 及神经元阈值 $\theta_j(0)$、$\theta(0)$。

(2) 对输入数据和目标数据输入样本模式。

(3) 按下列公式，从输出层开始调整权值及阈值：

$w_j(t+1)=w_j(t)+\eta\cdot\sigma_p\cdot O_j+\alpha[w_j-w_j(t-1)]$

$w_{ij}(t+1)=w_{ij}(t)+\eta\cdot\sigma_{pj}\cdot O_{pj}+\alpha[w_{ij}-w_{ij}(t-1)]$

$\theta(t+1)=\theta(t)+\eta\cdot\sigma_p+\alpha\cdot[\theta_j(t)-\theta(t-1)]$

$\theta_j(t+1)=\theta_j(t)+\eta\cdot\sigma_{pj}+\alpha\cdot[\theta_j(t)-\theta_j(t-1)]$

其中，η 表示学习效率且 $\eta\in(0,1)$，t 为迭代次数，α 表示动量因子，且 $\alpha\in(0,1)$，且有：

$$\sigma_p=(b_p-O_p)\cdot O_p\cdot(1-O_p)$$

$$\sigma_{pj}=O_{pj}\cdot(1-O_{pj})\cdot\sigma_p\cdot w_j$$

(4) 计算 E 值，当 $E<\varepsilon$ 时，则网络训练结束；否则，立即转 (3)。

(5) 停止，结束。

其中，w_j $(j=1,2,\cdots,n)$ 为隐单元 j 到输出层的连接权值；w_{ij} $(i=1,2,\cdots,m;\ j=1,2,\cdots,n)$ 为输入层第 i 层单元到隐含层第 j 单元的连接权值；θ 为输出单元的阈值；θ_j 为隐单元的阈值；O_p 为样本模式 P 的网络输出值；ε 为收敛值。

9.5 本章小结

本章首先分析了工艺创新能力体系运行效果评价的意义和目的，遵循系统性原则、相关性原则、实用性原则、可测量性原则和跟踪性原则，结合工艺创新能力体系运行效果评价指标体系的特点，建立了一套由工艺创新基础能力、工艺创新投入能力、工艺创新实施能力和工艺创新产出能力四个子系统组成的工艺创新能力体系运行效果评价体系，并确定了各子系统的评价指标含义及计算。

其次，选择模糊神经网络综合评价模型作为工艺创新能力体系运行效果评价方法，确定了模糊神经网络综合评价模型的评价思路。该网络包括输入模糊化层、BP 神经网络层和输出反模糊化层 3 层结构。

最后，根据工艺创新能力体系的特点，提出了工艺创新能力体系运行效果的模糊神经网络综合评价模型，并详细阐释了模糊神经网络综合评价模型的具体运算步骤，主要包括数值型变量隶属度的确定、语言型变量隶属度的确定、系统精确输入的确定、网络训练及评价功能的实现等。

10 基于信息化水平的工艺创新能力体系实证研究

实证研究是管理研究的重要方法，是阐释理论含义与检验理论成果的有效手段，具有发展理论概念、产生理论观点的重要作用。本章对哈尔滨锅炉厂有限责任公司（以下简称哈锅公司）的工艺创新能力体系建设情况进行了实证研究，客观地考察了其提升企业工艺创新能力的实践与经验，使本书前述章节中理论研究的主要结论得到了检验。

10.1 哈尔滨锅炉厂有限责任公司概况

10.1.1 哈锅公司总体概况

哈尔滨锅炉厂有限责任公司（以下简称哈锅公司）隶属于哈尔滨电气集团公司，始建于 1954 年，是新中国“一五”期间兴建的国家重点大型骨干企业，是中央直接管理的关系国家安全和国民经济命脉的国有重要骨干企业之一，被誉为共和国装备制造业的“长子”，是当今世界上研发、制造、服务最具规模的电站锅炉设备供应商之一。

经过半个多世纪的风雨兼程，哈锅公司目前已经发展成为以电站锅炉产品为主，以锅炉和汽轮机辅机、石化容器、核能设备及环保设备等产品为辅的特大综合型装备制造企业。电站锅炉年生产能力已达 30000 MW。多年来，哈锅公司设计制造的锅炉、压力容器均在 1000 台以上，装备了全国 360 多个电厂，并有部分产品出口到印度、俄罗斯、越南、巴西、土耳其、苏丹等 20 多个国家和地区，产品产量居全国首位。

哈锅公司注重科技创新，着力于制造业企业核心竞争力的提升。哈锅公司依托技术研发平台，坚持引进技术与消化、吸收相结合，大力推进制造业企业自主创新，科研开发取得了丰硕成果，产品设计制造技术迅速跨入世界先进水平行列。面对未来，哈锅公司将继续积极承担起振兴民族电力装备制造业的重任，以国际化的视野，为人类创造光明和绿色、节能产品，打造“诚信、高效、和谐”的现代制造业企业，向“中国最好，世界一流”的目标努力奋进。

10.1.2 哈锅公司信息化现状

早在20世纪70年代，哈锅公司就开始了计算机方面的应用，但直到2000年才确立了企业信息化规划。哈锅公司早期的信息技术应用为后续的应用开发提供了良好的环境基础。哈锅公司自信息化建设以来，紧紧把握哈锅公司的实际和信息化建设规律，提出了信息化工作要提高系统管理的有效性，进行管理创新，抓好基础工作，强调效果导向的工作要求。近几年从事制造业信息化领域的相关工作如下。

1. CAD、CAE方面

PDMS应用实现了新的出图方式，使三维设计和车间加工有机结合起来，在生产的燃烧器喷口管屏部件上开始应用；进行了高压加热器性能计算软件的开发和编制，研究了图纸焊缝标识属性化并带有焊缝相关信息的可行性。

2. CAM方面

实现了下料操作的自动化与信息化，快速地把原材料、切割设备、人员等资源进行整合，并统一进行管理，实现了以指导生产为核心的管理思想，与车间生产作业计划及实际调整密切结合的工作方式。通过报表的形式实现原材料的集中管理及余料的再利用，以“按生产预期预排样并生成报表”来管理和监督生产单位的材料利用率，并进行管理和考核，与实际生产密切结合，使用简单便捷，有效地提高了材料利用率与生产效率。

3. CAPP方面

实现了CAPP软件升级到2008版本的工作，提高了设计工艺效率和质量；进行了标准部件材料定额编制程序的开发工作；实现了工装产品的BOM、标准部件BOM进入数据库工作，公司全面实现了BOM数据管理与应用；开发了集箱管接头计算机排料程序，有效提高了小管子材料利用率、降低了成本，缩短了制造周期，每年可为公司节约88.68万元。

4. 管理信息化方面

组织研究开发电子图纸签名及流程管理系统，突破了传统图文档管理模式，设计资料取消了晒兰图，改为全部出白图；实现了对电子图纸进行成批签名，从而极大提高了工作效率。省去了设计处出蜡纸的环节，缩短了技术准备周期。项目管理部门通过网络查询相关数据走向，掌握控制生产技术准备环节，避免相互之间的扯皮现象，有利于工作的顺利推进和公司技术的保密。

5. 生产信息化方面

不断探索和实践生产车间信息化应用，完成了车间管理软件开发工作，并于 2010 年 6 月份在 3 个分厂完成了试点工作，进行正式运行。具备了分厂计划编制、工票开制、完工信息维护、外协工序计划管理、零件库管理以及进行各种统计等功能，可充分共享工艺、清单及生产计划等信息，提高了计划编制准确率及速度；生产任务信息方便快捷查询，提高了生产组织水平，资源共享提高了数据的可复用性，减少了生产数据整理工作量。完善了生产信息平台，通过 FTP 技术，实现了分厂生产作业计划、轮班作业计划、关键产品关键工序节点计划等信息的共享，提高了生产组织的工作效率。实现“甩图纸”试点工作，选择以机械加工工艺为主的分厂，配备电脑终端和大屏幕显示器，技术工人加工时可调阅电子版图纸。

10.1.3 哈锅公司工艺创新现状

哈锅公司是依靠成套引进国外技术与设备建设起来的国有特大型企业。在半个多世纪的建设和发展中，哈锅公司紧紧依靠科技创新，不断提升核心竞争力，保持了经济效益的稳步增长。哈锅公司在技术领先和产业进步方面发挥了带动力和影响力，走出了一条独具特色的引进消化吸收再创新的成功之路。哈锅公司的成功，很大程度上得益于重视科技创新工作的开展。

1. 工艺设备创新

目前，哈锅公司的工艺装备已达到世界先进水平。为满足高新产品生产要求，哈锅公司先后引进了处于国内先进水平的设备（如系统弯管生产线、卧式成排弯、100 吨变位机、500 吨焊接滚轮架、高低温连续热处理炉等），同时还对现有设备进行改造，大大提高了哈锅公司的生产能力和制造水平。在玉环、营口等工程中，哈锅公司立足现有条件，大胆创新，一举攻克了 SUPER304H、SA-335P122、HR3C 等新材料的制造难关，使公司在新材料和新工艺应用方面达到了世界先进水平，成功地探索出了可行的焊接方法和具体规范。

2. 工艺自主创新

在哈锅公司，创新始终是“现在进行时”。在“九五”、“十五”期间，哈锅公司参与了多项国家重点科技攻关项目建设。仅 2005 年，哈锅公司共完成国家及省市级科研项目 8 项、新产品开发 12 项、新产品试制 16 项以及公司内科研课题 43 项。同时，哈锅公司承担的“863 计划项目——超超临界锅炉关键技术研究课题”、“13.5 万千瓦循环流化床锅炉”和“气化炉、废热锅炉和蒸汽过热器研制”等国家级重大科研项目均顺利通过验收和鉴定。近年来，“哈锅牌”产品已成为让用户信赖、在市场上叫得响的品牌产品。

自主开发脱硫岛烟气加热器（GGH）。燃煤电厂的烟气脱硫问题已被列入环保重要日程，一直受到国家有关环保部门的关注。通过对国外脱硫技术的研究，哈锅公司凭借雄厚的技术实力开发出了烟气加热器，它是烟气脱硫环保设备，具有完全自主知识产权，填补了国内空白。

60 万千瓦垂直管圈水冷壁超临界锅炉技术填补了国内空白。60 万千瓦垂直管圈水冷壁超临界锅炉技术被哈锅公司一举攻破。该项技术符合我国国情，具有运行安全性高、成本低、技术可靠等优点，哈锅公司在该方面开辟出了属于自己的一片天地，达到了国际先进水平。

60 万千瓦超临界 W 火焰锅炉技术获专家好评。哈锅公司取得了英国三井巴布科克公司的技术支持，将现有成熟技术进行集成创新，顺利完成了对 60 万千瓦超临界 W 火焰无烟煤锅炉技术的开发，有效解决了无烟煤、贫煤难燃烧的问题。该技术有利于建设资源节约型、环境友好型社会。

3. 工艺管理创新

除了在产品技术方面不断创新突破外，企业内部管理的强化是哈锅公司为迎合我国电力行业“井喷式”发展需要而实现其制造能力跨越式发展的有效方法。

据了解，通过创新生产组织与管理，哈锅公司对计划进行科学合理的编排，采取“拉动式”管理方式，使该公司在行业内内部产能达到最大化，不断提高生产效率。同时，哈锅公司全力推进计划的执行、考核和落实，不断加强资料和材料的准备工作，充分发挥项目计划管理龙头作用。此外，哈锅公司还通过严格控制各项费用的支出、改进成本管理模式、降低运营风险等，使公司经济效益大幅提升。

哈锅公司提出了核心理念——建设“诚信、高效、和谐”的哈锅公司，在得到大发展的同时不断加强企业文化建设。对内，哈锅公司先后投入大量资金，用以增加职工收入、改善职工生活、关注职工利益，以人为本；设立“爱心扶贫基金”，帮助困难职工，连续七年开展为困难职工捐款活动；广泛开展青年志愿者、走访慰问等帮扶活动。对外，哈锅公司先后向灾区捐款316.7万元，积极履行社会责任。

10.2 哈锅公司信息化水平测度

10.2.1 数据采集及处理

企业信息化水平测度指标的原始数据的收集，主要是通过走访企业相关人员（其中包括企业高层管理人员或IT部门负责人或技术部门负责人）以及查阅相关财务报表、统计数据等方式，因此而获得了哈锅公司2008—2010年较为可靠的原始数据。企业信息化水平测度指标体系中的定量指标原始数据通过相关财务报表或相关企业年鉴资料直接获得，定性指标主要通过两位高层管理人员、两位IT部门负责人和两位技术部门负责人打分并求平均值获得。在变量的测量方式上，本研究采用Likert 7级量表对变量进行测量，即数字1、2、3、4、5、6、7分别表示“非常不重要”、“很不重要”、“稍微不重要”、“普通”、“稍微重要”、“很重要”、“非常重要”。出于对企业相关信息保密的考虑，原始数据值暂不列出，只提供无量纲化处理后的测度指标值，此处对原始数据的无量纲化采用极值法，最后得到的无量纲化数据具体如表10-1所示。

表10-1　制造业企业信息化水平测度指标的无量纲化数据

指标代码	x_1	x_2	x_3	x_4	x_5	x_6	x_7
2008	0.9104	0.7963	0.8814	0.7467	0.9863	0.9130	0.9419
2009	0.9552	0.9815	1.0000	0.9333	1.0000	0.8261	0.9651
2010	1.0000	1.0000	0.9627	1.0000	0.9795	1.0000	1.0000
指标代码	x_8	x_9	x_{10}	x_{11}	x_{12}	x_{13}	x_{14}
2008	0.9844	0.9455	0.8750	0.9130	0.9737	0.9798	1.0000
2009	0.8906	0.9273	1.0000	0.9565	1.0000	0.9642	0.9727
2010	1.0000	1.0000	0.8750	1.0000	0.9868	1.0000	0.9864
指标代码	x_{15}	x_{16}	x_{17}	x_{18}	x_{19}	x_{20}	x_{21}
2008	0.9686	0.8646	0.8194	0.6000	0.7500	0.9583	1.0000

续 表

指标代码	x_1	x_2	x_3	x_4	x_5	x_6	x_7
2009	0.9823	1.0000	0.6667	1.0000	0.7500	0.9444	0.8000
2010	1.0000	0.9792	1.0000	0.7500	1.0000	1.0000	0.8400

10.2.2 组合权重的确定

基于本书第 5 章测度方法的讨论，本书选择结合主观赋权法和客观赋权法对制造业企业信息化水平测度指标进行赋权。

1. 主观权重的计算

运用调查问卷法，从哈锅公司有关专家和技术人员处获得调查结果，并运用模糊标度法得到各级指标的权重，最后将两级指标权重向量加权得到变量的权值，具体结果如表 10 - 2 所示。

2. 客观权重的计算

对每一个一级指标内部的二级指标，分别采用熵加权的客观赋权方法得到一级指标内部的客观权重，具体结果如表 10 - 2 所示。

3. 组合权重的计算

主观赋权和客观赋权的算术平均值即为组合赋权，具体结果如表 10 - 2 所示。

表 10-2 制造业企业信息化水平测度指标权重确定

一级指标	主观权重	客观权重	组合权重	二级指标	主观权重	客观权重	组合权重	三级指标	主观权重	客观权重	组合权重
制造业企业信息化水平	1.0000	1.0000	1.0000	企业人员信息化水平 X_1	0.2990	0.6046	0.4518	大专以上学历员工的比重 x_1	0.2478	0.3351	0.2915
								专职信息技术人员的比重 x_2	0.2301	0.2952	0.2627
								信息化技能的普及率 x_3	0.2743	0.1567	0.2155
								电子化学习的员工覆盖率 x_4	0.2478	0.2129	0.2304
				产品研发信息化水平 X_2	0.3366	0.2700	0.3033	信息技术投入占研发支出的比重 x_5	0.3306	0.4120	0.3713
								研发过程信息技术的应用率 x_6	0.3554	0.2549	0.3052
								信息技术研发产品占企业总产品数比例 x_7	0.3140	0.3331	0.3236
				生产制造信息化水平 X_3	0.3124	0.3265	0.3195	生产过程计算机自动控制应用率 x_8	0.2909	0.4294	0.3602
								生产过程计算机自动控制质量水平 x_9	0.3273	0.3368	0.3321
								主要产品生产线或关键工序的数控比率 x_{10}	0.3818	0.2339	0.3076

续 表

一级指标	主观权重	客观权重	组合权重	二级指标	主观权重	客观权重	组合权重	三级指标	主观权重	客观权重	组合权重
制造业企业信息化水平	1.0000	1.0000	1.0000	经营管理信息化水平 X_4	0.3960	0.2195	0.3078	企业主要业务流程再造的程度 x_{11}	0.2529	0.3391	0.2960
								办公自动化水平 x_{12}	0.2644	0.2311	0.2478
								决策信息化水平 x_{13}	0.2529	0.1894	0.2212
								管理信息系统使用的覆盖率 x_{14}	0.2299	0.2404	0.2352
				企业商务信息化水平 X_5	0.3049	0.1759	0.2404	供应商关系管理系统建设和应用水平 x_{15}	0.3281	0.3184	0.3233
								客户关系管理系统建设和应用水平 x_{16}	0.3281	0.3184	0.3233
								电子商务建设和应用水平 x_{17}	0.3438	0.3632	0.3535
				企业信息化基础建设水平 X_6	0.3510	0.4035	0.3773	信息化投入占同期固定资产投入的比重 x_{18}	0.2841	0.2601	0.2721
								每百人计算机装备率 x_{19}	0.2500	0.2054	0.2277
								网络性能水平 x_{20}	0.2159	0.3101	0.2630
								信息安全技术操作水平 x_{21}	0.2500	0.2245	0.2373

10.2.3 测度结果及其分析

根据本书第 5 章中的测度方案，利用制造业企业信息化水平指数测度模型，对哈锅公司 2008—2010 年的信息化水平进行测度，其测度的具体结果如表 10-3 所示。

表 10-3 信息化水平指数测度结果

年份	企业人员信息化水平	产品研发信息化水平	生产制造信息化水平	经营管理信息化水平	企业商务信息化水平	企业信息化基础建设水平	综合测度结果
2008	36.16	45.69	59.99	33.38	36.88	21.37	37.21
2009	57.61	52.96	49.42	43.41	49.64	42.70	48.97
2010	74.47	65.81	63.52	62.51	70.03	90.01	73.06

从表 10-3 可以看出，哈锅公司 2008—2010 年信息化水平指数分别为 37.21、48.96、73.06，是逐年提高的，2009— 2010 年信息化水平提高幅度较大。从测度结果来看，哈锅公司的信息化水平是逐年提高的，且 2009—2010 年比 2008—2009 年提高幅度大，这说明企业信息化的“产出”或“利润”往往带有一种滞后性特征。从分项指标来看，2010 年哈锅公司的企业信息化基础建设水平、产品研发信息化水平、经营管理信息化水平和企业人员信息化水平都处于前 3 位。从这些分析可以看出，生产信息化和管理信息化之间的关系非常密切，并且两者是制造业企业信息化水平的重要组成部分。与此同时，企业人员信息化水平对制造业企业信息化水平的影响更为突出，这符合企业信息化中“信息化基础是前提，管理信息化是手段，人员信息化是核心”的思想。

10.3 哈锅公司工艺创新能力体系构建

发电设备行业的产品开发费和固定资产投资规模非常巨大，存在着规模经济效益和经验曲线效应，是技术和资金密集型的全球性产业。为更好地实现哈锅公司的创新效应，满足顾客的需求，哈锅公司建立了以工艺创新基础能力为前提、以工艺创新投入能力为基础、以工艺创新实施能力为核心、以工艺创新产出能力为关键的工艺创新能力体系，并通过工艺创新能力体系的有效运行实现了创新的高效率。

10.3.1 哈锅公司工艺创新基础能力

哈锅公司近年来不断推动信息化和工业化融合，以设计 BOM 和工艺 BOM 为主线进行了集成，充分利用信息技术提高防范风险和有效决策的水平，提高了企业技术创新、新产品开发能力，提高了管理工作效率和精细化程度，降低了人工成本、财务费用、物资消耗等，促进了企业转变发展方式，提高了发展质量，增强了核心竞争力。2009 年、2010 年公司的各项经营指标连续创造历史新高，尤其是 2010 年重新成为行业的排头兵，很大程度上得益于信息化工作的帮助。

1. 工艺创新信息化建设能力方面

哈锅公司对硬件设备（包括计算机设备、交换机等）的总投资累计约 400 万元，厂内的光纤网、局域网等网络建设已经完成。从技术改革的角度来看，累计总投资额为 1000 多万元，其中每年更新的软硬件设备为 200 万～300 万元。主要完成的 IT 基础设施建设有：①开发和建设公司 Internet 接入系统；② 主要部门计算机网络建设；③ 计算机及相关设备维护维修管理，其中计算机及外设修理 1511 台次，排除计算机软故障 1101 台次；计算机主机及外设入厂检测 806 台套，硬件安装 376 台次，软件安装调试 620 台次；完成 469 台组装计算机的选型、组装、调试工作；完成 23 台计算机升级 K62－300 的安装调试及软件安装工作；完成设计工艺部门 191 台 586、486 计算机重新安装调试及交付单位使用；④ CIMS 代码体系的研究和开发；⑤ 安全保密工作的落实，等等。

2. 工艺创新信息化应用能力方面

通过应用 PDMS，实现了新的出图方式，使三维设计和车间加工有机结合起来；组织研究开发了电子图纸签名及流程管理系统，突破了传统图文档管理模式，设计图纸资料全部实现了网上传递出白图；通过引进和实施 CAD、CAPP 和自行开发相关系统，改进了设计工艺流程，提高了工作效率和服务质量，明显缩短了产品的技术准备周期，大大地促进了设计和工艺能力的提升；推进实施了产品入库发运管理软件，使整个入库发运工作更加顺畅及时，提高了运营效率；组织开发和实施了分包产品管理软件，提高了工作质量和工作效率，有效堵住了管理漏洞；组织开发实施了采购申请单和付款审批单网上流转软件，改变了传统审批方式；组织开发实施了公司货款回收管理软件，保证了货款回收数据准确以及提高了统计分析水平；组织进行物资管理系统、OA 系统等项目的完善和维护，保障了生产经营管理正常运转，促进了管理精细化和降成本工作。

10.3.2 哈锅公司工艺创新投入能力

哈锅公司在支持工艺创新的投入上是不遗余力的，其一直保持着非常高的研发/销售投入比，按照自主研发、引进消化、博采众长的技术路线，以市场为导向，坚持产学研合作，发挥企业工艺（技术）创新的主体作用，实现了企业跨越式发展。

1. 工艺创新人力投入

从 2006 年开始，哈锅公司吸引了大量来自清华大学、中科大、西安交大、复旦大学、哈工大等一流高校的本科和硕士研究生以及博士研究生，这些人才成为哈锅公司宝贵的知识财富。同时，为了营造人才脱颖而出的环境，哈锅公司还颁布了《关于加强科技人才队伍建设的指导意见》，广泛吸纳国内外优秀人才，培养造就一批领军型科技人才；建立健全科技带头人的制度，在青年科技人才成长中发挥老专家、资深科技人才的“传帮带”作用，培养起用青年科技人才；建立技术要素和贡献参与分配的薪酬制度，加强对高技能人才的培养。

2. 工艺创新财力投入

哈锅公司逐步提高研发费用占销售收入的比例。大力推进自主开发产品知识产权保护工作，完善专利申报和奖励制度。为增强工艺自主创新能力，哈锅公司每年都拿出销售收入的 3%～5% 进行科技研发，不断加大对科研开发的投入。仅 2008 年哈锅公司科研投入资金就达到 10 亿元左右。为增加技术中心的工艺创新能力，在原有国内一流的试验条件基础上，哈锅公司不断加大对科研基础条件的资金投入，购进科研仪器，更新实验设施，逐步改善（工艺）技术人员的工作环境。哈锅公司充足的资金投入，保证了企业能够跟上国际先进的技术方法和技术理念，使企业始终能够站在行业技术前沿。

3. 工艺创新设备投入

哈锅公司秉着一流的技术装备支撑一流的技术水平的原则，瞄准世界先进水平，装备了包括精、大、稀设备在内的各种科研、试验、加工、检测等设备 6000 多台。哈锅公司建有 320 吨转子高速动平衡装置、4 兆电子伏特直线加速器、高水头水力试验台、8000 吨油压机、高精度水力机械通用试验台、转轮模型制造中心、高水头水力机械、重型火电产品型式试验站、长叶片、大型高效清洁煤燃烧锅炉热态、高压绝缘、W 型火焰炉膛的冷态模化、大型风力发电设备、低压透平等试验台，能够满足各种实验研究的需要。同时，哈锅公司引进了大量的先进软件（包括流体动力分析、结构分析、转子动力学等），掌握了先进的研究手段。这样的基础为哈锅公司创造了引进技术的消化吸收和再创新的条件。

10.3.3 哈锅公司工艺创新实施能力

哈锅公司不断提高产品的科技含量，一直坚持以调整产品结构为突破口，发展高效、节能的“绿色”发电设备，实现了产品系列化、产业多元化的发展。2009 年，哈锅完成工业总产值 125 亿元和生产电量 3000 万千瓦，实现营业收入 119.7 亿元，创下历史新高。

1. 工艺创新研发能力

哈锅公司建立了本企业独有的科研体系，成立了以“技术发展战略委员会”为核心的技术发展决策机构，构建了以博士后工作站、锅炉研究所、材料研究所、工艺研究所为核心的“一站三所”式科研平台，不断加大科技投入力度。与此同时，哈锅公司还与哈工大等科研院校合作，申报建设国家工程实验室。2009 年，哈锅公司成功投运自主研制的华能 9 台 67 万千瓦超临界塔式褐煤锅炉，并受到用户好评；评审了 7 项新产品设计方案，包括自主开发的 30 万千瓦 CFB 关键结构、超临界启动系统（不带泵启动）等，并保证了产品的设计性能；同时，国家能源领域专家认定哈锅公司自主开发的 35 万千瓦超临界贫煤锅炉（瑞金）、60 万千瓦和 100 万千瓦超超临界锅炉等新产品已达到了世界同类型产品先进水平。哈锅公司在 2009 年共完成自主技术开发工作 21 项，其中包括系列旋流燃烧器、新型高温受热面、切圆燃烧器等。哈锅公司成功地研发了具有自主知识产权的新技术和新产品，使其摆脱了引进技术的限制，进一步打开了更广阔的国内外市场。

2. 工艺创新制造能力

哈锅公司现已成为国内生产能力最大、最具规模的发电设备制造企业之一，在褐煤锅炉、“绿色锅炉”、核电方面均已形成自己的特色。哈锅公司不断丰富产品种类，坚持用领先产品引领市场消费，用品牌产品满足市场需求。2009 年，哈锅公司共完成了具有自主知识产权的新产品开发项目 13 项以及新产品试制 16 项。其中，新产品开发项目包括国内首台 35 万千瓦超临界褐煤锅炉、自主核电百万机组倒置式高压加热器、60 万千瓦等级 SCR 烟气脱硝装置、核电 AP1000 百万机组高压加热器和除氧器等；新产品试制包括 35 万千瓦和 66 万千瓦超临界褐煤锅炉、60 万千瓦超临界空冷机组高压加热器、30 万千瓦循环流化床锅炉、氨合成塔、30 万千瓦等级板式催化剂 SCR 烟气脱硝装置等。

3. 工艺创新管理能力

哈锅公司自 1954 年建厂以来，其管理体系发生了三次较为重大的改变：第一次是 20 世纪 50 年代后期，实行党委领导下的厂长负责制；第二次是 1985 年，实行厂长负责制；第三次是 1994 年，股份改革并成立了“哈尔滨锅炉厂有限责任公司”。哈锅公司在市场经济的实践中逐步形成了一整套适合企业发展的管理体系，在科技管理、生产管理、质量管理、人事管理等方面精细组织、不断完善，提高了企业的核心竞争力。哈锅公司的精细管理、苦练内功使其步入了快速发展的快车道。

4. 工艺创新服务能力

产品售后服务的好坏，关系到企业的形象和用户的满意程度。哈锅公司同许多企业一样，十分重视售后服务水平的提升，将工艺服务创新提高到战略高度。哈锅公司 2009 年共对 82 个电厂的 164 台锅炉进行了全方位服务，要求产品售后服务快速、准确、温馨、周到，系统化、规范化、个性化、网络化，使产品对环境的负面作用影响最小、资源效率最高，达到绿色服务标准。

10.3.4 哈锅公司工艺创新产出能力

“十一五”期间，哈锅公司以工艺技术创新为重点，工艺技术优化升级步伐不断加快，先后推出了一大批具有工艺自主知识产权的绿色环保产品，科研开发与工艺创新不断迈上新台阶。其中，成功投运国内首台（营口）600MW 超超临界锅炉、国内首台（玉环）百千瓦超超临界锅炉、国内首台（开远）300MW 循环流化床锅炉，这标志着在技术装备水平、工艺设计和制造工艺等方面，哈锅公司已跻身于世界先进行列。

1. 工艺创新经济效益

哈锅公司填补了国内空白，自主开发了一大批具有自主知识产权的新产品，如 600 MW 切圆燃烧超临界锅炉、300 MW 循环流化床锅炉、600 MW 超临界塔式褐煤锅炉、350 MW 超临界锅炉等，并占据了市场主导地位。生产投运的 100 余台 600 MW 及以上超临界、超超临界锅炉约占全国总量的

37%，位居国内行业之首。目前，哈锅公司生产的 600 MW 切圆燃烧超临界锅炉已率先出口到印度、俄罗斯等国家，已订货近 40 台；哈锅公司是唯一有 350 MW 超临界炉型运行业绩的企业，已订货 40 余台，投运近 10 台。

2. 工艺创新社会效益

哈锅公司的制造工艺战略规划，带来了现代制造文化的冲击；哈锅公司的工艺流程再造，提高了企业的制造能力，大幅度缩短了制造周期；哈锅公司的工艺信息化建设，大大提高了工艺工作的效率，使得工艺人员通过 CAPP 软件的应用可以从繁重的低价值劳动中解放出来，去从事对企业更有价值的其他工艺工作，同时 CAPP 的应用规范了工艺工作，成为了企业工艺知识库，解决了企业技术数据的重复录入和准确性以及一致性等问题，为企业成功实施应用 ERP 打下了坚实的基础，提高了各部门的工作效率。

10.4 哈锅公司工艺创新能力体系运行效果评价

10.4.1 输入和输出指标体系的设计

1. 输入指标

基于信息化水平的制造业企业工艺创新能力体系的有效运行，可以提升工艺创新整体能力，包括工艺创新基础能力、工艺创新投入能力、工艺创新实施能力和工艺创新产出能力等。要评定工艺创新能力体系的运行效果，可以从这四个方面出发构建企业工艺创新能力体系运行效果评价指标体系。具体如表 10－4 所示。

表 10－4　基于信息化水平的制造业企业工艺创新能力体系运行效果评价等级

运行效果评价等级	优	良	中	差
综合测评值范围	$Y_i \geq 0.8$	$0.6 \leq Y_i < 0.8$	$0.4 \leq Y_i < 0.6$	$Y_i < 0.4$

2. 输出指标

基于信息化水平的制造业企业工艺创新能力体系运行效果评价可分为优、良、中、差四个等级。

3. 输入/输出指标的模糊划分及隶属度

工艺创新能力体系运行效果评价指标体系的具体指标全部为语言型变量，

对各输入指标进行模糊划分，分别为“高”、“中”、“低”，并且其模糊集合的隶属度界定为：“高”∈[0.5，1.0]，“中”∈[0.5，1.0]，“低”∈[0.5，1.0]；输出指标的模糊划分为“优”、“良”、“中”、“差”，并且其模糊集合隶属度的界定，具体如表 10－4 所示。

10.4.2　数据的收集与处理

按照以上原则，本书向有关专家咨询、采集了 12 组样本数据，其中 10 组样本数据用于网络训练、2 组用于检验样本数据，另外，通过设计相应调研提纲以及与相应人员的访谈、车间走访等，获得了哈锅公司 2008—2010 年较为可靠的第一手原始数据，作为 3 组待测样本数据，并对样本数据进行了专家偏好处理，具体如表 10－5 和表 10－6 所示。

表 10－5　　经归一化处理的样本指标数据表

指标	1	2	3	4	5	6	7	8	9	10	①	②	※2008	※2009	※2010
a_{111}	0.76	0.59	1.00	0.92	0.57	0.72	0.16	0.38	0.83	0.69	0.76	0.36	0.54	0.39	0.80
a_{112}	0.80	0.85	0.66	0.83	0.22	1.00	0.16	0.36	0.46	0.76	0.85	0.40	0.58	0.84	0.56
a_{113}	0.86	1.00	0.58	0.76	0.76	0.54	0.60	0.60	0.46	0.86	0.76	0.68	0.76	0.46	0.80
a_{114}	0.85	0.72	0.75	0.86	0.84	0.68	0.27	0.82	0.64	0.83	0.89	0.62	0.62	1.00	0.86
a_{121}	0.85	1.00	0.86	0.66	0.68	0.82	0.84	0.84	0.68	0.82	0.67	0.62	0.62	0.73	0.86
a_{122}	0.86	0.47	0.52	0.86	0.79	0.82	0.32	1.00	0.56	0.89	0.84	0.84	0.54	0.90	0.80
a_{123}	0.82	0.96	0.89	0.85	0.73	0.59	0.32	0.56	0.57	1.00	0.78	0.54	0.68	0.54	0.68
a_{124}	0.89	0.71	0.73	0.72	0.86	0.84	0.26	1.00	0.34	0.86	0.78	0.43	0.54	0.54	0.88
a_{211}	0.69	0.70	0.76	0.89	0.92	0.78	0.36	0.36	0.78	0.69	1.00	0.68	0.68	0.68	0.68
a_{212}	0.79	0.76	0.62	0.67	0.86	0.79	0.24	0.49	1.00	0.80	0.82	0.36	0.54	0.36	0.84
a_{221}	1.00	0.72	0.77	0.75	0.83	0.32	0.26	0.37	0.49	0.72	0.89	0.40	0.58	0.74	0.54
a_{222}	0.87	0.92	0.78	1.00	0.67	0.56	0.39	0.32	0.59	0.82	0.82	0.50	0.58	0.68	0.84
a_{223}	1.00	0.68	0.72	0.68	0.89	0.52	0.36	0.86	0.53	0.85	0.81	0.70	0.50	0.76	0.82
a_{231}	0.89	1.00	0.83	0.86	0.92	0.59	0.32	0.76	0.59	0.87	0.78	0.82	0.74	0.78	0.82
a_{232}	0.83	0.87	0.90	1.00	0.65	0.39	0.29	0.86	0.48	0.86	0.79	0.88	0.28	0.84	0.66
a_{311}	0.80	0.82	0.95	0.73	0.86	0.26	0.39	0.86	1.00	0.80	0.26	0.82	0.82	0.24	0.82
a_{312}	0.51	0.49	0.69	0.63	1.00	0.37	0.25	0.56	0.53	0.58	0.79	0.52	0.52	0.56	0.52

续 表

指标	1	2	3	4	5	6	7	8	9	10	①	②	※$_{2008}$	※$_{2009}$	※$_{2010}$
a_{313}	0.86	0.42	1.00	0.70	0.86	0.86	0.24	0.24	0.86	0.86	0.28	0.86	0.24	0.85	0.86
a_{314}	0.53	0.34	0.45	0.74	0.89	1.00	0.29	0.50	0.38	0.56	0.52	0.52	0.52	0.73	0.52
a_{321}	0.67	0.28	0.55	0.82	1.00	0.54	0.34	0.67	0.56	0.59	0.79	0.50	0.64	0.73	0.64
a_{322}	0.78	0.83	0.56	0.89	1.00	0.34	0.36	0.34	0.28	0.86	0.89	0.24	0.24	0.95	0.70
a_{323}	0.89	0.76	0.68	0.88	0.78	0.89	0.24	1.00	1.00	0.86	0.74	0.88	0.88	0.98	0.88
a_{324}	1.00	0.89	0.38	0.82	0.69	0.35	0.24	0.89	0.86	0.86	0.86	0.88	0.88	0.74	0.88
a_{331}	0.83	0.87	1.00	0.85	0.25	0.37	0.16	0.89	0.89	0.89	0.89	0.88	0.88	0.60	0.88
a_{332}	0.86	0.66	0.52	0.52	0.77	0.63	0.22	0.83	0.86	0.79	0.86	0.60	0.84	0.79	0.84
a_{333}	0.86	0.26	0.28	0.88	0.86	0.86	0.32	0.89	0.68	0.63	0.82	0.66	0.66	0.74	0.84
a_{334}	0.84	1.00	0.84	0.65	0.67	0.84	0.84	0.84	0.63	0.84	0.63	0.62	0.62	0.73	0.86
a_{341}	0.79	0.76	0.64	0.64	0.85	0.77	0.24	0.46	1.00	0.72	0.84	0.36	0.54	0.36	0.84
a_{342}	0.87	0.78	0.59	0.84	0.72	0.89	0.24	1.00	1.00	0.89	0.78	0.88	0.88	0.98	0.88
a_{343}	0.79	0.48	1.00	0.92	0.58	0.77	0.16	0.49	0.80	0.69	0.84	0.36	0.54	0.39	0.80
a_{411}	1.00	0.76	0.69	0.72	0.84	0.26	0.19	0.34	0.47	0.78	0.87	0.40	0.58	0.74	0.54
a_{412}	0.88	1.00	0.59	0.78	0.74	0.56	0.62	0.62	0.49	0.88	0.77	0.68	0.76	0.46	0.80
a_{413}	0.82	0.99	0.88	0.86	0.74	0.56	0.18	0.56	0.56	1.00	0.69	0.54	0.68	0.54	0.68
a_{414}	0.87	0.45	1.00	0.72	0.84	0.84	0.28	0.28	0.89	0.89	0.29	0.86	0.24	0.85	0.86
a_{415}	0.63	0.24	0.59	0.80	1.00	0.66	0.16	0.66	0.52	0.52	0.77	0.50	0.64	0.73	0.64
a_{421}	0.56	0.49	0.66	0.66	1.00	0.34	0.26	0.50	0.50	0.50	0.79	0.52	0.52	0.56	0.52
a_{422}	0.84	0.73	0.73	0.86	0.88	0.66	0.28	0.88	0.63	0.85	0.85	0.62	0.62	1.00	0.86
a_{423}	0.88	1.00	0.80	0.64	0.64	0.88	0.84	0.84	0.63	0.88	0.63	0.62	0.62	0.73	0.86
a_{424}	0.69	0.62	0.70	0.92	0.92	0.69	0.34	0.49	0.69	0.69	1.00	0.68	0.68	0.68	0.68
运行效果	0.80	0.68	0.69	0.78	0.79	0.62	0.25	0.60	0.59	0.76	0.59	0.57	待求	待求	待求

表 10 - 6　　输出数据

单元	1	2	3	4	5	6	7	8
输出数据	0.80	0.68	0.69	0.78	0.79	0.62	0.25	0.60
单元	9	10	①	②	※$_{2008}$	※$_{2009}$	※$_{2010}$	
输出数据	0.59	0.76	0.59	0.57	待求	待求	待求	

10.4.3 网络结构的确定

只有对所选用的神经网络类型进行确定之后，才能进行神经网络训练。本书采用三层 BP 神经网络仿真工具，所设定的网络的各项参数如下。

1. 基本设置

基于信息化水平的制造业企业工艺创新能力体系运行效果评价指标体系有 39 个三级指标，因此，输入层节点为 39 个；基于信息化水平的制造业企业工艺创新能力体系运行效果评价得分值为输出层神经元，因此，输出层节点为 1 个；根据隐含层神经元的经验公式，确定网络隐含层节点数，$n=\sqrt{n_t+n_0}+\alpha$，其中，n 为隐含层神经元的个数，n_t为输入层神经元的个数，n_0 为输出层神经元的个数，α 为常数，且 $1<\alpha<10$。基于此，本书最终选取 12 为隐含层神经元数，其网络结构为 39—12—1。

2. 函数选择

训练神经网络时，其训练函数采用带有动量项的梯度下降算法 Traingdm，这种函数采用了动量或自适应学习，可减少训练时间；训练网络的学习函数采用 Learngdm，即附加动量项的梯度下降法反向传播学习规则；训练网络的传递函数采用 Tansig，为双曲正切 S 型。

3. 其他设置

预设系统警度为 5e—006，最大训练次数为 10000 次，步长为 0.01。

10.4.4 网络训练及其结果分析

本节将利用三层 BP 神经网络结构对上述基于信息化水平的制造业企业工艺创新能力体系运行效果进行评价测试。根据选定的网络和设定的各项参数，训练数据选取表 10 - 5 中前 10 组的指标数据及期望输出值，将其导入神经网络模型进行训练。网络训练经过 112 次训练结束。当任务完成时，系统总误差为 0.00031，小于给定的拟合误差 10^{-2}。将 2 组检验样本数据输入神经网络进行检验，检验结果具体如表 10－7 所示。

表 10－7　　神经网络训练学习结果检验

检验样本	原始数据	训练结果	绝对误差	相对误差
①	0.5900	0.590985	0.0010	0.167%
②	0.5700	0.568088	−0.0019	−0.335%

利用这个学习网络测算哈锅公司 2008—2010 年工艺创新能力体系运行效果，经仿真，得到的综合评价值分别为 0.4097、0.5489、0.7083。哈锅公司工艺创新能力体系运行效果评价的计算结果表明，能力体系运行效果在 2008 年、2009 年分别为 0.4097 和 0.5489，具有中等的运行效果。2010 年运行效果达到 0.7083，相比 2008 年提高 0.2986，相比 2009 年提高 0.1594，具有良好的运行效果。

从具体分析可以看出，该企业工艺创新基础能力不强，工艺创新投入不足，这导致企业工艺创新投入能力不强。但该企业已经具备了一定的工艺技术水平和工艺创新速度，因为工艺创新产出转化为效益还存在一定滞后性，所以企业工艺创新产品有可持续发展的后劲。企业工艺创新实施方面已初见效果，但尚需加强监管。总的来说，该企业还需要进一步完善企业工艺创新能力系统自组织建设，通过与环境的物质、信息、资金的交流，增强企业工艺创新能力，进一步提升创新价值。

需要说明的是，本书所采用的模糊神经网络综合评价方法，不像层次分析法、灰色聚类法等其他评价方法那样带有明显的主观成分和人为因素，而是一种非线性映射方法。它不需人为地确定权重，通过 MATLAB 的神经网络工具箱，将处理过的数据输入到网络中计算即可得到评价结果。整个评价过程减少了人为因素，使评价结果更有效、更客观，提高了评价的可靠性。但是，它也存在着一些缺点，比如神经网络模型的学习性能会受到学习样本数量和质量的影响、整个网络的学习能力和学习效率会受到隐含层神经元数的影响等。尽管如此，对非线性系统的综合评价来说，BP 神经网络模型所取得的丰硕成果仍是显而易见的。随着评价领域对模型的深入研究与应用，相信模糊神经网络综合评价模型可以为制造业领域其他类型的企业提供一种有价值的借鉴和参考，它将成为评价企业创新能力的有效办法。

10.5 本章小结

本章通过选取哈锅公司为实证案例，对哈锅公司的信息化与工艺创新概况进行了详细介绍。基于制造业企业信息化水平测度指标体系，通过数据收集，对哈锅公司的信息化水平进行测度。结果表明，生产信息化和管理信息化之间的关系非常密切，并且两者是制造业企业信息化水平的重要组成部分。与此同时，企业人员信息化水平对制造业企业信息化水平的影响更为突出，这符合企业信息化中“信息化基础是前提，管理信息化是手段，人员信息化是核心”的思想。

详细解析了该企业的工艺创新基础能力、工艺创新投入能力、工艺创新实施能力和工艺创新产出能力；基于制造业企业工艺创新能力体系运行效果评价体系，通过数据处理，对哈锅公司的工艺创新能力体系运行效果进行评价；最后对实证结果进行分析，实证结果表明该企业工艺创新基础能力不强，工艺创新投入不足，这导致企业工艺创新投入能力不强。但该企业已经具备了一定的工艺技术水平和工艺创新速度，因为工艺创新产出转化为效益还存在一定滞后性，所以企业工艺创新产品有可持续发展的后劲。企业工艺创新实施方面已初见效果，但尚需加强监管。同时还发现，所采用的模糊神经网络综合评价方法，不像层次分析法、灰色聚类法等其他评价方法那样带有明显的主观成分和人为因素，而是一种非线性映射方法。它不需人为地确定权重，整个评价过程减少了人为因素，使评价结果更有效、更客观，提高了评价的可靠性。

11 制造业企业工艺创新投融资模式研究

在20世纪70年代末80年代初开始的经济体制改革过程中，我国的投资体制也不断处于探索和完善过程，到2004年7月，经国务院批准的投资体制改革方案《国务院关于投资体制改革的决定》的颁布，标志着我国投资体制改革进入新阶段。制造业企业工艺创新投融资体制是我国投资体制的重要组成部分，在此过程中自然而然地一直在进行改革，资金短缺一直是制约工艺创新发展的瓶颈，因此，探索符合市场经济发展规律、多层次、多渠道和多模式的工艺创新投融资模式具有重要的理论和现实意义。本章首先研究制造业企业工艺创新领域的具体实践，总结出存在的问题及原因，分析制造业企业工艺创新的资金来源及融资方式，然后结合我国实际情况，研究我国制造业企业工艺创新投融资模式的具体选择，进而构建我国制造业企业工艺创新的投融资模式，为我国制造业企业工艺创新的投融资探索一个框架性的解决方案。

11.1 工艺创新投融资状况分析

改革开放30多年来，我国技术创新投融资的总量不断扩大，构成也从单一的财政拨款，丰富为财政、风险投资、银行和资本市场等多元化渠道并举的格局，制造业企业已经成为投融资的主体。我国经济所取得的30余年的高速增长，有赖于投融资机制对物质型资源配置、动员能力的快速提升。经济发展方式的转轨，必然要求投资机制加速转轨。工艺创新投融资在强度、结构、机制创新程度和外部条件等方面还面临着不可忽视的问题。

11.1.1 工艺创新投融资存在的问题

1. 工艺创新投资强度偏低

工艺创新投资的总量及其占比和强度，是全社会对工艺创新活动分配资源多少的具体体现。根据国家统计局、科学技术部、财政部联合发布的《2013年全国科技经费投入公告》，2013年全国共投入R&D经费11846.6亿元，比2012年增加1548.2亿元，增长15%；继2012年我国R&D经费总量突破万亿大关后，衡量大国科技投入水平的最为重要的指标——R&D投入强度首次突破2%。尽管这表明我国科技实力不断增强，但依然与美、日等发达国家存在一定差距，2006年美、日制造业这一指标为10%以上。相关数据还显示，2013年国家财政科学技术支出6184.9亿元，比2012年增加584.8亿元，增长10.4%，但财政科学技术支出仅占国家财政支出的比重为4.41%。

2. 工艺创新投资结构不优

（1）对工艺创新源头的政府投资不足

根据科技部统计，2014年，我国R&D占GDP比重约为2.1%的强度，2013年全国R&D经费投入中政府资金规模有所扩大，为2500.6亿元，比2012年增长12.6%，占全国R&D经费的比重为21.1%，而政府R&D投入占政府科技投入的比重应该在40%左右。

（2）能够切实发挥引导作用的政府科技产业化投资比重过低

各级政府设立的产业化计划种类不可谓不多，但从中央层面看，产业化计划经费量一般较少，有些几乎是仅有“荣誉”而无经费。地方产业化环节投入虽然占比较大，但依然以支持技术开发为多，对市场化投融资机构有带动力的投入，如创业投资引导基金、科技贷款风险补偿资金的比例偏低。

（3）投融资机构“物质型”投资占优，而“创新型”投资比重较低

从2007年开始，我国创业风险投资的主要投资领域由高新技术行业转变为传统产业、金融服务业等，且其投资总体向发展中后期阶段企业的偏移十分明显：截至2010年8月初，创业板上市公司获得151笔投资，上市前平均持股26.4个月，约90.73%的投资持股不足3年，52.32%的投资持股不足2年。银行贷款资产近年来的扩张凸显了“惯性”趋向：非金融部门中长期贷款增速较快的行业依次为住宿和餐饮、采矿业、批发和零售业、制造业、租赁和商务服务业以及房地产开发业等物质型资产密集行业。从上市公司资产结构来看，物质型资产比重高，无形资产比重过低（均在3%以下），且在主板、中小企业板和创业板之间的差异较小。比对美国情况，1982年，标准普尔500公司无形资产占总市值比重的38%，到2002年这一比重变为82%。

3. 工艺创新融资渠道单一

在工艺创新的发展中，资金发挥着先导性的作用，工艺创新成果能否最

终进入产业化过程，关键在于资金的投入。制造业企业工艺创新的融资特点如下：第一，资金需求量大。进行工艺创新的企业与一般企业相比，对自然资源的依赖程度低，但是对资金投入量的依赖程度高。从工艺创新企业的崛起到形成一定的产业规模，都需要投入大量的资金，因此工艺创新的融资特征首先表现为资金需求量大。第二，资金投入的风险性高。工艺创新独特的含义决定了这一过程的融资具有特殊性，即投入的初始阶段只是净投入，后阶段继续大量投入之后才能有产出。收益时间过程的滞后，使工艺创新融资的另一个特征表现为资金投入的风险性高，并且风险越大，预期收益越大。

目前，我国融资渠道狭窄，制造业企业融资供应大多数来自银行贷款，主渠道还是银行，而银行信贷对制造业企业来说是远远不足的。对于制造业企业的间接融资，主要来源于三个方面：国有商业银行、股份制商业银行、地方金融机构。从目前的情况看，尽管股份制商业银行和地方金融机构对制造业企业的贷款有所增长，但并未根本改变制造业企业所面临的信贷少的状况。对于占主要融资渠道地位的国有商业银行来说，为了降低经营成本、控制经营风险，都转向经营批发业务，重点支持自然垄断行业和大企业。而由于工艺创新过程的长期性，未来不确定因素很多，国有商业银行普遍认为工艺创新贷款风险大，倾向于给工艺创新短期贷款，最终导致短借长用，逾期贷款增加。同时，金融市场不够发达，竞争并不充分的环境决定了金融机构特别是银行对工艺创新是疏远的。市场垄断程度的打破是一个渐进过程，因此，在短期内，我国银行业的垄断程度也不可能发生实质性下降，不过能略有改进而已。正是因为我国银行业高度垄断，大型商业银行就可以借助自己对市场的控制力获得高额利润，低风险、高利润的项目成为它们追逐的对象。相反，工艺创新这种周期长、风险高的项目被它们大大忽略了。

4. 工艺创新资本市场发展不平衡

(1) 科技创新型企业直接融资比例较低

我国目前企业直接融资的渠道主要有股票和少量的企业债券以及为数不多的风险基金。在美国等发达国家，企业采用直接融资的方式，发行股票、债券等金融产品，这部分比重高达 25%。而在我国直接融资部分包括国债和直接融资两部分，其比重约占社会融资总规模的 25%，我国国债每年发行量很大，如将这部分融资排除在外，那么直接融资比例仅占 10% 左右。李子彬(2008) 指出，据统计，我国中小企业间接融资比例为 98%，通过资本市场直接融资的比例只有 2%。由于过分依靠间接融资，银行体系内部风险不能分散，过度集中，银行发展和宏观金融安全都存在隐患。所以，提高企业从资本市场的融资比例，有利于分散风险，促进经济良性循环。

（2）风险投资退出机制不健全

风险投资基金即充分利用企业的高成长性和丰厚的投资回报吸引风险投资，即用私募的方式扩股引资，获得企业发展需要的资金。取得风险投资的支持是制造业企业工艺创新获得发展资金的最佳渠道之一。因为风险投资家为企业提供的不仅是资金，在投资资金的同时，为了使其投资能够获得成功，还应向企业提供各种市场信息和经营管理方面的经验。风险资本的退出是风险资本循环必经的也是最重要的一个环节。风险投资能否成功最终取决于能否成功退出。创业投资体系的核心机制是风险投资退出机制，没有便捷的退出渠道，创业投资就难以良性运转。投资过程的最后阶段就是退出。为了从投资中赚钱，风险资本家需要将其在私人公司中的非流动性股权转换为已实现的收益。一般来说，盈利性最佳的退出方式就是 IPO，在 IPO 中风险资本家帮助公司进行股票的首次公开发行。

（3）风险投资的特点是投资者协助具有专门科技知识而缺乏资金的人创业并承担失败风险，甘冒风险而追求较高的投资回报

风险投资是风险投资家和技术专家利益共享、风险共担的一种投资机制。在高新技术企业创建期和成长期，风险投资的作用是不可替代的。目前，我国创业板市场已经起步，但是远未形成风险投资的特征。高科技企业存在产权不清的现象，机制制度等有待健全，加之风险资本退出渠道极其狭窄，制约了管理层收购和企业并购，和风险投资家退场时无法处置风险投资形成财产的所有权，从而影响资本的流动性和风险投资家及创业风险投资机构的积极性。风险资本能够循环产生利润的关键是风险资本的退出机制。如果缺少了这一环节，风险投资活动的链条就会中断，风险投资就无法实现投资增值和良性循环，也就无法吸引社会资本加入风险投资的行列。

（4）多层次资本市场间缺乏有效衔接

成熟完善的多层次资本市场，在市场规模上为“金字塔”结构，应当能够同时为大中小型企业提供融资平台和股权交易服务，可以满足不同类型企业的筹资需求，又能满足有不同偏好的投资者对投资成本、投资风险的需求，也能最大限度实现资本供求均衡，还能完善市场的退出机制。资本市场的不同层次对不同的企业有着不同的筛选机制。这些筛选机制可以形成一个完整的市场结构体系，保障企业有可能递进上市或递退下市。多层次的筛选机制

有利于保证上市公司的质量，为企业特别是中小企业提供更多的直接融资渠道，有助于风险投资的发展，促进我国证券市场的成熟和完善。

（5）我国目前的主板市场、中小企业板及技术产权交易市场都是相互独立的

市场独立和市场分割增加了企业的融资成本并减少了企业的融资效率。各市场间应该是互通的，各个层次的筛选机制应该是对接的，贯彻内容基本相同的标准，实施程度有异的方法，尽可能方便企业递进上市或递退下市。

11.1.2 工艺创新投融资存在问题的原因分析

导致制造业企业工艺创新投融资问题的原因是多方面的，是供求资金信息不对称、资本融资市场不健全、政府拓宽融资渠道力度不足、信贷担保体系不完善、创新融资法律法规不健全共同作用的结果。下面就这五个方面具体分析制造业企业工艺创新投融资问题的原因。

1. 供求资金信息不对称

由于时空的限制与信息的滞后性，制造业企业与资金持有者之间存在着不对称的信息。暂时转移或者让渡资金的所有权与使用权是制造业企业与投资者基于双方信誉进行的融资交易。资金双方由于不对称的融资信息容易导致道德风险、逆向选择等一系列引发资本市场混乱失灵等状况，这会严重扰乱制造业企业融资秩序，所以融资交易成功的关键是资金交易双方是否掌握了可信度高的市场信息。滞后性与不对称的资金信息是阻碍制造业企业进行企业外部融资的最大因素，也是制造业企业难以通过金融信贷机构贷款融资审核的主要原因。另外，大型制造业企业具有融资资金需求大、回报周期长等特点，导致金融信贷机构较为排斥批准制造业企业的融资需求。除此之外，部分制造业企业由于创新科研活动失败或者盈利能力较差，往往不按照融资贷款合同签订时的期限还款或者还不清融资贷款，更为严重的是，部分制造业企业在自身现金流充足的情况下，考虑到后期的科研活动而不按照合同规定偿还金融机构贷款，以上种种因素使得制造业企业在金融信贷机构的信用记录中留下不好的一面。金融信贷机构为了降低不良贷款比率与道德风险，节约监督费用，会要求制造业企业提供信用担保或者干脆将其拒之门外。所以，信息不对称是制造业企业融资约束存在的原因之一。

2. 资本融资市场不健全

债券市场在西方发达国家的企业融资中占据很大一部分比例，但是，在

中国特别是制造业企业中通过风险投资、发行债券等方式进行融资的作用很小，而且效率相对低下。企业进行创新活动融资的主要形式是股票股权融资与银行贷款。上市的制造业企业在股票市场的创业板块或者主板上能够获得有限的融资规模，面向制造业企业的资本融资市场不够完善。我国股票市场有着严格的准入制度与 IPO 规则，再加上尚未健全的股票市场导致资金运作的效率较低，主板与创业板的企业绩效表现以及 IPO 的关闭，即使上市的制造业企业想要通过主板 IPO 获得上市资金的可能性很低。相对于主板来说，创业板表面上更适合具备高新技术的制造业企业获得融资上市机会，但是由于创业板过于看重企业的经营利润指标，而忽略企业的成长性与创新能力，导致企业难以持续获得大规模的融资资金。这充分说明我国股票市场无法帮助成长型高新技术的制造业企业完成股权融资。

我国金融市场不健全的另一表现就是制造业企业风险融资规模不足。制造业高收益与高风险并存以及长投资回报周期等特征需要风险投资这样的融资方式。但是令人疑惑的是，我国制造业风险投资规模并不大，其原因在于以下三个方面：第一，根据我国《证券法》以及《公司法》中的相关规定，对于上市公司要求满足较为严苛的上市条件，许多制造业企业由于未能达到要求，因此不能通过在主板或者创新板上市，从而无法获得风险资本融资机会。第二，由于股票市场的主板尚未意识到制造业企业等技术研发企业的成长性与崛起而设定关于评估其创新技术成果市场化的标准，许多风险投资者难以获得与发现这些企业的融资机会与信息。第三，《证券法》中存在限制投资市场对于资本法人股份性质以及全额流通风险资本等法律法规，再加上不健全的风险投资资金退出机制以及限制海外上市的外资股与红筹股等信息披露机制等，这进一步制约了我国制造业企业风险融资的可能性。

3. 政府拓宽融资渠道力度不足

尽管政府部门颁布相关政策措施以支持制造业企业发展及提供融资帮助，但是，这些政策大多停留在宏观层面，涉及企业实质性融资的微观政策较少而且明显具有滞后性。这体现在以下几个方面：第一，政府对于制造业的地方性保护色彩较为浓重，区别对待本地制造业企业与非本地制造业企业，两者政策优惠待遇差别大。这使得非本地制造业企业很难从政府政策中获益。第二，难以确保政府出台的融资政策、税收优惠等措施能够切实实施。制造业申请政府政策优惠过程中需要经过行政审批以及纷繁复杂的手续，政府有关部门人员低下的行政效率以及权力寻租等使得部分企业难以获得融资机会。

这不仅极大地浪费了企业的人事精力，还占用了企业有限的宝贵融资时间。第三，政府对于制造业的融资担保力度不足。对融资规模巨大的制造业来说，政府以政府信誉出资担保的融资金额是远远不够的。对亟待融资的制造业来说，政府出资成立的融资担保机构由于后期缺乏有效管理而造成资金损失，进而对真正需要资金帮助的企业造成影响。再加上中小制造业微弱的市场影响力与高风险性，所以政府为了提高资金利用效率与政绩形象，往往避开中小制造业企业转而扶持大型制造业，这也是具有成长性的中小制造业较少获得政府融资支持的原因。最后，对于大型制造业企业来说，政府财政拨款或者出面集资的融资资金难以满足其庞大的资金需求量。许多正在进行创新研发活动的制造业企业由于政府融资支持不够而丧失了最佳的技术物化上市时期。

4. 信贷担保体系不完善

无法满足制造业创新活动融资需求的很大部分原因在于我国市场信用贷款担保机制不完善。首先，我国信用贷款担保机构量少质差，地区分布不协调，资金担保覆盖范围小，资本市场不发达地区的信贷机构发展较弱。其次，金融信贷担保机构提供的产品与服务选择范围小，结构不合理，流动性短期贷款数量多，长期性稳定贷款数量少。再次，商业银行等信贷担保门槛高，贷款杠杆倍数小。政府出于规范信贷机构业务操作与不良贷款率的目的，对于扶持制造业信用贷款融资热情不高，优惠政策不全面。最后，信用担保风险规范机制不健全，政府监管部门监督管理力度不强，法定准备金率不高而造成难以在短时间内弥补不良贷款补偿金，这极易给予信贷担保机构破产的风险。企业外部融资可以分为企业直接融资与间接融资两种方式。直接融资涵盖着债券融资与股票融资。欧美国家资本市场发达，企业进行融资活动时能够通过发行股票与债券方式得到最大效率的资金。而在制造业中，企业大部分选择效率较低的间接融资，市场不完善导致直接融资比率低。这也是信用担保体系不完善造成的结果。

5. 创新融资法律法规不健全

《公司法》与《证券法》是我国现有的规范企业信用融资的法律。随着资本市场的不断发展与成熟，制造业企业创新融资的运作方式与资金渠道不断丰富发展，国外形式多样的金融杠杆与资本运作等方式增大了我国企业融资贷款的选择范围。但是，仅有的两部尚未完善健全的法律不能够满足日益复杂的融资资本市场，需要继续出台、修订新形势下的融资法律条文，进一步优化融资法律环境。制造业企业创新活动适合在一个宽松的资本环境与健全的法律氛围中进行。首先，根据我国现有的《公司法》规定，严格限制企业回购股权等行为，企业不能顺利退出风险投资，这给制造业企业下一轮的资金融资活动造成一定阻碍，不利于我国资本市场风险投资的繁荣。其次，关于企业产权主体的法律在当今创新科技市场与规制产权流通市场依旧处于真空状态，企业不能顺利规范产权主体。再次，国家没有明确的关于制造业等科技企业创新成果的政策补助与税收优惠等的法律。最后，缺乏保护制造业企业创新活动的融资担保的法律。

11.2　工艺创新资金来源及融资方式

11.2.1　工艺创新资金来源

从我国制造业企业工艺创新现状来看，工艺创新资金主要来自国家财政扶持及制造业企业自筹，金融机构对制造业企业工艺创新的资金支持力度非常有限。另外，社会资金利用效率低下也是目前存在于我国制造业企业工艺创新投融资领域的一大问题，金融机构及社会资金利用效率低下直接加大了政府及制造业企业在工艺创新方面的投融资压力，如何加大金融机构及社会资金对我国制造业企业工艺创新的资金支持力度是本章投融资模式要着重考虑的内容。

我国制造业企业工艺创新资金来源可概括为企业自筹、社会统筹、政府助筹，即制造业企业工艺创新资金构成主要为企业创新自筹资金、政府财政扶持资金、金融机构信贷支持、各类社会资金（机构资金、保险资金以及各类民间闲散资金等），资金来源渠道的多元化有利于减轻现有投融资模式中政府及企业居高不下的融资压力。

1. 企业创新自筹资金

企业创新自筹资金包括企业现有盈余和股东注资，其中，企业现有盈余包括企业所得税后提取的盈余公积金和未分配利润。当然，广义的企业创新自筹资金还应包括向银行贷款、发行企业债券、举借外债等。目前，我国多数制造业企业工艺创新活动仍旧是以资金自筹为主，在这种模式中，企业创新自筹资金是工艺创新最为重要的资金来源，企业自身的融资水平直接影响了工艺创新投融资效果。

2. 政府财政扶持资金

政府通过技术创新直接财政补贴及政府采购等直接或间接方式对制造业企业工艺创新提供资金支持，但由于我国制造业企业工艺创新资金需求量巨大，中央政府财政负担较重，地方政府通过地方财政直接补贴、税收优惠等方式给予制造业企业工艺创新资金支持，但受到不同地区地方财力的限制，地方政府财政扶持力度有限。

3. 金融机构信贷支持

对制造业企业而言，金融机构信贷支持是资金来源的重要组成部分，反观制造业企业，在现有工艺创新投融资模式中，金融机构信贷支持占工艺创新资金来源的比重不大，本章在构建我国制造业企业工艺创新投融资模式时，重点考虑如何加大金融机构对制造业企业工艺创新的金融支持力度。

4. 各类社会资金进入

制造业企业工艺创新资金需求量巨大，政府在发挥主要引导作用的同时，要广泛吸引社会资金进入制造业企业工艺创新投融资领域，具体包括机构资金、保险资金以及各类民间闲散资金等。另外，完善资本市场是社会资金进入制造业企业工艺创新活动的重要切入点。

11.2.2 工艺创新融资方式

制造业企业工艺创新融资方式主要有政府财政资金拨款、金融机构贷款、资本市场股权及债权融资，另外，依靠风险投资融资将成为我国制造业企业工艺创新投融资的一大创新点，风险资本市场的完善将成为社会资金进入制造业企业工艺创新活动的重要切入点。由于目前我国制造业企业工艺创新本身产业化、市场化水平较低，在以上众多融资方式中，资本市场股权及债权融资在我国现有制造业企业工艺创新投融资领域中较为少见，股权及债权融资的缺乏阻碍了社会资金参与制造业企业工艺创新的投融资渠道，导致制造业企业工艺创新资金利用效率低下，因此，在构建我国制造业企业工艺创新投融资模式时要着重考虑如何更好地引入资本市场股权及债权融资方式，以吸引更多社会资金投入制造业企业工艺创新中，缓解政府及企业融资压力。制造业企业工艺创新资金来源及融资方式具体如表 11-1 所示。

表 11-1　　制造业企业工艺创新资金来源及融资方式

<table>
<tr><td rowspan="8">制造业企业工艺创新</td><td rowspan="4">资金来源</td><td>企业创新自筹资金</td></tr>
<tr><td>政府财政扶持资金</td></tr>
<tr><td>金融机构信贷支持</td></tr>
<tr><td>各类社会资金进入</td></tr>
<tr><td rowspan="4">融资方式</td><td>政府财政拨款</td></tr>
<tr><td>金融机构贷款</td></tr>
<tr><td>资本市场融资</td></tr>
<tr><td>风险投资资金</td></tr>
</table>

11.3　工艺创新投融资模式构建原则

构建制造业企业工艺创新的投融资模式是一项复杂的系统工程，必须坚持以下的基本原则。

1. 坚持市场化投融资机制与政策性投融资机制相结合的原则

经过多年的发展，我国目前已基本建立了完善的社会主义市场经济体制，金融市场不断完善，多层次资本市场初步形成，金融体系在经济发展中的核心作用基本体现，市场投融资机制发挥着越来越重要的作用。因此，在制造业企业工艺创新投融资模式建立的过程中，必须充分发挥市场化投融资机制作用。但是，制造业企业在激烈的市场竞争中处于弱势地位，面临着严重的所有制及规模歧视，单纯依靠市场化的投融资机制很难解决制造业企业融资困境问题，必须充分发挥政策性投融资机制的优势，对制造业企业工艺创新活动进行政策性支持，以解决市场失灵问题。因此，在构建制造业企业工艺创新投融资模式的过程中，必须坚持市场化投融资机制与政策性投融资机制相结合的原则。

2. 坚持满足不同成长阶段的制造业企业工艺创新融资需求的原则

制造业企业工艺创新阶段划分理论表明，在企业成长的不同阶段，随着风险、信息、资产规模等融资约束条件的变化，企业的融资方式和融资结构将随之发生变化。因此，制造业企业工艺创新投融资模式应当包含资金稳定性、风险要求、成本各异的多种融资方式，以实现满足不同成长阶段下制造业企业工艺创新融资需求的目的。

3. 坚持有利于降低制造业企业工艺创新过程中的不确定性的原则

制造业企业工艺创新是一个复杂的过程，会产生诸多风险，包括人员素质风险、信息资源风险、市场环境风险、管理组织风险、技术风险等，任何风险的出现都可能会导致制造业企业工艺创新的中断或失败，从而导致金融投入资本的损失，阻碍风险资本的进入，因此，工艺创新投融资模式的设计应当致力于减少制造业企业工艺创新过程中各种风险产生的概率，要建立必要的工艺创新风险评估、防范体系，系统全面地对所支持的工艺创新项目风险状况进行调查、统计和测算，以尽可能减少创新风险或将风险降到最低限度。

4. 坚持兼顾模仿工艺创新投融资和自主工艺创新投融资的原则

制造业企业工艺创新按技术水平、技术成熟程度、风险大小可分为模仿工艺创新、自主工艺创新和合作工艺创新三个层次。其主要区别表现在：① 技术水平不同。自主工艺创新处于当代科技前沿，具有知识技术密集的特点。模仿工艺创新是指改造传统产业的实用工艺技术、引进工艺技术的改进及现有工艺技术的组合等创新。从技术水平来看，自主工艺创新水平高于模仿工艺创新。② 技术的成熟程度不同。模仿工艺创新的成熟程度高于自主工艺创新。③ 风险程度不同。自主工艺创新的前沿性大于模仿工艺创新，成熟程度往往不如模仿工艺创新，因此其风险也大于模仿工艺创新。既然制造业企业工艺创新根据技术水平、成熟程度、风险大小的不同可以分为三个层次，那么对制造业企业工艺创新的金融支持也应有所不同，应兼顾模仿工艺创新投融资和自主工艺创新投融资。

11.4 工艺创新投融资模式的构建

我国制造业行业发展水平差异较大，企业自身融资能力及还款能力也不相同，因此，不可能用一种投融资模式去解决我国制造业企业工艺创新投融资领域存在的所有问题，投融资模式的构建要充分考虑到制造业企业自身的发展特点，可首先选取比较有代表性的行业，找出适合这些行业发展的一种或几种投融资模式，试点成功之后再向全国范围推广。

制造业企业工艺创新投融资模式构建的关键点在于充分调动地方政府、金融机构、风险投资机构参与工艺创新活动的积极性，解决好企业还款能力弱、融资渠道单一的问题，结合我国制造业行业自身发展特点，创新传统投融资渠道及投融资方式，广泛吸引社会资金、民间资金投资制造业企业工艺创新领域，探索多元化投融资模式，多渠道筹集创新资金。

图 11－1 显示了制造业企业工艺创新投融资模式构建的重点，明确了要解决的主要问题及关键点之后，结合前面章节对工艺创新主体行为分析的结果，以及各制造业行业自身的发展特点，对我国制造业企业工艺创新投融资模式进行构建。

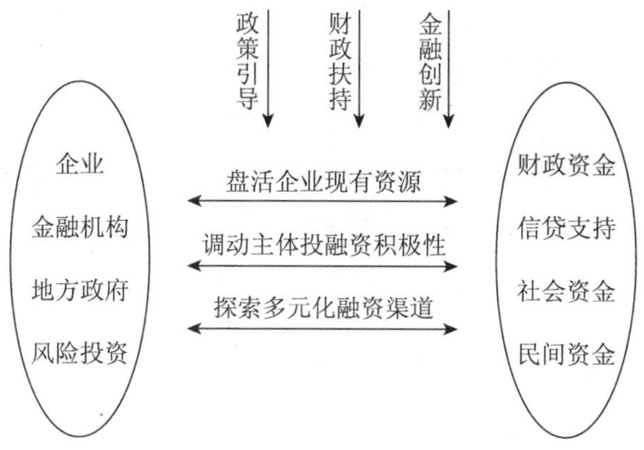

图 11－1　投融资模式构建重点内容

根据融资主体、融资渠道、主要资金来源等的不同，我国制造业企业工艺创新投融资模式可分为资金自筹模式、地方政府投融资平台模式、风险投资融资模式、政策金融与合作金融互补模式。表 11－2 详细列举了各投融资模式的融资主体、融资渠道及资金来源。

表 11－2　各投融资模式对应投融资主体及融资渠道

投融资模式	投融资主体	融资渠道及主要资金来源
资金自筹模式	企业	常规金融渠道（银行信贷）＋非正式金融渠道（民间借贷）
地方政府投融资平台模式	地方政府	社会资金＋民间资金
风险投资融资模式	风险投资机构	富有的个人＋政府＋企业＋机构投资者＋商业银行＋境外投资者
政策金融与合作金融互补模式	政府、企业	政策性金融支持＋企业合作金融

4种投融资模式之间并不对立而是相互补充的关系，一个企业可能会出现一种或者几种投融资模式并存的情况，对于发展相对较慢的行业，政策性金融占主导；对于发展尚可或较为快速的行业，商业性金融占主导。

11.4.1 资金自筹模式

资金自筹模式，是指自身具备一定融资能力的企业，通过向银行等金融机构申请信贷支持等方式，筹集工艺创新活动所需资金的一种模式。这种模式适用于发展水平尚可及较高的行业。资金自筹模式主要是保证那些自身融资水平较高、信用条件好的企业顺利筹集工艺创新所需资金。

资金自筹模式中，首先需要将自筹资金与自有资金区别开来，凡是企业能够通过自身融资渠道筹集到的资金均属于自筹资金，自筹资金既包括企业自有资金，也包括民间借贷以及正规金融机构贷款。

适用于资金自筹模式的行业，经济发展水平较高，金融市场发展相对成熟，企业纯收入水平较高，还款能力较强，再加上这些行业企业的信用状况普遍较好，因此金融机构大多会给予企业以信贷支持，以满足企业对于工艺创新活动的资金需求。

资金自筹模式中，企业借贷能力与金融市场成熟度共同决定了企业自筹资金规模，用函数的形式可表示为：F（自身借贷能力，金融市场成熟度）＝企业自筹资金规模。自身借贷能力强，金融市场成熟度高，融资规模大，即企业可筹集到的资金多，反之，企业可筹集到的资金就少。企业自筹资金规模主要影响因素具体如图11－2所示。

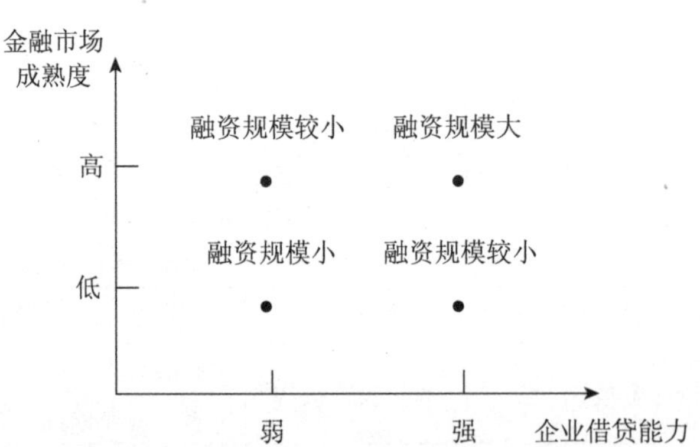

图11－2 企业自筹资金规模主要影响因素

企业自身借贷能力主要由两个因素决定，即企业自有资产变现水平、收入水平，用函数的形式可表示为：F（资产变现水平，收入水平）＝企业自身借贷能力。资产变现水平高，收入水平高，借贷能力就强，反之，借贷能力就弱。企业自身借贷能力主要影响因素具体如图 11－3 所示。

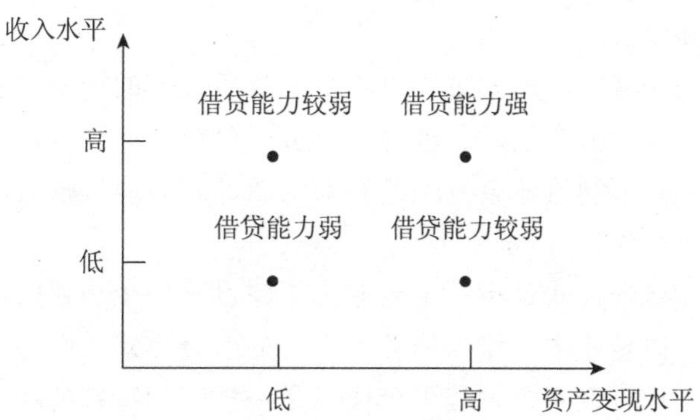

图 11－3　企业自身借贷能力主要影响因素

资金自筹模式中，企业创新资金来源主要靠企业自筹，并不需要政府给予企业过多的资金支持，政府扶持重点主要放在对于开展工艺创新的企业给予一定的政策性资金支持，建立健全企业信用体系及贷款担保机制，以及着力提高金融服务覆盖率等方面，以保证那些自身融资能力较强、信用条件好的企业顺利筹集工艺创新所需资金。图 11－4 从融资主体、融资渠道及资金来源等方面详细介绍了资金自筹模式。

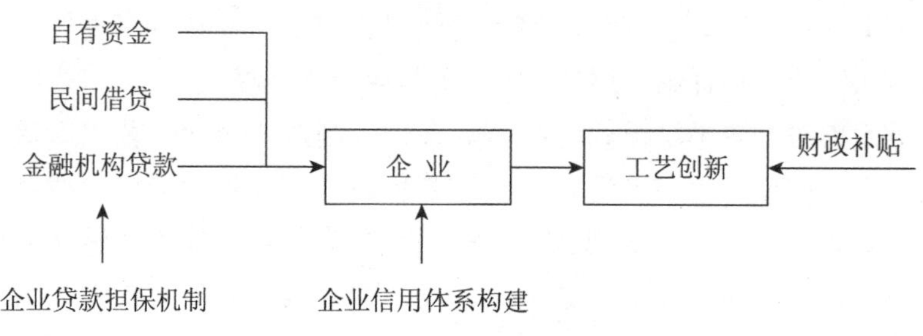

图 11－4　资金自筹模式

11.4.2 地方政府投融资平台模式

地方政府投融资平台模式，是指由地方政府作为主要发起人，划拨部分财政资金作为启动资金，以制造业企业工艺创新投融资为主要融资对象，借鉴项目融资的思想，组建项目投融资平台，为制造业企业工艺创新筹集所需资金的一种创新模式。

地方政府投融资平台模式主要以项目本身所拥有的资源为基础，开展制造业企业工艺创新投融资活动，这种投融资平台模式的特点，是其突破了单纯依靠政府财政开展制造业企业工艺创新的瓶颈，为地方政府进行投融资模式创新提供了良好借鉴。

传统的企业融资模式是指一个企业为了建设某一个项目时，利用企业本身的资信能力，以企业本身作为债务人进行的融资方式。而与一般的企业投融资模式不同，地方政府投融资平台模式是一种较为特殊的融资方式，它主要依赖项目本身未来现金流和收益作为主要还款来源，以政府信用为担保，向金融机构申请项目贷款，满足制造业企业工艺创新资金缺口。地方政府投融资平台模式实现了由政府计划控制和财政支付方式到财政资金主导和市场化投融资相结合方式的转变，能够引导广大社会投资者以及金融机构参与制造业企业工艺创新活动，解决资金供需矛盾，减轻政府财政负担，加快我国制造业企业工艺创新步伐。

由于银行等资金提供者主要以项目本身的未来现金流及收益作为主要还款来源，并以政府信用为担保，地方政府投融资平台模式更易于获得银行等金融机构的金融支持，并且在一定程度上能够实现风险共担，充分运用项目融资的财务杠杆效应，实现以小搏大的效果。图 11－5 从融资主体、融资渠道及资金来源等方面详细介绍了地方政府投融资平台模式。

地方政府投融资平台模式为社会资金进入制造业企业工艺创新活动提供了重要平台，改变了目前制造业企业工艺创新大多依赖政府财政拨款、金融机构贷款等单一融资方式的现状，这种平台模式的最大优点在于能够广泛吸收社会资金参与制造业企业工艺创新活动，通过股权融资方式，吸引保险资金、机构资金以及技术创新基金等进入制造业企业工艺创新投融资平台，通过发行项目收益债和定向私募债的方式进行债券融资，以项目自有资源（如以项目建设相关的收益权为质押向银行进行项目贷款）及政府信用为保障获得金融机构的贷款支持，缓解政府及企业融资压力。

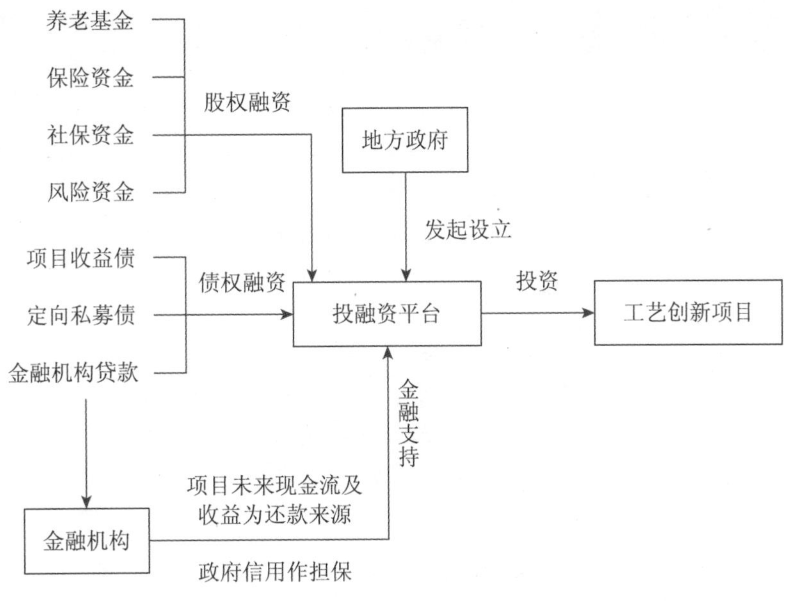

图 11－5　地方政府投融资平台模式

11.4.3　风险投资融资模式

风险投资融资模式，是指将资本投入到那些具有巨大发展潜力和广阔市场前景的制造业企业工艺创新项目，尤其是对那些新兴的科技型制造业中小企业的投资，并承担巨大投资风险的一种创新模式。风险投资以承担风险为前提，以获取最大的资本增值为目的。风险投资不是对被投资企业股份永久的占有和控制，而是在投入的资本获得理想的增值后转让其产权并撤出该企业，获得投资收益。

风险投资运作包括投资人、风险投资机构和企业三个主体，风险投资机构是连接投资人和企业的纽带。资金从投资人流出后，经过风险投资机构的评估筛选，流向企业，通过企业的运行实现资金的增值，再回流到风险投资机构，风险投资机构将收益交付给投资人，具体如图 11－6 所示。按照资金流动过程，可以将风险投资运行分为三个阶段，即筹资阶段、使用阶段和退出阶段。

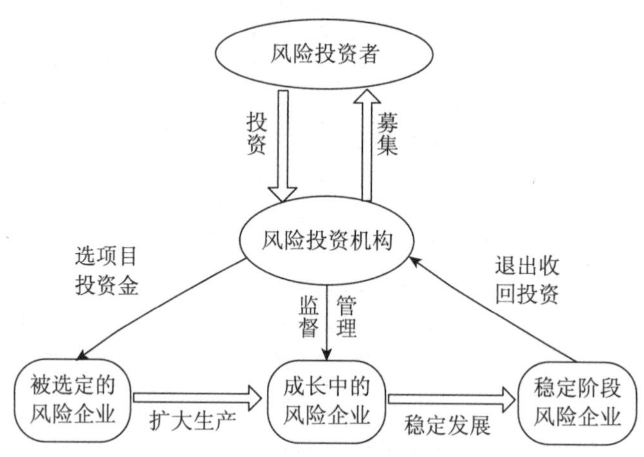

图 11-6　风险投资融资模式

风险投资融资模式为制造业企业工艺创新提供了资金支持。在制造业企业工艺创新的研发阶段，从事新产品和新技术开发的企业，仅有产品的构想和初步设计，尚未成形，开发高新技术并将其转化为现实产品具有高度的不确定性，所以项目的失败率很高，投资风险很高。因此，一般银行贷款不能满足制造业企业工艺创新的融资需求，而风险投资机制可以为制造业企业工艺创新提供资金上的支持。

风险投资融资模式可以有效分担工艺创新过程中的风险。制造业企业工艺创新因投资周期较长、投资成功率低而带来巨大的风险。正是由于其风险大，单靠企业是难以承担的。为此，需要通过市场机制，将风险逐步分散，转由多数人来承担。风险投资融资模式在支持工艺创新上具备资金来源的多元化和机构化，其严格的工艺创新项目评估和遴选降低了风险，可以分担制造业企业工艺创新的社会化风险。

由此可见，风险投资融资模式不仅对制造业企业工艺创新提供了直接的资金支持，而且带动了其他资金的进入，分担工艺创新的风险，从而形成了一套与企业工艺创新不同阶段相匹配的、梯次分明的金融支持系统。更为重要的是，风险投资的参与，使得企业获得外部权益资本的时间大大提前到企业生命周期的开始，也就是工艺创新处于研发阶段时。即使没有成熟的产品或技术，只要有足够的成长潜力，就有可能获得风险投资的资金支持和增值服务，这就使得创新活动商业化应用的目的直接推进到研发阶段。而且，风险投资机构具有专业化的技能，使得缺乏市场前景的项目会被不断淘汰，而那些具有生命力的项目则受到精心培育，这些都使得工艺创新的效率得以保障。

11.4.4　政策金融与合作金融互补模式

政策金融与合作金融互补模式，是指国家通过实施财政、金融等政策扶持的方式，对于发展较慢的制造业企业给予政策性资金支持，并鼓励这些企业开展合作金融，引导企业利用基层优势开展小额贷款等金融服务，鼓励设立企业资金互助社，提高金融市场资金使用效率，以加快这些企业工艺创新活动的一种投融资模式，具体如图 11－7 所示。

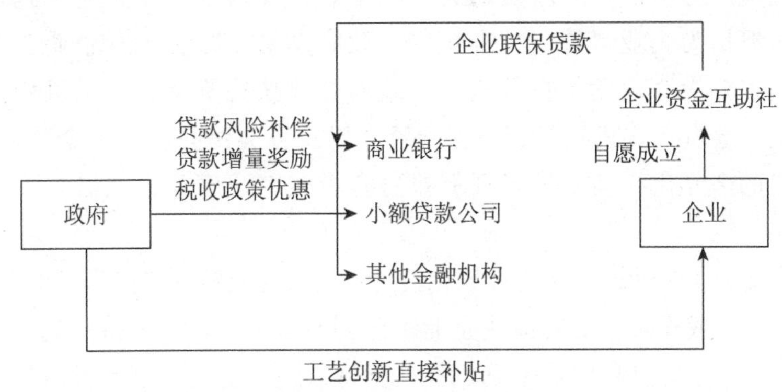

图 11－7　政策金融与合作金融互补模式

相比于金融机构、社会组织提供的各种直接融资支持，政府的政策扶持其实也是一种融资方式，因为它能够起到鼓励社会资金进入、减轻政府财政负担及企业融资压力的作用。

在政策金融与合作金融互补模式中，除政府的政策性金融支持以外，模式构建的重点内容应放在鼓励发展制造业企业合作金融方面，鼓励发展小额贷款公司等更加适合金融市场发展的金融机构，利用企业资金互助社更加了解企业基本信息的优势，将金融风险合理分散到企业内部，有效降低贷款风险，在提高金融机构对金融市场支持力度的同时，又能降低金融市场风险，一举两得。

通过对贷款坏账进行风险补偿的方式，提高小额贷款公司对企业的金融支持；通过税收优惠、贷款增量奖励的方式，增加商业银行对企业资金互助社、小额贷款公司的贷款支持。

11.5 本章小结

本章通过研究制造业企业工艺创新领域的具体实践，发现工艺创新投融资存在的问题，包括工艺创新投资强度偏低、工艺创新投资结构不优、工艺创新融资渠道单一、工艺创新资本市场发展不平衡等。导致制造业企业工艺创新投融资问题的原因是多方面的，它是供求资金信息不对称、资本融资市场不健全、政府拓宽融资渠道力度不足、信贷担保体系不完善、创新融资法律法规不健全共同作用的结果。

从我国制造业企业工艺创新的现状来看，我国制造业企业工艺创新资金来源可概括为企业自筹、社会统筹、政府助筹，即制造业企业工艺创新资金构成主要为企业创新自筹资金、政府财政扶持资金、金融机构信贷支持、各类社会资金（机构资金、保险资金以及各类民间闲散资金等），资金来源渠道的多元化有利于减轻现有投融资模式中政府及企业居高不下的融资压力。

结合我国实际情况，坚持市场化投融资机制与政策性投融资机制相结合、坚持满足不同成长阶段的制造业企业工艺创新融资需求、坚持有利于降低制造业企业工艺创新过程中的不确定性、坚持兼顾模仿工艺创新投融资和自主工艺创新投融资的原则，构建我国制造业企业工艺创新的投融资模式，为我国制造业企业工艺创新的投融资探索一个框架性的解决方案。

根据融资主体、融资渠道、主要资金来源等的不同，我国制造业企业工艺创新投融资模式可分为资金自筹模式、地方政府投融资平台模式、风险投资融资模式、政策金融与合作金融互补模式。其中，资金自筹模式，是指自身具备一定融资能力的企业，通过向银行等金融机构申请信贷支持等方式，筹集工艺创新活动所需资金的一种模式；地方政府投融资平台模式，是指由地方政府作为主要发起人，划拨部分财政资金作为启动资金，以制造业企业工艺创新投融资为主要融资对象，借鉴项目融资的思想，组建项目投融资平台，为制造业企业工艺创新筹集所需资金的一种创新模式；风险投资融资模式，是指将资本投入到那些具有巨大发展潜力和广阔市场前景的制造业企业工艺创新项目，尤其是对那些新兴的科技型制造业中小企业的投资，并承担巨大投资风险的一种创新模式；政策金融与合作金融互补模式，是指国家通过实施财政、金融等政策扶持的方式，对于发展较慢的制造业企业给予政策性资金支持，并鼓励这些企业开展合作金融，引导企业利用基层优势开展小额贷款等金融服务，鼓励设立企业资金互助社，提高金融市场资金使用效率，以加快这些企业工艺创新活动的一种投融资模式。

12 制造业企业工艺创新投融资机制研究

12.1 工艺创新投融资机制的内涵

“机制”是指系统内各要素之间相互联系、相互依存、相互制约和相互作用的关系，以及在系统外部环境变化条件下要素之间协调运作的方式。“机制”存在于特定的系统内部。研究企业机制必然立足于企业内部，从微观的角度研究在外部因素的作用下，通过企业内部组织相互联系、相互作用形成运行方式，并通过与外部因素的互动关系，进行自我调节或自我适应的过程。

依据“机制”的概念，本书对工艺创新投融资机制进行了界定，认为工艺创新投融资机制是指企业内部各工艺创新主体、投资、融资等要素之间及其与企业内外部其他要素相互配合、相互作用的运作方式。

工艺创新投融资机制包括物化的基本构件和无形的运行机理。因此，需要从以下两个方面对工艺创新投融资机制进行理解。

第一，工艺创新投融资机制包括企业内部物化的工艺创新基本构件。企业工艺创新投融资机制不但包括了企业内部与工艺创新相关的投融资需求、投融资方式、投融资结构等基本构件，而且包括了与工艺创新相关的制度、规则等。

第二，工艺创新投融资机制强调工艺创新构件之间无形的运行机理。企业工艺创新投融资机制是个复杂系统，系统内各种工艺创新构件之间存在着复杂联系，因此工艺创新投融资机制更强调企业工艺创新要素相互联系、相互作用的方式和秩序，即各要素在时间、空间上排列组合的具体形式和作用关系，而机制的质量也取决于这些要素的素质和所有要素的排列组合方式。

12.2 工艺创新投融资机制的结构

制造业企业工艺创新投融资机制的构建是为了保证投融资模式构建完成

之后能够顺利实施，保障制造业企业工艺创新活动的顺利推进。投融资机制主要包含财政引导机制、金融创新机制、法律保障机制、企业信用机制、风险共担机制、风险补偿机制等内容。

投融资机制的建立，首先是要保障企业能够顺利筹集到工艺创新所需资金，一方面，通过建立财政引导机制、金融创新机制等拓宽融资渠道；另一方面，通过建立风险共担机制、企业信用机制、风险补偿机制等降低金融机构等资金供给方的投资风险，保证资金需求方从金融机构等资金供给方获得资金支持后能够按时偿还贷款，提高贷款还款率。具体如图 12－1 所示。

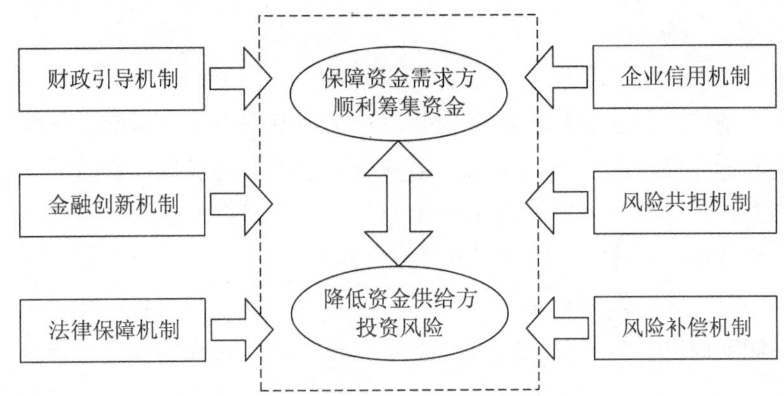

图 12－1　制造业企业工艺创新投融资机制构建

12.3　工艺创新投融资机制的要素

12.3.1　财政引导机制

中央及地方财政支持对制造业企业工艺创新投融资起着非常重要的引导作用。从狭义角度讲，财政引导机制主要指中央及地方财政对制造业企业工艺创新直接实行财政补偿，财政补贴资金总体看来数额庞大，但如果分散到我国各行业的广大的制造业企业，却只是杯水车薪，并不能从根本上改变制造业现状，实现制造业发展目标。在这种情况下，我们应该从广义上来理解财政引导机制。广义上讲，政府的政策引导其实也是一种融资方式，因为它能够起到鼓励社会资金广泛进入的作用，通过发挥财政资金“四两拨千斤”

的引导作用，鼓励社会各类资金投入制造业企业工艺创新活动中，引导企业广泛开展合作金融，最终形成投融资渠道多元化的格局。财政引导机制能够降低政府财政负担及企业的融资压力，因此它是制造业企业工艺创新投融资机制的重要组成部分。

财政引导机制不仅包括对企业工艺创新的直接补贴，例如创新补助、贴息贷款等，还包括对金融机构的相关财政补贴，例如从财政资金中抽出部分资金用于对金融机构的贷款进行风险补偿，对金融机构超过一定贷款数量的增量贷款进行奖励，对担保公司及企业信贷保险进行风险补偿等，这些都是财政引导的具体形式。财政引导机制包括设立专项基金、实施直接补贴等具体形式。

1. 设立专项基金

设立制造业企业工艺创新专项基金，实现专款专用，其资金来源主要包括中央及地方财政用于制造业的专项资金、各种社会及民间融资等。制造业企业工艺创新专项基金的管理工作由专门部门负责，规范资金日常管理，缩短资金流转环节，确保工艺创新专项基金高效运行。

各级财政部门作为制造业企业工艺创新专项基金的监督机构，根据相关法律和制度规定，与负责部门签订委托代理协议，明确委托代理业务的职责和违约责任等。同时，加强对负责部门风险的监控和考核，及时采取风险预警措施，有效控制和防范可能发生的资金风险，保证制造业企业工艺创新专项基金的合理使用。负责部门要建立完整有效的金融风险防范体系。

负责部门要建立合理的资金使用平台，保证制造业企业工艺创新资金的及时、准确拨付。建立健全资金监管制度，规范业务操作流程，完善内部制约机制，不得以任何理由擅自挪用工艺创新专项资金，确保其运行制度化、规范化。同时，要把好用人关，加强对制造业企业工艺创新专项资金管理岗位人员的思想教育和业务培训，提高岗位人员职业道德水平和金融服务水平，切实保障制造业企业工艺创新专项资金安全、高效运行。

设立制造业企业工艺创新专项基金将大大提高中央及地方财政对制造业企业工艺创新的支持力度，它将在多个方面发挥重要作用。制造业企业工艺创新专项基金主要用途包括：用于补贴企业及参与工艺创新的企业、给予企业工艺创新补助、设立贷款担保基金为符合贷款条件的企业提供贷款担保、对金融机构实施贷款增量奖励及贷款风险补偿。

企业工艺创新所享受的直接补贴，主要通过制造业企业工艺创新专项基金发放，企业可凭工艺创新的阶段性成果到指定负责部门领取一定比例的直接补贴，通过这种方式，既缩短了企业领取工艺创新资金补贴的时间，降低了企业工艺创新成本，又可以防止地方各级政府擅自克扣企业工艺创新的直接补贴，保证了大多数企业的切身利益。

对于符合贷款条件的企业，政府可从制造业企业工艺创新专项基金中抽出部分资金设立担保基金，为具备一定信用的企业提供贷款担保。另外，从专项基金中抽出部分资金，作为对金融机构以及小额贷款公司的贷款增量奖励及贷款风险补偿，以鼓励相关金融机构提高对企业的贷款支持力度，提高金融机构的积极性。

2. 实施直接补贴

自主创新的企业以及参与工艺创新的制造业企业可凭工艺创新的阶段性成果到专项基金负责部门领取直接补贴，以降低制造业企业工艺创新成本，使企业受益。

企业及参与企业领取创新补贴需要符合以下几个要求：① 创新范围。进行补贴的工艺创新项目限于国家产业政策允许和鼓励的创新项目，同时对一般创新和低碳环保节能创新采取不同的扶持力度，鼓励企业开展低碳环保节能创新，使政策更具导向性。② 企业资质。补贴对象应是在政府规定政策期内完成创新的企业，而且每家企业只能享受一次补贴。③ 补贴金额。对于自主创新的企业，根据实际创新的需求金额按一定比例给予财政补贴，并设定每家企业最高补贴额度；若为进行低碳环保节能的创新，则给予更高比例的财政补贴，并设定最高补贴额度。

12.3.2 金融创新机制

目前，我国企业较为落后的金融体制在很大程度上造成了工艺创新融资难、企业贷款难的问题，因此，创新企业金融体制，建立适应我国制造业企业工艺创新的金融创新机制，对于保障投融资工作的顺利实施具有重要作用，金融创新机制的构建对于盘活企业自身现有资源、广泛吸引社会资金进入金融领域、解决制造业企业工艺创新投融资难题具有重要意义。

如图 12－2 所示，金融创新机制构建的主要内容包括金融机构产权改革、鼓励发展小额贷款公司等新型金融组织、推进金融产品创新、开展无形资产抵（质）押贷款等多种抵押贷款形式的地区试点、规范引导民间金融等。

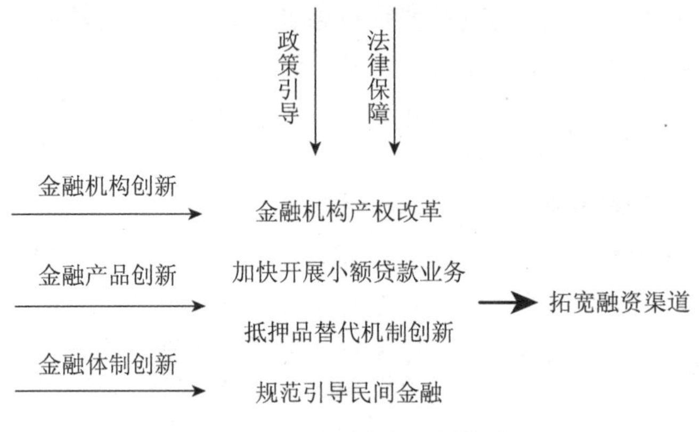

图 12-2　金融创新机制构建

1. 金融机构产权改革

针对我国不同地区金融机构的发展状况，开展不同模式的金融机构产权改革。根据地区不同经济状况、企业金融需求不同的特点，各金融机构发展状况及服务对象也不同，应因地制宜地进行金融机构产权改革。

金融机构体制根本变革势在必行，而且要抓住目前经济结构调整、资金供给相对宽裕的有利时机，分步骤地实施。

首先，要逐步考虑把现有几家国有独资银行分散化，以利于金融机构提升竞争力，提高服务水平和加强内部管理，逐步形成内部的激励机制和外部的动力机制。

其次，将公众投资引入到国有商业银行，让银行上市，把银行的治理结构建立起来，实行股份制改造，这样做的首要意义是对现有商业银行的体制进行改革。股份制改革不仅能吸引更多的优质资产，建立更好的评估体系，以监控贷款的流向，还能使银行真正成为自负盈亏的市场经济主体，从根本上避免大量呆账、坏账的出现。

同时，面对国有独资商业银行资本金不足的问题，仅依靠财政发行国债是不现实的，也是难以从根本上解决问题的。在现代货币经济条件下，金融资产的增长速度远远超过财政收入的增长速度，纵使是良好的财政状况也难以满足国有银行巨大的资本金需要。所以，要充实银行资本金，维护金融稳定和健康发展，就必须按照现代企业制度的要求，进行国有银行的产权改革，通过股份制改造，吸纳新的资本进入银行业，形成新的经营机制。

最后，一个真正成熟的市场竞争环境必然是在不同产权主体之间展开的，因此要打破商业银行产权一元化格局，首先要转变思想，允许非国有银行的设立，允许外资成分以及民间资本进入银行业。民间资本建立的中小银行没有过多的政治约束，效率更高，投资渠道更畅通，能有效解决制造业企业工艺创新贷款难的问题。而外资银行可以带来先进的管理经验和投资经验，这样做有利于打破银行业的垄断局面，引入竞争机制，促进银行业加强内部管理，开拓新的业务品种，提高服务水平。

2. 金融产品创新

金融机构要以小额信贷为主推进金融产品创新。金融创新的目的是要让金融机构更接近企业，减少交易成本，减少信息不对称导致的风险问题出现，从而增加对企业的信贷供给。应在小额信用贷款的基础上，积极推广诸如企业联保，同一区域、行业的企业联保、互保贷款等贷款品种，保障企业顺利筹集工艺创新所需资金。

通过对金融机构及开展小额信用贷款业务的机构实行降低市场准入、实施税收优惠政策、为符合条件的企业提供贷款担保、对工艺创新贷款实行增量奖励的多种形式，积极推广企业小额信用贷款这种新型的金融产品，扩大企业贷款覆盖面，提高企业贷款满足率。

鼓励小额贷款公司等新型金融机构等积极发放小额信用贷款。支持政策性银行、国有商业银行、股份制商业银行等银行业金融机构通过批发或转贷方式间接参与小额信贷业务，改变邮政储蓄银行只存不贷的现状，鼓励其开展小额信用贷款业务，实现资金回流企业，加大对企业的资金支持力度。

发放企业小额信用贷款需要遵循“一次核定、随用随贷、余额控制、周转使用”的原则，并根据企业申贷意愿，结合资金用途确定单笔贷款的期限。在已经核定的企业信用贷款额度内，相关金融机构及小额贷款公司不得设置或变相设置保证、抵押、质押等担保形式。

小额信贷公司及其他银行类金融机构要努力做到以下几点，让越来越多的企业都能享受到小额信用贷款这种新型金融产品所带来的好处：① 放宽小额贷款对象。凡是具备一定贷款条件的企业，小额贷款公司及其他金融机构均应积极向这些企业提供小额信用贷款服务。② 适当提高小额贷款额度。根据企业所在地区的经济发展水平以及借款人的生产经营状况、偿债能力、收入水平和信用状况，因地制宜地确定企业小额贷款额度。③ 合理确定小额贷款期限。改变小额贷款当年发放当年收回的情况，依据工艺创新周期较长的特点，适当延长小额贷款回收期限，小额贷款期限可以跨年度。④ 科学确定小额贷款利率。在符合国家有关利率政策的前提下，根据企业信用状况、实际借贷能力及贷款的实际情况灵活掌握小额贷款利率。⑤简化小额贷款手续。小额贷款之所以越来越成为目前企业筹集资金的一种重要方式，在很大程度上归功于其简便的贷款手续，而这种优势也成为目前许多小额贷款公司的主要竞争力，简化而不简单，银行类金融机构均可借鉴小额贷款公司的这种特点，加大对企业的金融支持力度。

3. 抵押品替代机制创新

抵押品替代，指的是企业本身某些资产不具有抵押品的特性，但是可以起到抵押品作用的资源。金融机构要适当放宽企业抵押物的范围，尝试开展无形资产抵（质）押贷款等多种形式的贷款形式，扩大企业有效担保物范围，如应收账款、金融资产、专利权、商标权等，可进行抵押贷款试点，取得较好效果之后再进行推广。

4. 规范引导民间金融

充分发挥民间金融更易于了解企业自身状况的天然优势，规范引导民间金融，支持广大制造业企业兴办企业资金互助社，从互助社内部资金拆借开始，逐步扩大资金互助范围，采取资金互助社向银行类金融机构融资的方式，满足互助社成员自身的融资需求。

企业资金互助社将对建立商业银行资金回流企业机制起到重要作用，企业资金互助社更易于了解企业自身状况（包括信用状况、资产状况等），能有效利用信息对称降低其经营成本及风险，而这种天然的优势是其他商业银行所不具备的，在这种情况下，商业银行将信贷资金以同业拆借的形式贷给企业资金互助社，将交易成本和识别风险转移给企业内部市场，能起到降低商业银行经营风险、分散金融市场系统风险的作用。

12.3.3 法律保障机制

如何将充分运用企业现有资源是解决我国制造业企业工艺创新融资难问题的关键，而自主知识产权是广大制造业企业最为常见的一项资源，从未来发展角度看，这一资源将成为社会资金进入我国制造业企事业工艺创新活动的重要突破口。

因此，在法律政策方面要敢于创新，让企业现有资源充分流动起来，引导社会资金广泛进入金融领域，保障制造业企业工艺创新投融资的顺利开展。法律保障机制主要从产权制度、民间金融、信用体系等几个方面构建。

1. 完善产权制度

产权是所有制的核心内容和主要内容，包括物权、债权、股权和知识产权等各种财产权。简单讲，所谓产权就是财产权，也就是财产所有权。而将财产所有权制度化、抽象化即为所有制，所有制的内容是由产权关系决定的。

没有产权界定，就不能形成真正的市场主体，就谈不上市场经济，更谈不上有效的市场经济。产权归属清晰是市场交易和市场机制得以有效运转的基本前提。没有清晰的产权归属，会在很大程度上影响和扭曲交换关系和供求关系，阻碍产权的顺畅流转，进而影响市场机制的产生，因此也就谈不上发挥市场配置资源的决定性作用。著名经济学家厉以宁在谈到关于产权改革和非均衡经济中的市场主体时指出，中国的非均衡除了市场不完善以外，还缺乏市场主体。为什么会缺乏市场主体呢？因为产权不明晰，产权没有界定；没有产权界定，当然就不会有真正的市场主体。所以，厉以宁力主股份制改革，认为股份制是明确产权最有效的办法，因为只有产权明确了，市场主体才能形成，这样才能走上市场经济的道路。

因此，必须进一步完善产权保护制度，努力实现企业拥有的财产、生产要素和资源“归属清晰、权责明确、保护严格、流转顺畅”等现代产权制度基本要求。这是完善社会主义市场经济体制的必然要求。

2. 民间金融法律保障

由于相关法律的缺失，民间金融一直处于法律上的灰色地带，不少非法地下钱庄得以盛行，健康的民间借贷形式却受到抑制。中央及地方政府应尽快出台民间金融法，以规范民间金融发展，将非法的地下借贷行为与健康的民间借贷行为区别开来，明确合法的民间金融组织的法律地位、组织形式、职能作用、权利义务以及机构设立、变更和终止的原则与条件，依法保护民间金融组织的合法权益，发挥民间金融自身独有的优势。运用法律手段，支持企业资金互助社的健康稳定发展，为创新我国金融体系发挥重要作用。

3. 信用体系法律保障

通过立法，解决信用立法缺失的问题。以建立企业信用制度为基础，为信用体系建设及信用活动提供完整、公开和相对稳定的标准，指导和保障信用活动健康、有序地发展。第一，完善信用立法，使经济行为主体在维护正当权益时有法可依；第二，修改相关法律、法规中的不合理条款，保护债权人的合法利益，实现市场经济条件下的公平交易；第三，加大执法力度，规范执法行为，加大对失信行为的打击力度，强化违约责任追究，提高违约成本，维护经济行为主体的正当合法权益。

12.3.4 企业信用机制

建立健全企业信用机制，不但能够改善企业融资难的问题，使具备一定融资条件的企业顺利融资，还能有效降低金融机构的贷款风险，提高贷款还款率，因此，企业信用机制构建意义重大。

企业信用机制的构建应遵循以道德约束为支撑、以制度规范为基础、以法律强制为保障的原则，以企业信用环境建设和企业信用评估机制两部分内容为构建重点。

1. 企业信用环境建设

加大企业信用环境整治力度，让广大制造业企业树立“诚信为本”的信用观念，通过开展形式多样的宣传活动，努力培育“讲信用光荣，无信用可耻”的信用意识，对于恶意拖欠金融机构贷款的企业要及时进行曝光，建立企业信贷公示制度，鼓励大家共同维护良好的信用环境。

建立信贷奖惩制度，除了对恶意拖欠金融机构贷款的企业进行公示之外，还应联合运用行政手段和法律手段对信用差的企业进行信贷制裁和法律打击，有效维护金融机构等债权人的合法利益。除此之外，基层政府要在行政行为中起到良好的示范作用，塑造合格的信用主体，引导企业进行规范的信用活动。

2. 企业信用评估机制构建

（1）建立企业信用信息数据库

对企业的基本信息，如企业名称、注册资金、经营范围，信贷交易信息，借贷能力，如资金来源、资金运用、重要资产、对外债务等，要进行深入的详细调查，建立企业信用信息数据库，为评价企业信用级别打好基础。

（2）企业信用级别定量评价

选取多个指标，并给每个指标设定一定比例的权重，采用信用评分制的方法，对企业信用级别进行定量评价，为建立企业信用数据库打好基础。

（3）建立企业信用数据库

开展信用企业的评估工作，建立信用数据库，以供金融机构进行放贷参考，对信用状况较好的企业颁发“信用证书”，企业凭“信用证书”可优先获得金融机构贷款支持，简化申请贷款相关手续，并可享受更高的授信额度以及利率优惠等。

（4）动态跟踪监测

在企业信用信息的数据管理上，要确保实时有效，及时收集，掌握企业基本信用度变化的信息，确保企业信息有效维护、及时更新、合法使用。

12.3.5 风险共担机制

制造业企业工艺创新投融资主体主要涉及中央及地方政府、金融机构、企业、风险投资机构等，建立风险共担机制的主要目的是降低资金供给方的投资风险，将单一主体承担风险转变为多方主体共同承担，以提高各方主体参与制造业企业工艺创新的积极性。从涉及主体角度划分，风险共担机制构建主要包括利率调整及贴息、贷款担保等内容。

1. 利率调整及贴息

（1）利率调整

对于积极贷款给企业资金互助社、小额贷款公司及企业的商业银行，央行可考虑通过调整存款准备金率的方式，提高其放贷能力及参与制造业企业工艺创新投融资的积极性，为工艺创新提供强有力的资金支持；通过降低其再贷款利率的方式提高其放贷能力，鼓励其增加对企业的资金支持力度；通过降低其再贴现利率的方式鼓励其增加对企业的资金支持力度。

（2）贴息贷款

任何愿意承担发放贴息贷款任务的金融机构，均可发放贴息贷款，这样能够扩大贴息贷款的覆盖范围，这些金融机构向企业发放低于正常贷款利率的贴息贷款之后，可从制造业企业工艺创新专项基金中抽出部分资金用于补偿这些发放贴息贷款金融机构的利息损失；贷款所需资金由愿意承担发放贴息贷款任务的金融机构自行筹集，贴息所需资金由中央及地方财政负担，并由制造业企业工艺创新专项基金负责贷款贴息的管理和发放工作；在贴息期内，金融机构根据央行规定的基准利率和浮动系数，并依据企业的贷款金额，按照央行指定的贴息利率向企业发放贷款，优惠利率与央行公布的基准贷款利率之间的利差由财政据实补贴，即通过制造业企业工艺创新专项基金进行补贴。贴息贷款视不同地区情况而定，由于制造业企业工艺创新周期一般较长，可适当延长贴息贷款期限。

2. 贷款担保

企业联保贷款，指的是企业之间自愿组成联保小组，由金融机构对企业发放的，超出企业小额信用贷款范畴，并由联保小组成员之间承担连带保证责任的贷款。

企业联保贷款实行“一家申请、多家联保、责任连带、按期还款”的贷款原则。联保小组企业向金融机构提交贷款申请，金融机构对申请贷款企业的信用状况进行考核，对符合贷款条件的企业提供贷款支持，企业获得贷款之后，联保小组各成员之间对企业还款承担连带责任，保证企业按期偿还金融机构的贷款。

设立联保小组需具备的条件：①企业必须在自愿的基础上形成联保小组；②由具备一定组织协调能力、威望较高、责任心强的联保小组成员担任组长；③联保小组所有成员必须在金融机构开立存款账户；④联保小组成员必须是金融机构认定的信用企业，一般不少于 3 家；⑤同一企业只能参加一个联保小组。

缺乏一定的贷款担保在很大程度上造成了企业贷款难的问题，因此要解决企业工艺创新贷款难的问题，应该着力解决贷款担保难的问题，通过开展多种形式的贷款担保，解决企业贷款难的问题。

首先，通过实行利率优惠、风险补偿等措施，鼓励发展小额信贷担保公司，从工艺创新专项基金中抽出部分资金成立政策性贷款担保基金，对符合贷款条件的企业提供贷款担保。其次，积极尝试开展多个主体共同参与的贷款担保模式，具体包括：① 政府＋金融机构＋农户贷款担保模式。政府从工艺创新专项基金中抽出部分资金建立企业工艺创新担保专项基金，通过对企业的信用进行考核，对符合贷款条件的企业提供贷款担保，金融机构对具有贷款担保的企业提供贷款支持。② 贷款担保公司＋金融机构＋农户贷款担保模式。企业向贷款担保公司提交贷款担保申请，贷款担保公司对提交贷款担保的企业进行审核，对符合条件的企业提供贷款担保。这种模式通过引入贷款担保公司的方式，有效分散了金融机构的贷款风险，金融机构与贷款担保公司共同审核企业信用状况，完善贷款担保机制。③ 小额贷款保险公司＋金融机构＋农户贷款担保模式。通过引入贷款保险机制，分担金融机构贷款风险。企业向贷款保险公司提交投保申请，保险公司对企业信用状况进行考核，对符合条件的企业提供保险服务，金融机构再对这部分企业提供贷款支持，解决企业贷款难的问题。以上几种贷款担保模式的各自优势具体如下表所示。

几种贷款担保模式的各自优势

担保模式	各自优势
政府＋金融机构＋农户贷款	政府从工艺创新专项基金中抽出部分资金建立企业工艺创新担保专项基金，以政府信用作担保

续 表

担保模式	各自优势
贷款担保公司＋金融机构＋农户贷款	通过引入贷款担保公司的方式，有效分散了金融机构的贷款风险，金融机构与贷款担保公司共同审核企业信用状况
小额贷款保险公司＋金融机构＋农户贷款	通过引入贷款保险机制，分担金融机构贷款风险，资金风险由小额贷款保险公司与银行类金融机构共担

12.3.6 风险补偿机制

金融机构运营的重要原则是既追求安全性又追求收益性，在金融市场中，投资的安全性显得更为重要，因此，建立风险补偿机制，以另一种方式降低金融机构的运营风险，能够达到鼓励金融机构加大对制造业企业工艺创新投融资支持力度的效果。风险补偿机制构建主要包括补偿资金来源、补偿原则、补偿对象等几部分内容。

1. 资金来源

风险补偿资金由中央及地方财政负担，由各省级财政部门负责向相关金融机构发放贷款风险补偿及贷款担保风险补偿，以降低其运营风险，鼓励金融机构加大对企业贷款及其他形式金融服务的支持力度。

2. 补偿原则

按照“专款专用、结余留成、滚动使用、超支不补”的原则，设立金融机构风险补偿专项资金，专门用于向相关金融机构发放风险补偿，以鼓励其加大对企业的贷款支持力度。

3. 补偿对象

(1) 银行类金融机构

对积极开展企业工艺创新贷款业务的金融机构，包括各类商业银行、农村信用合作社、邮政储蓄银行、村镇银行以及小额贷款公司等，实行多种形式的贷款风险补偿。

对各类商业银行，给予其与所发放贷款成一定比例的风险补偿，贷款额度越高，风险补偿率越高，风险补偿金额越大，以鼓励银行类金融机构加大对企业的资金支持力度；对村镇银行及小额贷款公司，可采用一次性补偿的方式进行贷款风险补偿。

对商业银行因发放企业工艺创新贷款而出现的由非人为因素造成的贷款损失进行弥补，以降低其运营风险，提高放贷积极性。

（2）其他金融机构

对以创新担保业务为主的担保公司及其他开展贷款担保业务的非银行类金融机构给予风险补偿，以推动创新信贷担保体系的建立和完善。对积极开展企业工艺创新小额信贷保险的金融机构，除了给予一定的保费补贴外，还要给予一定的风险补偿，以降低其运营风险，鼓励其加大对企业工艺创新的金融支持力度，分担银行类金融机构的贷款风险。

12.4 本章小结

本章论述了制造业企业工艺创新投融资机制的内涵，认为工艺创新投融资机制是企业内部各工艺创新主体、投资、融资等要素之间及其与企业内外部其他要素相互配合、相互作用的运作方式。工艺创新投融资机制包括物化的基本构件和无形的运行机理。

为了保证投融资模式构建完成之后能够顺利实施，保障制造业企业工艺创新活动的顺利推进，设计了制造业企业工艺创新投融资机制，投融资机制主要包含财政引导机制、金融创新机制、法律保障机制、企业信用机制、风险共担机制、风险补偿机制等几部分内容。

基于上述分析，探讨了制造业企业工艺创新投融资机制系统所包括的六种要素，即财政引导机制、金融创新机制、法律保障机制、企业信用机制、风险共担机制、风险补偿机制。其中，财政引导机制包括设立专项基金、实施直接补贴等具体形式；金融创新机制构建的主要内容包括金融机构产权改革、鼓励发展小额贷款公司等新型金融组织、推进金融产品创新、开展无形资产抵（质）押贷款等多种抵押贷款形式的地区试点、规范引导民间金融等；法律保障机制主要从产权制度、民间金融、信用体系等几个角度构建；企业信用机制遵循以道德约束为支撑、以制度规范为基础、以法律强制为保障的原则，以企业信用环境建设和企业信用评估机制两部分内容为构建重点；风险共担机制构建主要包括利率调整及贴息、贷款担保等内容；风险补偿机制构建主要包括补偿资金来源、补偿原则、补偿对象等几部分内容。

13 提升制造业企业工艺创新能力的策略研究

工艺创新并不是孤立的行为，而是系统性的企业行为，因此，制造业企业通过信息化提高其工艺创新能力是一项系统工程，必须把制造业企业信息化与工艺创新结合起来，才能成功地进行工艺创新，从而提高工艺创新能力。由于受企业自身能力的限制，制造业企业完全通过自身力量进行信息化建设并据此提高其工艺创新能力面临着较大困难，除了企业自身之外，还需要政府的支持以及行业协会的引导。因此，本书针对制造业企业在信息化建设和工艺创新中所遇到的问题，结合国外信息化建设和工艺创新的发展趋势，从宏观（政府）、中观（行业协会）和微观（制造业企业）三个层面提出了相应的策略和必要的措施，以促进制造业企业通过信息化建设提高其工艺创新能力，希望既能为政府相关部门制定提升制造业企业工艺创新能力的发展政策提供一些参考，也能为制造业企业自身在制定工艺创新提升发展战略时提供依据。

13.1 政府层面的策略

在制造业企业通过信息化提升其工艺创新能力的过程中，离不开政府的支持与推动，政府在宏观上的引导、政策上的推动以及组织服务对制造业企业的信息化和工艺创新起着重要的作用。理论分析和实证研究都表明，软硬兼施的全面信息化导致了工艺创新能力的提高，基础设施和信息化人才是信息化建设中不可或缺的基本要素，单凭企业一已之力难以全部解决，因此，政府要依据国家经济和社会发展的需要，夯实国家信息基础设施，培养制造业企业信息化人才，为我国制造业企业、大专院校、科研院所之间工艺创新信息的交流和共享提供平台支撑和人才支持，消除信息孤岛，促进工艺创新信息在整个国家层面的快速流动。同时，政府还要立足于世界制造业信息化建设和工艺创新的发展趋势，引导制造业企业通过信息化进行绿色创新，并大力发展制造服务业。

13.1.1 夯实国家信息基础设施

国家信息基础结构（National Information Infrastructure），又称信息高速公路（Information Super Highway），它把用计算机相互联结起来的大型网络比喻成美国于 1956 年提出的洲际间四通八达的高速公路网。信息基础结构是支持信息时代技术—经济—社会有效运行的基础结构体系，是由通信网、计算机、数据库和用户电子设备组成的高速信息网，是满足制造业企业工艺创新信息需求的最基本和最重要的平台，企业所有的信息活动都要在此平台上展开。20 世纪 90 年代以来，发达国家掀起了信息高速公路建设热潮，如美国的国家信息基础结构（NII）、日本的曼陀罗（Mandara）计划、欧盟的欧洲信息空间（EIS）计划等，几乎所有的发达国家都已相继建成了国家级的计算机信息传输网络——信息高速公路，并相互联成覆盖全球的国际性计算机网络，成为科研活动最主要的基础设施，大大促进了这些国家的教育和科研事业的发展。我国的国家信息基础设施也初具规模，已先后建成了中国教育和科研计算机网（CERNet）及其主干网（CERNet2）、中国国际经济贸易互联网（CIETNet）、中国联通互联网（UniNet）、中国网通公用互联网（CNCNet）、中国移动互联网（CMNet），但与发达国家相比，尚存一定差距，表现为信息产业规模小、门类不够齐全、手段不尽合理、计算机及网络应用水平不高、有关法规制度及管理手段不健全、全民信息意识不强，所以有必要进一步发展以数字、文字、声音、图形、图像以及传感信号为载体，以获取、加工、传播和使用信息为内容的信息技术和与之相关的信息技术设备与器件的制造，进一步发展以信息生产、加工、存储、流通和服务为主的信息产业，积极建设信息高速公路，加速信息传递，从根本上改变并促进科技界、教育界、企业界之间的信息交流、资源共享、科学计算和研究合作，进一步完善“金”字工程和中国国家知识基础设施（CNKI），促进信息在整个国家创新体系内乃至全社会高速流动，促成制造业企业工艺创新的有效生成和顺利实现。

13.1.2 培养制造业信息化人才

信息化人才是信息化建设的重要力量，也是目前我国信息化建设最为短缺的资源。多年来，我国信息化人才队伍建设取得了显著的成绩，人才总量持续增长，人才素质稳步提高，各类人才对经济和社会发展的贡献和作用不断增强。但是，从总体来看，还存在着一定的问题，如人才结构不合理，高层次和领军人才缺乏，人才供给与需求错位，人才观念、工作机制、政策环境还需要进一步完善等。为了解决上述问题，有效缓解信息化人才供不应求的局面，应从学历教育和职业教育两个方面构建制造业企业信息化人才培养机制，为制造业企业信息化提供人才保证和智力支持。

1. 完善高等教育

信息化人才的培养主要依靠高等院校的学历教育，并集中在本科阶段。但目前在信息化学历教育中存在着人才供给与需求相互脱节的现象，高校不知制造业企业需要什么样的人才，制造业企业不知道高校培养什么样的人才。因此，应探索高校和制造业企业联合办学模式，形成高校和制造业企业联合培养机制，制造业企业提出信息化人才需求并提供实习基地，高校针对制造业企业需求培养相应人才。同时，加强各个高校信息化相关学科的专业建设，结合制造业信息化的前沿，围绕制造业企业信息化这条主线，调整和完善信息化相关学科的课程体系，增加制造业方面的课程，扩大实验性教学比例，提高为制造业企业培养信息化人才的针对性和有效性。

2. 扩大职业培训

在信息化人才培养方面，国外的经验值得我们学习，如印度软件产业的快速发展与他们的人才培养模式关系密切，在印度软件人才的培养模式中，占据主导地位的是职业教育，而非学历教育。借鉴印度等国的做法，我国应扩大信息化职业培训的范围，增加对信息化职业培训的投入和支持力度，并依托我国制造业企业信息化的样板企业，联合高校和优质培训机构，在制造业的各个具体行业组建信息化人才培训基地。

13.1.3 倡导绿色创新发展战略

绿色消费意识的崛起、绿色消费浪潮的风行，必将为制造业信息化提供庞大的消费市场和广阔的发展空间。具有绿色制造集成功能的信息化产品将很快成为抢手货，政府应该鼓励绿色制造与工艺创新的研究和应用，引导企业在工艺创新中遵从环保的要求，充分考虑对资源和环境的影响，将产品及其制造过程对环境的总体不良影响减到最小；同时，积极扶持计算机辅助的绿色产品设计和制造、绿色工艺规划、绿色设计和绿色制造的信息管理系统、绿色制造的决策系统、绿色产品生命周期评估系统等绿色技术的开发与应用，为我国制造业企业通过信息化进行绿色创新提供强大的技术支持。此外，还要引导制造业企业在应用信息技术进行绿色创新时做到：产品设计与开发中注意增加再生资源的开发和利用，减少非再生资源的开发和利用；设计节省原材料和能源、易回收利用的产品和清洁产品，包括满足人类健康的、安全的低污染或无污染产品；尽量少用或不用有害材料，采用易于回收的低污染的材料；对产生的废物加强处理，减少排污量。

13.1.4 发展全面的制造服务业

制造业与服务业的融合，催生了“现代制造服务业”，而信息技术的飞速发展，则为现代制造服务业的发展提供了技术保障。制造服务业是在产品生产和产品使用过程中所提供的各种形式的服务的行业，而现代制造服务业，就是指融合了互联网、通信、计算机等信息化手段和现代管理思想与方法的制造服务业，它将信息化作为提供服务的平台和工具，借助于信息化手段把服务向业务链的前端和后端延伸，扩大了服务范围，拓展了服务群体，并且能够快速获得客户的反馈，以便于不断优化服务内容，持续改进服务质量。发达国家将制造服务业视为高端产业，一直在大力发展和深耕这个产业，并据此置身于制造业产业链条的顶端，独占高额利润。我国虽为制造业大国，但处于全球价值链的底端，政府应引导信息化服务企业向现代制造服务业发展，把信息化打造成现代制造业的一个服务平台，逐步实现由生产型制造向服务型制造转变，加快产业升级：① 发展基础性服务业。继续发展电子商务、金融保险、信息服务、认证服务、物流配送、管理咨询等服务业，为制造业企业的信息化提供资金、安全、信息、物流等方面的支持。② 发展信息化技术服务业：抓紧制定技术服务认证与标准体系，建立健全法规制度；形成网络化、协作共享的技术服务资源配置系统；设立中介机构的市场准入机制，加强后期监管；组建 MITSS（Technology and Service System for Manufacturing Informatization，制造业信息化技术服务体系）行业协会，维护职业道德规范；逐步建立中国特色的 MITSS 理论体系。③ 发展生产性服务业。以信息化为平台，将服务的链条向上延伸到设计、研发等制造的前端活动，向下覆盖至物料配送、维修、检测、备件配件供应、设备改造、产品的售后服务、报废和回收等后端活动，延伸产业链条，为制造业企业之间的协作提供支持。

13.1.5 加强体制和机制的创新

工艺创新投融资是一项长期的系统工程，从时间看，无论是工艺创新还是投融资发展，两者互动都存在较长时间的滞后期，短期效用并不显著。从管理部门看，工艺创新投融资涉及中国人民银行、科技部、财政部、国资委、国税局、银监会、证监会、保监会等诸多政府机构，条块分割，协调不易。从纵向政府管理体系看，从国家部委到省市地方，效率不高。从利益相关主体看，工艺创新投融资涉及政府、创新型企业、金融机构、中介机构、科研院所、高等院校等诸多单位，焦点不一。

政府是工艺创新投融资的核心，担负着计划、管理、协调、引导等重要职能，理顺政府的管理体系非常重要。必须加强体制机制创新，尤其要做好政府部门之间、上下级之间的协调。一方面，要加强工艺创新投融资横向各相关单位的沟通合作，理顺工艺创新投融资的组织协调机制。另一方面，要加强上下级各有关部门的协调与沟通，加快工艺创新投融资配套政策的制定和实施。必要的话，要创新体制机制，成立专门的工艺创新投融资管理机构，创新工艺创新服务体系。

13.2 行业层面的策略

实证结果表明，信息化水平在制造业企业信息化正向作用于工艺创新能力过程中具有重要作用。因此，作为行业协会而言，应强化信息服务职能，促进行业内制造业企业信息的交流和共享，健全和完善信息化标准体系，建立健全制造业企业行业内技术联盟，以提高行业内制造业企业信息化水平，促进工艺技术信息在行业内的扩散和传播，为行业内制造业企业的工艺创新提供信息支持，进而提高行业内制造业企业的工艺创新能力。

13.2.1 强化制造行业信息服务职能

通过信息化提高制造业企业工艺创新能力，不仅需要提供资金、技术、政策等方面的支持，还应提供信息方面的支持。在不同的创新阶段，企业创新的任务和目标都有所不同，相应地对创新信息的需求也有所不同：① 在创新决策阶段，企业需要各个方面的综合信息。② 在创新实施阶段，信息需求内容与企业选择的创新内容有很大关系：对于产品创新，最需要的是可以支撑企业研究开发工作的科学技术信息和专利、标准信息等；对于工艺创新的实施，企业最需要的是新技术、新设备、新工艺信息。③ 在创新实现阶段，企业首先需要的是同类产品或服务（包括竞争性产品、替代性产品和互补性产品）的市场营销信息；其次，企业需要获取用户的相关信息；另外，企业还迫切地需要环境信息。④ 在创新扩散阶段，企业首先是向外扩散创新信息，其自身的信息需求处于被动的待激发状态。各行业协会应树立为制造业企业提供信息服务的观念，改变和优化信息服务模式，提高信息服务质量，对各种信息进行深层次开发，不断挖掘信息的价值，建立行业性的专业网站并开辟信息发布窗口，有针对性地为行业内的企业提供行业信息、行业动态、政策法规、技术信息、产品信息、工艺信息、市场信息，努力扩大信息服务范围，满足企业的信息需求，减少信息资源的重复、分散建设，在行业内形成信息资源的合作开发和共建共享机制。

13.2.2 促进行业内信息交流与共享

随着社会化分工的越来越细，越来越多的设计与制造活动需要在行业内多个企业之间展开，一件产品往往是众多企业参与和协作的结晶，协作的效率取决于信息交流和共享的效率。信息化为企业间的协作提供了信息平台。例如，对于船舶制造业企业，为保持其核心竞争力，企业主要负责船体设计与装备部分，其余则由其他企业生产，为了保证按订单迅速组织好生产和保证关键零部件质量，船舶制造企业需要和供应商保持协同，如制造的船上需要一台柴油机，柴油机厂在中标以后，还需要提供数字化的柴油机模型，船厂将这些信息输入整条船的设计数据里，虚拟装配才能得以全面实现。可见，信息化提高了制造业企业之间信息交流和共享的效率，使得异地设计与制造成为可能。制造业企业之间通过信息技术进行异地的信息交流和共享在国外发达国家已经普及，而在国内才刚刚开始。因此，行业协会应结合本行业特点，引导企业从市场定位、产品设计、制造、营销、售后服务、管理等各个环节对企业进行改造，鼓励企业间通过信息技术进行信息交流和共享，探索本行业企业间信息共享和交流的模式，逐步通过信息化建立一个能为产品的异地设计与制造、技术的协同研究和开发提供完备和可靠支撑的公共信息服务平台，以该平台为依托实现行业内的信息共享、促进行业内企业之间的信息交流，降低协同成本，全面提高行业整体竞争力。

13.2.3 健全和完善信息化标准体系

随着网络技术的深入发展，信息化将逐步由单个制造业企业向整个行业转移。如果行业内各个制造业企业所使用的产品标准各异，数据标准也不尽相同，则会影响企业之间的信息交流和共享，进而影响企业间创新合作与技术协同。制造业是一个超越行业的宽泛领域，产品涉及机械、电子、汽车、化工、矿业、食品、医疗器械、日常用品等众多行业，在信息化建设过程中不可能有一个包含各行业的标准框架。作为同行业众多制造业企业的代表，制造业企业行业协会比政府有关部门更具有制定行业信息化标准的优势，因为它们更了解本行业制造业企业的生产、管理和研发等情况，更熟悉相关市场的实际情况。因此，为了促进行业信息化并以此为基础推动行业内企业技术创新合作，由行业协会组织开展信息化标准的研究和制定工作有很大的发展空间。在制定国家标准和行业标准条件还不成熟的情况下，行业协会可以推出机动灵活的协会指导性技术文件，结合行业特征从三个方面规范行业内部企业的标准化建设。① 实现产品和管理的标准化。产品和管理的标准体系是企业信息化建设的依据，如果制造业企业没有一个全面的管理体系和产品标准体系，加之企业本身的生产经营不规范，是不可能构建出一个流程和作业规范的信息系统的，因此，应首先完善行业的产品和管理的标准化体系，以为信息化建设的标准化提供支持。② 实现数据的标准化。参照国家或行业技术标准，统一术语定义，统一数据交换方式，统一信息编码，使行业内各企业的研发、制造、管理等经营活动“同说一种语言”，以便于行业内资源共享。③ 信息化建设的标准化。引导企业参照行业的产品和管理的标准体系，严格按照工程化的系统方法进行信息系统的开发、运行和维护，以便于行业内异构信息系统之间的对接与交互。

13.2.4 建立制造业行业内技术联盟

技术的自主研发不仅需要大量的资金和相关的人才、技术，更需要企业强大的市场影响力。而单个制造业企业的工艺创新能力还很薄弱，难以独自承担创新过程中的高成本和高风险。我国制造业企业在工艺创新上单兵作战的较多，企业之间的合作创新相对较少，即便有一些创新合作，不仅强度小，而且合作形式单一，结合松散，难以调动双方积极性，这在很大程度上制约了工艺创新的强度。因此，行业协会应当充分发挥作用，依托于信息化平台，组建技术联盟，形成合作优势，帮助企业开发具有国际竞争力的新产品。首先，利用自身优势协调本行业上下游制造业企业结成技术联盟，将行业内分散的工艺创新资源集成起来进行技术研发，特别是对共性技术的研发。其次，行业协会应当利用我国政府以信息化带动工业化的有利时机，赢得政府对技术联盟的支持。最后，行业协会应当促使联盟内部成员之间通过技术协调互补形成竞争合力，在保证创新产品兼容性的基础上完成行业技术的研发和应用。

13.2.5 加大金融中介服务体系培育

中介服务机构包括融资担保机构、资产评估机构、金融租赁和信托公司、法律和会计事务所等，在工艺创新投融资方面它们担负着重要的桥梁作用。必须进一步完善中介服务体系，建立客观公正的科技成果鉴定、评估、定价、监管等方面的中介机构。搭建工艺创新投融资服务平台，为创新型企业提供信息服务、科技成果转化、项目评估、融资服务、市场推广等一揽子解决方案。进一步做好征信体系建设，完善无形资产评估体系。此外，还要培养一支既懂科技又懂金融的复合型人才队伍。

13.3 企业层面的策略

前面的理论分析和实证分析都表明，软硬兼施的制造业企业信息化促进了工艺创新能力的提高，因此，工艺创新能力提高的关键在于进行软硬兼施的信息化建设，即除了基础设施的构建、信息化人才的培养、应用软件的配置之外，还要进行企业文化的建设、组织结构的变革、管理理念的转变、业务流程的重组等。同时，我国制造业企业在信息化建设中普遍存在着“重硬轻软”的情况，企业往往斥巨资购置先进的硬件和软件，但其机制的转化与生产经营模式的转变却落后于企业信息化的要求。因此，制造业企业在信息化建设过程中，应以提高工艺创新能力为导向，从企业文化、业务流程、组织结构、信息质量等方面入手，制定相应的信息化策略。同时，实证结果还表明，我国制造业企业的信息产生能力和自助创新能力相对较弱，制造业企业还应通过信息化提高信息产生能力，以提高其自主创新能力。

13.3.1 培育信息化的企业文化

1. 强化企业员工信息共享意识

许多员工认为其价值是通过其知识体现出来的，因此不愿意将这些难得的个人知识轻易地与他人共享。因此，制造业企业应强化员工的信息共享意识，逐步引导员工树立新的价值观，即员工个人的价值并不在于他掌握了多少别人未知的知识，而在于他能在多大程度上与别人共享并创新这些知识，并推出相应的物质激励、精神激励、情感激励等措施，营造知识共享的氛围，对知识共享表现突出的员工给予适当的奖励，将员工的知识贡献作为衡量他们工作业绩和加薪的一个标准，通过树立榜样，使更多的“知识之星”脱颖而出，从而使知识共享成为员工自然的行为。同时，建立健全保护知识提供者个人利益的保障制度和有效的激励机制，充分调动起员工创造的积极性、主动性，使员工在相互信任的基础上愿意与他人分享知识，使管理者、工程师长期以来所积累的产品开发经验经有效共享转化为制造业企业的工艺创新资源。

2. 建设信息文化

信息文化作为一种具有特殊内容和表现手段的文化形态，是人们在社会活动中依赖于以信息、信息资源、信息技术为支点的信息活动而创造的物质和精神财富，具有动态开放性、即时发展性、技术推动性，是制造业企业信息化建设的灵魂所在。中国制造业企业最缺乏的不是信息技术，而是适合信息化的信息文化。因此，制造业企业应在信息化建设中通过全员信息教育、营造良好环境和建立相应机制等途径培养、塑造一种人性与和谐、开发与沟通、认识与参与的信息文化。

13. 3. 2 重组工艺创新业务流程

1. 设计并行化

设计并行化也称并行工程（Concurrent Engineering），是充分利用现代计算机技术、现代通信技术和现代管理技术来辅助产品设计的一种现代产品开发模式，通过对产品开发和设计过程的重建和优化，集成地、并行地设计产品及其零部件和各种相关过程（包括制造过程和支持过程）。并行设计是一种集成产品开发全过程的系统化方法，它要求产品开发人员在设计中能考虑到产品整个生命周期的所有因素，包括质量、成本、进度计划和用户的要求。同串行设计相比，并行设计具有产品开发周期短、产品质量高、产品成本低的特点，国外许多知名公司都通过信息化实现了设计的并行化，如美国波音飞机制造公司采用庞大的计算机网络来支持并行设计和网络制造，历时 3 年多便试制成功，试飞一次成功，并实现了无纸化制造。并行设计中“并行”的概念可以从纵向和横向两个方面去理解：纵向以产品为主线，使产品的设计、分析、制造、装配过程并行；横向指同阶段相关设计任务的并行化。因此，制造业企业应从纵向和横向两个方面，通过来自企业各个部门的优秀人员所组成的多功能小组并行地进行产品的开发工作。

2. 设计数字化

设计数字化是指将所有产品零件在计算机上进行三维设计，并进行数字化预装配，而无须利用工程图纸作为设计的依据，也称为无纸化设计。江淮汽车全面采用了数字化设计技术，其轿车、发动机等新产品开发全部实现了三维建模，为企业在汽车设计上形成自有核心技术和自主知识产权、在市场竞争中获得主动权创造了有利条件。因此，制造业企业在产品研发方面，应以数字化设计为突破口，在产品零部件的设计与装配中采用数字化设计的技术和方法，建立数字化虚拟仿真系统的工程化环境，应用数字仿真优化设计技术，提高产品开发设计的速度、水平和规范程度，降低产品设计成本，从而提高工艺创新能力。

13.3.3 构建虚拟工艺创新组织

工艺创新要通过一定的组织模式来实现，组织模式影响着工艺创新的效率。伴随着信息化的不断深入和全球化的不断加剧，越来越多的公司通过虚拟产品开发小组来降低产品开发成本和缩短产品上市时间，工艺创新组织边界逐渐模糊化，组织结构日益扁平化，工艺创新组织模式呈现出虚拟化趋势。不同于直线式、矩阵式、职能式等实体的工艺创新组织，虚拟的工艺创新组织具有专业化、合作化和离散化的特点，其组织结构、组织人员和组织功能都是虚拟的。参与虚拟创新组织的各个企业保留了自己的核心专长业务，而剥离了其他非核心专长业务，以离散状态分布于世界各地。Malhotra A.(2001）等人通过研究波音——洛克达因公司的案例发现，通过应用虚拟信息技术组建一艘“虚拟的船（Virtual Ship)”，即便工艺创新人员在地理位置上并不毗邻，仍然能成功开展根本性工艺创新。制造业企业应根据创新机会，充分利用其他企业的智力资源和工艺创新资源，借助信息技术组成链式、联盟、虚拟平台、网络创新、横向虚拟一体化外包、网络企业孵化器、技术实验室联合体等模式形态的虚拟组织，通过创新资源互补、创新结构重塑、创新成果共享等内部动因来创造增值，共享创新收益。

13.3.4 提升工艺创新信息能力

工艺创新的自主决定于工艺创新信息的自主，信息产生能力对提高自主创新能力具有重要作用。在我国制造业企业自主创新能力普遍较弱的背景下，通过电子化学习、电子化创新技法等信息化手段提高信息化水平进而提升制造业企业工艺创新能力，对我国制造业企业而言具有重要的现实意义。电子化学习是组织智力的发动机，能有效开发组织成员的创造力和创新力，推动战略变革，其目标是按需提供学习——在任何时间、任何地点以最适合学习者的传递方式提供。电子化学习有以下三个特点。① 网络化。知识可以随时地、及时地更新，同时确保其一致性。② 个性化。学习者可以根据自己的需要安排学习进度和学习内容。③ 可跟踪。学习者的所有学习活动都被记录下来，作为评估学习效果及分析培训需求的依据，同时也可以作为考核的工具。美国超过 60% 的企业通过网络的方式对员工进行工作现场培训。据统计，电子化学习正以每年 83% 的速度跃升。据美国培训发展协会 ASTD 预测，到 2010 年，美国员工人数超过 500 人的企业中，有 90%将会采用电子化学习方式进行培训，电子化学习估计可以为企业节省 30% 的费用，而且可以提高 40% 的培训效果。学习能力决定了一个企业的工艺创新能力，摩托罗拉等国外知名公司正是通过电子化学习有效提升员工的自主创新能力的。因此，制造业企业应依托于电子化学习搭建自主创新和知识创造的平台，利用信息技术为学习提供支持，利用网络传递学习资源，使制造业企业在工艺创新中所形成的知识、技能、诀窍在更短的时间内、以更低的费用被更多的员工所掌握，并应用于具体的业务流程之中，从而引发持续的学习和不断的自主创新，最终提高自主创新能力。

13.3.5 提高工艺创新信息质量

制造业企业信息化的特征之一是为企业提供了广泛的信息集成，信息质量是企业信息化建设的前提和基础，信息质量的高低直接关系着信息化的实施效果。制造业企业通过信息化可提高工作效率、提升管理水平，但如果没有高质量的信息作保证，则这种益处将无法实现。同时，信息质量还影响着信息的真实性和有用性，从而影响着工艺创新决策的质量。企业信息的混乱、不准确、不完整，将会使领导层缺乏对企业各方面状况的准确、可靠和实时的反馈信息，缺乏对产品经营活动的真正了解。高质量的决策需要高质量的信息，制造业企业信息化建设和实施的效果依赖于信息的可靠性、精确性和及时性，在此基础上，工艺创新的决策、预测、计划等重要的工艺创新活动才能得以精确实施，否则，“进去的是垃圾，出来的还是垃圾”。因此，制造业企业应把信息的质量问题看作具有战略意义的问题，企业领导应清醒地认识低劣的信息对于战略计划的影响，强化对信息质量的管理，完善企业的监测、计量体系，建立规范化的信息采集、录入系统，确保信息采集的高效、统一、真实，确保信息的完备、完整、安全、相关。

13.3.6 工艺创新具体实施方针

对制造业企业工艺创新能力体系运行效果进行评价，不仅可以使企业了解自身的能力体系运行效果，而且便于发现工艺创新过程中存在的根本性问题。信息时代，企业竞争的一些特征是资源的竞争逐渐被质量和效率的竞争所取代，注重实务研究，管理面向实际问题，产业开始向高新技术化和高增值化方向发展，经营范围扩大到全球。对企业而言，企业信息化的应用不应成为一个僵化的机器系统，而必须要很好地与企业的创新结合起来，从而保证企业工艺创新的需要；必须要实现企业信息化与企业创新的协调发展，在战略上对创新提供必要的支持。因此，为满足消费者需求的多样化，企业要不断推陈出新，在技术、管理、市场和理念方面都要不断地调整和创新，以实现多样性和价格方面的领先地位，从而保持企业的竞争优势和持续发展。

1. 明晰企业的信息化战略

制造业企业信息化是对制造业企业整体具有深远意义的一次变革，它并不是简单的信息技术的应用。制造业企业信息化有一个清晰的规划和战略，即在保持制造业企业良好的生产经营秩序的同时，明确制造业企业信息化的层次和结构，并协调好制造业企业信息化建设的秩序。对于制造业企业，企业的工艺创新能力是至关重要的，因为只有企业具有强大的工艺创新能力，企业才能从市场上获得最优的资源配置和最好的市场销售渠道，才能够获得足够的竞争优势，从而保持企业的持续发展。因此，制造业企业要从战略的角度明确企业信息化的重要性，注重其对企业工艺创新能力提升的决定性作用，加快企业信息化建设的步伐，从而促进制造业企业快速发展。

2. 推进工艺创新体系建设

全面推进工艺创新能力体系建设，要以工艺创新能力体系构成要素的发挥、整合和应用为重点，建立健全覆盖全行业的能力系统。加快创新能力体系制度建设，抓紧制定相关配套制度和政策措施；推进行业和地区创新能力体系建设，尽快改善各行业、地区的创新环境；建设覆盖全行业的创新能力体系，大力推动创新信息在全行业范围内的互联互通；强化监管，完善创新能力体系，规范发展创新支持和创新服务；加强创新主体建设，不断提升企业主体地位。同时，还要大力培养社会创新意识，不断提高全民创新素质。

3. 夯实工艺创新发展基础

随着新经济时代的到来，信息传播的速度日益加快，技术扩散更加迅速，企业的生产经营将呈现信息化、网络化和国际化的发展趋势。对于我国制造业企业来说，这种趋势可谓是挑战与机遇并存。它可以提供一条迅捷的通道，使制造业企业能够快速地收集到企业所需的工艺技术和信息技术，这在一定程度上解决了工艺创新过程中难以获得合适的工艺技术的难题。因此，制造业企业当前应该夯实工艺创新的发展基础，加快企业信息化建设，以此提高信息的时效性和正确性，拓宽信息搜索通道，从而加快制造业企业信息化建设，提升制造业企业工艺创新能力。

4. 加大工艺创新投入力度

工艺创新过程中存在着巨大的风险，要想保证制造业企业工艺创新活动能够顺利进行，则需要有大量的资金供给，必须做好融资工作。与产品创新相比，工艺创新往往承担着更多的资金成本与风险，因此，资金不足已经成为制约制造业企业正常进行工艺创新的主要因素之一。在解决资金短缺方面，制造业企业要协调好制造业企业与金融机构的关系，应努力获取政府部门更大、更有力的支持；通过建立健全投资风险体系和信用担保体系，扩大融资范围，拓宽融资渠道，包括从证券市场上筹措资金、设立必要的专项基金以及从企业销售收入中按适当比例提取技术开发资金等，以保障创新资金的充足供给，支持制造业企业工艺创新。

5. 加快工艺创新实施步伐

在现代生产条件的影响下，设备技术状况很大程度上制约着企业产品的质量、成本和消耗。提高企业生产自动化程度和改进企业的生产工艺是解决工艺创新实施问题的关键环节。因此，我国制造业企业应积极排除制约企业技术水平和企业工艺创新能力的因素，不断加强生产设备的工艺创新，从而提高生产工艺水平。在此过程中，我国制造业企业首先应加强对现有设备的技术改造并及时将新的技术应用于企业的现有设备，提高现有设备的效能，延长设备的技术寿命；其次应当着眼于改善企业劳动手段，提高企业生产过程的自动化程度；最后是应用较先进的设备取代陈旧过时的设备，有计划地加快设备的更新，从而保证企业的生产建立在先进的物质技术基础之上。

6. 提高工艺创新产出效益

企业的经营不但要考虑到经济效益，而且应更加注重环境效益，以保证企业与环境的和谐发展。目前，制造业企业还没有意识到绿色工艺及绿色生产观念的重要性。针对此问题，中央政府应该出面积极倡导制造业企业进行绿色工艺创新，加强企业的环保意识和社会责任感。同时，地方政府要让制造业企业充分认识到环保的重要性，引起制造业企业对绿色工艺创新的重视；可以在融资或利税等经济方面给予优惠，对绿色工艺创新进行额外的奖励。在选择产品和工艺技术的时候，制造业企业要树立绿色意识，尽量设法降低污染。

13.4 本章小结

针对制造业企业工艺创新能力体系构建与投融资中存在的问题，本章从政府、行业和企业三个层面提出了提升制造业企业工艺创新能力的相关策略。政府层面的策略包括：① 夯实国家信息基础设施；② 培养制造业信息化人才；③ 倡导绿色创新发展战略；④ 发展全面的制造服务业；⑤ 加强体制和机制的创新。行业层面的策略包括：① 强化制造行业信息服务职能；② 促进行业内信息交流和共享；③ 健全和完善信息化标准体系；④ 建立制造业行业内技术联盟；⑤ 加大金融中介服务体系培育。制造业企业层面的策略包括：① 培育信息化的企业文化；② 重组工艺创新业务流程；③ 构建虚拟工艺创新组织；④ 提升工艺创新信息能力；⑤ 提高工艺创新信息质量，并应坚持明晰企业的信息化战略、推进工艺创新体系建设、夯实工艺创新发展基础、加大工艺创新投入力度、加快工艺创新实施步伐、提高工艺创新产出效益的方针。

为使制造业企业工艺创新能够更好地发展，政府、行业和制造业企业必须紧密配合：政府、行业要为制造业企业创造工艺创新发展的环境；制造业企业也应以积极的态度主动解决信息化与工艺创新发展及投融资中存在的问题。只有这样，我国制造业企业工艺创新能力才会得以提升，才能变“中国制造”为“中国创造”。

14 结论与展望

制造业是国民经济高速增长的发动机，是国家安全的重要保障，更是国家国际竞争力的重要体现。对制造业企业而言，工艺创新具有降低企业生产成本、提升企业技术能力和提高企业经济效益等重要作用，因此，工艺创新已逐渐成为企业生存的根基与可持续发展的动力。伴随着信息化的日益深入，信息技术与制造技术的不断融合，对制造业企业的生产、管理以及工艺创新活动都产生了深刻的影响。信息化对制造业企业工艺创新产生了根本性的影响，信息化重塑了工艺创新过程，重构了工艺创新组织模式，为制造业企业提升工艺创新能力提供了新的有效手段。因此，对基于信息化水平的制造业企业工艺创新能力体系构建与投融资问题展开系统研究，可以揭示信息化背景下制造业企业工艺创新能力的形成机理及路径，并在此基础上构建基于信息化水平的制造业企业工艺创新能力体系、构建制造业企业工艺创新投融资模式及机制。这不仅具有科学意义和理论价值，同时对提高制造业企业工艺创新能力和形成核心竞争力、促进工艺创新发展以及早日在我国建成“世界工厂”也具有重要的现实意义。

14.1 研究结论

本书是在系统参阅了国内外大量文献资料的基础上，应用管理学、经济学、社会学、行为学、统计学等领域内的相关知识与方法，利用定向性研究的理论分析、定量研究的实证分析等手段撰写而成。本书以基于信息化水平的制造业企业工艺创新能力体系构建与投融资为研究对象，以企业信息化的相关理论、工艺创新的相关理论、投融资理论为理论依据。在分析信息化与制造业企业工艺创新能力的关系、金融与工艺创新的关系的基础上，本书探讨了制造业企业信息化水平与测度、信息化水平对制造业企业工艺创新能力的影响机理、基于信息化水平的制造业企业工艺创新能力形成路径、制造业企业工艺创新投融资模式、制造业企业工艺创新投融资机制。在此基础上，本书提出了基于信息化水平的制造业企业工艺创新能力体系与投融资框架。

本书在此方面的研究归纳如下：

(1) 基于信息化水平的制造业企业工艺创新能力体系构建与投融资的理论基础

首先，对制造业与制造业企业信息化的相关含义进行了概括和界定。其次，对制造业企业工艺创新能力的相关含义进行了界定。介绍了基于信息化水平的制造业企业工艺创新能力体系的相关基本理论，包括技术创新理论、企业能力理论、企业信息化理论、组织信息处理理论、投融资理论。通过理论基础的研究，为后面深入探讨基于信息化水平的制造业企业工艺创新能力体系构建与投融资问题做了铺垫。

(2) 信息化与制造业企业工艺创新能力关系分析

在文献综述和相关理论的基础上，重点探讨了信息化对制造业企业和工艺创新能力的作用。首先，从信息化对制造业企业的作用分析展开，梳理分析了信息化是如何带动制造业企业发展的。其次，结合制造业的特殊性，从硬信息化环境和软信息化环境两个方面分析了制造业企业工艺创新所处的信息化环境。结合工艺创新的定义，从工艺设计创新和工艺管理创新两个方面对信息化环境下的制造业企业工艺创新的特点进行了深入、全面的分析。最后，研讨了信息化对工艺创新能力的促进作用。

(3) 制造业企业信息化水平与测度研究

结合我国制造业企业信息化水平的特征，在分析制造业企业信息化水平测度目标与思路的基础上，依据其具体的测度指标体系构建原则，分层设定了制造业企业信息化水平测度指标。同时，考虑到单纯运用主观或客观赋权方法都难以做到准确和全面，提出了基于组合赋权的制造业企业信息化水平指数模型。

(4) 信息化水平对工艺创新能力影响机理研究

基于工艺创新要素，从工艺创新人员、工艺创新资金、工艺创新信息、工艺创新设备等方面分析了信息化水平对工艺创新能力的影响机理；基于工艺创新模式，从模仿工艺创新模式、自主工艺创新模式、合作工艺创新模式等方面分析了信息化水平对工艺创新能力的影响机理。

(5) 基于信息化水平的工艺创新能力形成路径研究

分析了制造业企业工艺创新能力路径形成的动因，其中包括制造业企业内部动力因素、制造业企业外部动力因素和工艺创新能力形成的阻碍因素，确定了基于信息化水平的制造业企业工艺创新能力路径形成的过程，将工艺创新能力形成模式分为内生型模式和外生型模式两种，继而以此为基础揭示了基于信息化水平的制造业企业工艺创新能力形成路径。

(6) 基于信息化水平的工艺创新能力体系构建与分析

对基于信息化水平的工艺创新能力体系的内涵进行了界定，阐述了基于信息化水平的工艺创新能力体系的目标与功能；基于静态的角度，在明确工艺过程的基础上，提出了工艺创新能力的构成，构建了由工艺创新基础能力、工艺创新投入能力、工艺创新实施能力和工艺创新产出能力组成的基于信息化水平的工艺创新能力体系；基于动态的角度，从动力机制、决策机制和激励机制三方面构建工艺创新能力体系的运行机制，探究了工艺创新能力体系的运行方式和机理。

(7) 基于信息化水平的工艺创新能力体系运行效果评价

对工艺创新能力体系运行效果评价的意义和目的进行了分析；建立了工艺创新能力体系运行效果评价指标体系，其中包括工艺创新基础能力、工艺创新投入能力、工艺创新实施能力和工艺创新产出能力 4 个一级指标、11 个二级指标、39 个三级指标，并确定了各个具体评价指标的含义及计算方式；选择模糊神经网络综合评价模型作为评价方法，提出了工艺创新能力体系运行效果的模糊神经网络综合评价模型。

(8) 基于信息化水平的工艺创新能力体系实证研究

选取哈锅公司为实证案例，对哈锅公司的信息化与工艺创新概况进行介绍；基于建立的制造业企业信息化水平测度指标体系，通过数据收集，对哈锅公司的信息化水平进行测度；基于制造业企业工艺创新能力体系构建的研究内容，对哈锅公司的工艺创新基础能力、工艺创新投入能力、工艺创新实施能力和工艺创新产出能力进行了详细解析；基于制造业企业工艺创新能力体系运行效果评价所建立的评价体系，通过数据处理，对哈锅公司的工艺创新能力体系运行效果进行评价；最后对实证结果进行了详细分析。

(9) 制造业企业工艺创新投融资模式研究

通过对制造业企业工艺创新领域的具体实践的研究，总结归纳工艺创新投融资存在的问题及原因，探讨我国制造业企业工艺创新资金来源与融资方式，结合我国实际情况，坚持市场化投融资机制与政策性投融资机制相结合、满足不同成长阶段的制造业企业工艺创新融资需求、有利于降低制造业企业工艺创新过程中的不确定性、兼顾模仿工艺创新投融资和自主工艺创新投融资的原则，构建我国制造业企业工艺创新的投融资模式，为我国制造业企业工艺创新的投融资探索一个框架性的解决方案。

（10）制造业企业工艺创新能投融资机制研究

对制造业企业工艺创新投融资机制的内涵进行了论述，工艺创新投融资机制包括物化的基本构件和无形的运行机理。为了保证投融资模式构建完成之后能够顺利实施，保障制造业企业工艺创新活动的顺利推进，构建了制造业企业工艺创新投融资机制的结构，投融资机制主要包含财政引导机制、金融创新机制、法律保障机制、企业信用机制、风险共担机制、风险补偿机制等几部分内容。

（11）提升制造业企业工艺创新能力的策略研究

根据前面理论分析、模型验证以及实证研究的结果，针对我国制造业企业信息化建设和提升工艺创新能力的过程中所遇到的问题，结合国外信息化建设和工艺创新的发展趋势，从宏观层面（政府）、中观层面（行业）和微观层面（企业）提出利用制造业企业信息化手段、提高投融资效率来提升我国制造业企业工艺创新能力的对策建议。

通过上述多个方面的研究，全面地完成了对基于信息化水平的制造业企业工艺创新能力体系构建与投融资的系统研究。本书的主要结论如下：

（1）在企业能力理论的指导下，参考国内外工艺创新的定义，结合中国制造业企业工艺创新的实际，本书基于制造业企业的角度，将制造业企业工艺创新能力的定义界定为：工艺创新能力是企业在未来一定时期内工艺有可能达到某一标准的能力，换言之，工艺创新能力是决定企业未来可能实现的工艺水平的关键性因素。工艺创新能力越强，意味着企业未来有可能实现的工艺水平越高，竞争能力也就越强。

（2）信息化与制造业企业工艺创新能力之间存在相关关系，通过对其相关关系的分析，信息化主要从业务流程重组、组织结构变革、管理决策优化、人力资源管理等方面带动制造业企业的发展，而信息化则主要从改进信息收集功能、转变生产方式、加强技术知识转化、降低创新风险等方面对工艺创新能力的提升起到促进作用。通过定性分析，得出了信息化与制造业企业工艺创新能力存在着较强的相关关系的结论，这充分说明了信息化水平的提高可以促进制造业企业工艺创新能力的提升。

（3）在分析制造业企业信息化水平测度目标与思路的基础上，针对我国制造业企业的特点，依据其具体的测度指标体系构建原则，构建出由企业人员信息化水平指标、产品研发信息化水平指标、生产制造信息化水平指标、经营管理信息化水平指标、企业商务信息化水平指标和企业信息化基础建设水平指标 6 个二级指标构成的制造业企业信息化水平测度指标体系。考虑到单纯运用主观或客观赋权方法都难以做到准确和全面，提出了基于组合赋权的制造业企业信息化水平指数模型。该测度理论与方法不仅可以用于几个企业间的横向比较，以找出企业自身在信息化建设方面所存在的不足，而且可以用于某一企业若干年的信息化水平的纵向比较，从而更准确地了解企业信息化水平，使其更有针对性地采取相应的策略来加强信息化建设。

（4）通过探讨信息化水平对工艺创新能力的作用以及工艺创新能力对信息化水平的推动，明确了信息化水平与工艺创新能力的互动关系。构建了基于要素的信息化水平对工艺创新能力影响机理的概念模型，剖析了制造业企业信息化通过改变工艺创新人员、工艺创新资金、工艺创新信息和工艺创新设备 4 要素而对工艺创新能力的影响机理。构建了基于模式的信息化水平对工艺创新能力影响机理的概念模型，揭示了初级信息化水平对模仿工艺创新能力的影响、中级信息化水平对自主工艺创新能力的影响、高级信息化水平对合作工艺创新能力的影响以及信息化水平对工艺创新能力的复合效应。该研究将为基于信息化水平的制造业企业工艺创新能力体系构建与分析提供相应的理论基础。

（5）探讨了基于信息化水平的制造业企业工艺创新能力路径的形成动因，包括制造业企业内部动力因素、制造业企业外部动力因素、工艺创新能力形成的阻碍因素。确定了基于信息化水平的制造业企业工艺创新能力路径的形成过程，在这一过程中，工艺创新能力形成的基础是企业信息资源，工艺创新能力形成的内核是核心工艺技术，工艺创新能力形成的桥梁是工艺技术平台，工艺创新能力形成的物质载体是核心产品，工艺创新能力形成的市场体现是最终产品。将工艺创新能力形成模式分为内生型模式和外生型模式两种，以此为基础建立并诠释了基于信息化水平的制造业企业工艺创新能力形成路径，诠释了制造业企业工艺创新能力的形成过程呈现出从生存到短期竞争优势再到长期竞争优势的成长态势，分别对应着基本工艺创新能力、次工艺创新能力和工艺创新能力三种不同强度的工艺技术能力形态。

（6）从系统的观点研究基于信息化水平的制造业企业工艺创新能力的体系，构建了一个由工艺创新基础能力、工艺创新投入能力、工艺创新实施能力和工艺创新产出能力等耦合而成的基于信息化水平的制造业企业工艺创新能力的体系，工艺创新能力体系各构成要素间具有相互作用关系。构建了基于信息化水平的制造业企业工艺创新能力体系的运行机制，包括动力机制、决策机制和激励机制。其中，动力机制为工艺创新主体进行工艺创新决策提供动力源泉，决策机制为工艺创新活动提供指南和行动方案，激励机制对工艺创新主体及工艺创新战略进行导向与促进，根据创新绩效信息调整制造业企业工艺创新战略，保证制造业企业工艺创新目标实现。

(7) 通过对工艺创新能力体系运行效果评价的意义和目的、评价指标体系构建原则、评价指标体系设计框架以及评价指标含义的分析，初步构建了基于信息化水平的制造业企业工艺创新能力体系运行效果评价指标体系，并确定了由 1 个总指标、4 个一级指标、11 个二级指标、39 个三级指标构成的基于信息化水平的制造业企业工艺创新能力体系运行效果评价指标体系。选择模糊神经网络综合评价模型作为工艺创新能力体系运行效果评价方法，确定了模糊神经网络综合评价模型的评价思路。根据工艺创新能力体系的特点，提出了工艺创新能力体系运行效果的模糊神经网络综合评价模型，并选取了典型的制造业企业为研究对象进行实证研究。

(8) 通过研究制造业企业工艺创新领域的具体实践，发现工艺创新投融资存在的问题，总结归纳工艺创新投融资存在问题的原因，分析制造业企业工艺创新的资金来源与融资方式。结合我国实际情况，根据融资主体、融资渠道、主要资金来源等的不同，构建我国制造业企业工艺创新投融资模式，具体包括资金自筹模式、地方政府投融资平台模式、风险投资融资模式、政策金融与合作金融互补模式。

(9) 论述了制造业企业工艺创新投融资机制的内涵，为了保证投融资模式构建完成之后能够顺利实施，保障制造业企业工艺创新活动的顺利推进，设计了制造业企业工艺创新投融资机制，投融资机制主要包含财政引导机制、金融创新机制、法律保障机制、企业信用机制、风险共担机制、风险补偿机制等几部分内容。

(10) 从政府、行业和企业三个层面提出了提高制造业企业工艺创新能力的相关策略。政府层面应夯实国家信息基础设施，培养制造业信息化人才，倡导绿色创新发展战略，发展全面的制造服务业，加强体制和机制的创新；行业层面应强化制造行业信息服务职能，促进行业内信息交流和共享，健全和完善信息化标准体系，建立制造业行业内技术联盟，加大金融中介服务体系培育；制造业企业应培育信息化的企业文化，重组工艺创新业务流程，构建虚拟工艺创新组织，提升工艺创新信息能力，提高工艺创新信息质量，并应坚持明晰企业的信息化战略、推进工艺创新体系建设、夯实工艺创新发展基础、加大工艺创新投入力度、加快工艺创新实施步伐、提高工艺创新产出效益的方针。

14.2 研究贡献

本研究在信息化日益深入、信息技术与制造技术不断融合的背景下，基于已有相关理论，构建了基于信息化水平的制造业企业工艺创新能力体系与投融资的理论框架和概念模型，并以典型制造业企业为样本进行实证分析，检验了根据概念模型提出的理论假设，最后根据实证分析的结果为提升制造业企业工艺创新能力提供了相关策略。本书研究的贡献主要体现在以下方面：

（1）基于制造业企业信息化和工艺创新已有的相关理论研究，从制造业企业内部动力因素、制造业企业外部动力因素、工艺创新能力形成的阻碍因素等方面研究了基于信息化水平的制造业企业工艺创新能力形成动因，提出了相对系统的基于信息化水平的制造业企业工艺创新能力体系分析框架，这对尚处于概念阐述、没有形成工艺创新构成维度、处于起步阶段的工艺创新的理论发展具有一定的贡献，丰富了制造业企业工艺创新的理论研究。

（2）信息化水平对制造业企业工艺创新能力的影响分析，不仅考虑了基于工艺创新要素（工艺创新人员、工艺创新资金、工艺创新信息和工艺创新设备）的信息化水平对工艺创新能力的影响，而且从工艺创新模式（模仿工艺创新模式、自主工艺创新模式、合作工艺创新模式）的视角研究了信息化水平对工艺创新能力的影响，拓展了已有工艺创新影响因素的研究思路，为未来制造业企业工艺创新作用机理的进一步研究奠定了基础。

（3）在研究基于信息化水平的制造业企业工艺创新能力体系时，同时考察了基于信息化水平的制造业企业工艺创新能力体系各构成要素间的交互作用，通过交互作用的分析，揭示了基于信息化水平的制造业企业工艺创新能力体系的运行机理，并选取典型的制造业企业为研究对象，对基于信息化水平的制造业企业工艺创新能力体系进行了实证研究，这不仅从理论上丰富了制造业企业工艺创新的研究，而且对制造业企业工艺创新的实践具有重要的指导作用。

14.3 研究局限与展望

本书在基于信息化水平的制造业企业工艺创新能力体系构建与投融资这一研究领域进行了一定的创新性研究，也得出了具有一定价值的结果，为我国制造业企业信息化建设和工艺创新能力的提升提供了理论指导与方法支持。然而，本书对基于信息化水平的制造业企业工艺创新能力体系构建与投融资进行的前瞻性理论探讨尚未完备，需要研究的问题与领域还有很多，须在后续研究中作出进一步探讨和完善：

第一，结合不同类型制造业企业工艺创新的特点，构建更加完善的工艺创新能力体系，对工艺创新的基础能力、投入能力、实施能力以及产出能力进行深入研究。

第二，深入分析企业不同信息化水平下的工艺创新能力体系运行机理。

第三，使研究样本更加广泛，扩大制造业企业工艺创新能力体系运行效果评价体系的应用范围，从而横向比较相同产业内部企业间的运行效果差异，进一步完善该理论的实际应用。

第四，制造业企业工艺创新能力体系构建的相关对策及具体措施仍需在实践中进一步探讨。

总之，在信息化时代，作为快速变化市场中的创新者，制造业企业应具备创新精神和先动优势，进一步推进工艺创新活动。同时，制造业企业要侧重信息技术对工艺创新的促进作用，在最佳时机投资信息技术以促进工艺创新，进而全面提升工艺创新能力，促进企业创新绩效的持续获得，保证企业有效应对竞争对手的创新。

参考文献

[1] 吴澄．信息化和工业现代化［J］．航空制造技术，2002（1）：17－22.

[2] 柳百成．我国制造业科技发展战略［J］．航空制造技术，2006（1）：30－32.

[3] 胡兵，乔晶．中国出口贸易与内生经济增长——基于结构视角的实证分析［J］．当代经济科学，2009（7）：90－98.

[4] 张春阳．我国制造业企业技术创新动力机制研究［D］．哈尔滨：哈尔滨工程大学，2008：2－3.

[5] 王守宁，郑婷婷．我国制造业企业信息化建设的战略规划［J］．情报科学，2003，21（2）：152－155.

[6] 汪向东．信息化：中国21世纪的选择［M］．北京：社会科学文献出版社，1998：3－4.

[7] 党跃武，谭祥金．信息管理导论［M］．北京：高等教育出版社，2006：67－85.

[8] 杜平安．制造业信息化的发展与现状研究［J］．中国机械工程，2003，14（13）：52－56.

[9] 齐二石，王慧明．制造业信息化评价体系的研究［J］．工业工程，2004，7（5）：1－4.

[10] 陆红，刘淑芬，林乡山．制造业信息化发展的研究［J］．工业技术经济，2005（5）：129－130.

[11] 杨友财，谢向花．我国机械制造业企业信息化研究［J］．中国科技信息，2008（3）：58－65.

[12] 付睿臣，毕克新．制造业企业信息化内涵与建设模式研究——以海尔为例［J］．科学学与科学技术管理，2009（6）：140－144.

[13] 刘芸，王德鲁．制造业企业信息化评价模型研究［J］．技术经济，2010（12）：117－121.

[14] 杨海成，祁国宁．制造业信息化技术的发展趋势 [J]. 中国机械工程，2004，15 (19)：3-6.

[15] 宋培建，张宏斌．网络外部性、采购商策略与供应商采用 RFID 技术的决策 [J]. 管理工程学报，2008，22 (1)：49-52.

[16] 宋彦彦，石镇山．制造业企业信息化水平评价指标体系的研究 [J]. 机械工业信息与网络，2005 (2)：20-24.

[17] 吴宪忠．制造业企业信息化的技术选择与建设模式研究 [D]. 长春：吉林大学，2007：35-60.

[18] 张玉林，仲伟俊，薛锦．企业信息化建设关键问题的实证研究 [J]. 科学学与科学技术管理，2007，21 (3)：109-114.

[19] 张玲玲，林健，李军．企业信息化中 IS/IT 战略管理研究剖析 [J]. 科研管理，2002，23 (3)：25-31.

[20] 张玲玲，林健．企业 IS/IT 战略规划模型框架研究 [J]. 系统工程，2001，19 (2)：33-36.

[21] 范玉顺．企业信息化整体解决方案及其内涵 [J]. 中国制造业信息化，2004 (4)：4-10.

[22] 杨青，陈忠民，黄丽华．基于能力的公司规划与信息系统规划战略关系实证研究 [J]. 管理工程学报，2007，21 (3)：141-145.

[23] 李大勇，达庆历．信息技术对企业重组的双重影响及其投资策略 [J]. 中国软科学，2001 (1)：89-93.

[24] 王艺，王耀球．企业信息化项目价值评估新方法——实物期权法 [J]. 物流技术，2005 (1)：44-47.

[25] 唐志荣，谌素华．企业信息化水平评价指标体系研究 [J]. 科学学与科学技术管理，2002 (3)：51-54.

[26] 程刚．企业信息化水平的评价体系研究 [J]. 数量经济技术经济研究，2003 (5)：103-106.

[27] 倪明，徐福缘，李生琦．基于部门间资源分配的企业信息化投资决策模型 [J]. 计算机集成制造系统，2004，10 (S1)：21-24.

[28] 纪福连．企业信息化评价指标体系初探 [J]. 现代管理科学，2004 (12)：75-76.

[29] 陈宪宇．企业信息化绩效评价与实证研究 [J]. 工业技术经济，2010，29 (6)：90-97.

[30] 马庆国，李艾．电子商务与企业信息化：组织学习效应实证研究 [J]. 管理工程学报，2004 (2)：11－16.

[31] 彭赓，吕本富．信息资源集成管理理论与信息技术生产率悖论问题 [C]. 2003年中国管理科学学术会议论文集，2003：295－299.

[32] 张勇刚．企业信息化水平评价指标体系与指标测算方法 [J]. 统计与决策，2005 (6)：130－132.

[33] 杜栋，周娟．企业信息化的评价指标体系与评价方法研究 [J]. 科技管理研究，2005 (1)：60－62.

[34] 朱海荣，傅铅生．企业信息化水平模糊评价模型的研究 [J]. 科技情报开发与经济，2005 (15)：110－111.

[35] 庞庆华．企业信息化水平的灰色关联分析 [J]. 情报杂志，2006 (6)：61－62.

[36] 陈骑兵，陈义华．多层次灰色评价法在企业信息化评价中的应用 [J]. 科技管理研究，2006 (3)：148－150.

[37] 任权娥．企业信息资源配置的评价指标体系研究 [J]. 情报理论与实践，2006 (5)：556－558.

[38] 司林胜，王文举，魏明侠．企业信息技术应用绩效影响因素的实证研究 [J]. 预测，2007，26 (2)：36－40.

[39] 约瑟夫·熊彼特．经济发展理论 [M]. 北京：商务印书馆，1990：32－45.

[40] 经济合作与发展组织．技术创新调查手册 [M]. 北京：新华出版社，1997：108－116.

[41] 吴贵生．技术创新管理 [M]. 北京：清华大学出版社，2000：66－97.

[42] 傅家骥，仝允桓，高建．技术创新学 [M]. 北京：清华大学出版社，2000：56－78.

[43] 卢建波，王颖，伦学廷．我国中小企业工艺创新中存在的问题及对策分析 [J]. 技术经济与管理研究，2003 (4)：47－48.

[44] 郭斌．基于核心能力的企业竞争优势理论 [M]. 北京：科学出版社，2003：45－78.

[45] 赵颖，戴淑芬．意大利模式对促进我国家族企业技术创新的启示 [J]. 现代管理科学，2005 (6)：61－62.

[46] 刘顺忠，官建成．信息和市场对企业工艺创新过程作用的研究

[J]. 科技导报，2003 (4)：26 - 29.

[47] 魏江，寒午. 企业技术创新能力的界定及其与核心能力的关联 [J]. 科研管理，1998，19 (6)：13 - 18.

[48] 魏江，许庆瑞. 企业技术能力与技术创新能力之关系研究 [J]. 科研管理，1996，17 (1)：22 - 26.

[49] 许庆瑞. 研究与发展管理 [M]. 北京：高等教育出版社，1986：69 - 71.

[50] 傅家骥. 技术创新学 [M]. 北京：清华大学出版社，1998：86 - 122.

[51] 魏江，许庆瑞. 企业技术能力的概念、结构和评价 [J]. 科学学与科学技术管理，1995，16 (9)：29 - 33.

[52] 魏江，郭斌，许庆瑞. 企业技术创新能力与技术能力的评价指标体系 [J]. 中国高新技术企业评价，1995 (5)：33 - 38.

[53] 魏江，许庆瑞. 企业技术创新机制的概念、内容和模式 [J]. 科技进步与对策，1994，11 (6)：37 - 40.

[54] 曹庆奎，任向阳，刘琛. 基于粗集——未确知测度模型的企业技术创新能力评价研究 [J]. 系统工程理论与实践，2006，26 (4)：67 - 72.

[55] 宁凌，蔡根女. 基于过程的企业技术创新能力的分析及其评价模型 [J]. 企业经济，2002 (8)：63 - 64.

[56] 曹崇延，王淮学. 企业技术创新能力评价指标体系研究 [J]. 预测，1998 (2)：67 - 69.

[57] 魏末梅，陈义华. 基于 ANP 的企业技术创新能力评价体系研究 [J]. 科技管理研究，2006，26 (4)：59 - 61.

[58] 李向波，李叔涛. 基于创新过程的企业技术创新能力评价研究 [J]. 中国软科学，2007 (2)：139 - 142.

[59] 张首魁，苏源泉. 网络环境下基于过程的企业技术创新能力测度模型研究 [J]. 科学学与科学技术管理，2007，28 (1)：101 - 105.

[60] 唐炜，蒋日富，鹿盟. 企业技术创新能力评价理论研究综述 [J]. 科技进步与对策，2007，24 (5)：195 - 200.

[61] 宁连举，李萌. 基于因子分析法构建大中型工业企业技术创新能力评价模型 [J]. 科研管理，2011 (3)：51 - 58.

[62] 陈红光. 东北老工业基地国有企业技术创新能力研究 [D]. 哈尔滨：东北林业大学，2005：35 - 42.

［63］张惠茹，李荣平．基于灰色关联度评价方法的河北省工业企业技术创新能力评价及分析［J］．河北师范大学学报：哲学社会科学版，2010，33（3）：48－52.

［64］刘海云．企业技术创新能力评价指标体系建设研究［J］．经济与管理，2010（6）：89－92.

［65］郑成功，朱祖平．企业技术创新能力综合评价体系及实证［J］．科技管理研究，2007（4）：75－77.

［66］赵林海，郑丕谔．知识型企业技术创新能力评价——基于资源的观点［J］．科技管理研究，2008（9）：154－156.

［67］汪淼军，张维迎，周黎安．信息化、组织行为与组织绩效：基于浙江企业的实证研究［J］．管理世界，2007（4）：96－104.

［68］李时椿．论制造业信息化与新型工业化［J］．科技管理研究，2007（5）：253－255.

［69］祝明伟，李随成，杨功庆．企业的 IT 能力及信息共享对研发合作的影响机理［J］．科技进步与对策，2008，5（1）：99－103.

［70］张金标．应用 PLM 进行制造业企业信息化建设［J］．中国制造业信息化，2004，33（12）：89－94.

［71］张曙．对我国制造业信息化的思考［J］．航空制造技术，2003，5（8）：17－21.

［72］陈升，李传昭，张旭梅，等．中小企业 IT 应用及其绩效的实证分析［J］．管理工程学报，2005，19（3）：82－88.

［73］吴晓波，胡保亮，蔡荃．运用信息技术能力获取竞争优势的框架与路径研究［J］．科研管理，2006，27（5）：53－58.

［74］任迎伟．组织学习能力及信息技术能力对中小企业业绩的影响分析［J］．软科学，2004，18（3）：94－96.

［75］王铁男，沈南，李一军．组织单元间的差异性对信息系统应用绩效影响［J］．管理科学学报，2007，10（2）：26－38.

［76］王铁男，李一军，郝秋娟．IS 实施后组织单元间的相互依赖对绩效产生影响研究［J］．管理世界，2006（7）：95－107.

［77］辜胜阻，洪群联，张翔．论构建支持自主创新的多层次资本市场［J］．中国软科学，2007（8）.

［78］郭戎．创业投资机制推动下的企业技术创新模式变革［J］．北京师

范大学学报：社会科学版，2009（5）.

[79] 李悦．产业技术进步与金融的市场化趋势——基于银行与市场功能比较的分析 [J]. 财经科学，2008（2）.

[80] 李大伟，陈金贤．基于现代企业理论的技术创新金融支持系统研究 [J]. 管理评论，2003（6）.

[81] 王亮．风险创业提升国家技术创新能力机理研究 [J]. 江西社会科学，2003（5）.

[82] 吕炜．论风险投资机制的技术创新原理 [J]. 经济研究，2002（2）.

[83] 李士梅．当前中国制造业发展面临的主要问题及对策研究 [J]. 中央财经大学学报，2004（4）：55－59.

[84] 周松兰．中日韩制造业竞争力比较 [D]. 武汉：武汉大学，2005：27－29.

[85] 荆玲玲．制造企业核心竞争力互动网络研究 [D]. 哈尔滨：哈尔滨工程大学，2009：35－37.

[86] 李光耀．制造业信息化的主题和方向 [J]. 计算机辅助设计与制造，2001（2）：3－5.

[87] 傅家骥，姜彦福，雷家啸．技术创新 [M]. 北京：企业管理出版社，1992：69－75.

[88] 毕克新，丁晓辉，冯英浚．制造业中小企业工艺创新能力测度指标体系的构建 [J]. 数量经济技术经济研究，2002（12）：104－107.

[89] 陈吉磊，徐向阳．我国企业模仿创新战略分析 [J]. 商场现代化，2006（23）：89－91.

[90] 吴翠花，万威武．基于自主创新的组织知识创造机制研究 [J]. 科研管理，2007，28（3）：31－37.

[91] 陈艳，雷育胜．加强我国企业创新能力的对策 [J]. 科技管理研究，2006（9）：119－131.

[92] 许庆瑞．研究、发展与技术创新 [M]. 北京：高等教育出版社，2000.

[93] 吴贵生．技术创新管理 [M]. 北京：清华大学出版社，2000.

[94] 杨忠敏．企业技术创新能力评价的理论与方法综述 [J]. 科技进步与对策，2004（3）：138－140.

[95] 王翔．企业动态能力演化理论和实证研究［D］．上海：复旦大学，2006.

[96] 董俊武，黄江圳，陈震红．基于知识的动态能力演化模型研究［J］．中国工业经济，2004（2）：77－85.

[97] 刘大明，胡川．信息化与制造业的发展［J］．厦门大学学报：自然科学版，2003，42（增刊）：115－116.

[98] 陈淮莉，张洁，范菲雅，等．企业信息化水平评价模型及方法的研究［J］．计算机工程，2004，30（12）：28－30.

[99] 孟倩．企业信息化与知识管理［J］．科学管理研究，2004，22（6）：80－83.

[100] 郭伟，胡明艳．制造业信息化指标体系分析研究［J］．计算机集成制造系统，2004（10）：172－182.

[101] 胡军，阎艳，卢继平，等．制造业信息化评价指标体系与评价标准研究［J］．组合机床与自动化加工技术，2005（12）：97－99.

[102] 金勇．企业信息化评价体系的研究［J］．武汉理工大学学报，2002，24（9）：96－98.

[103] 肖素梅，殷国富，汪永超，等．企业信息化水平评价指标与评价方法研究［J］．计算机集成制造系统，2005，11（8）：1154－1162.

[104] 程扬，张洁，瞿兆荣．企业信息化绩效评估体系及其评价方法［J］．计算机工程，2007，33（2）：270－273.

[105] 包昌火，谢新洲．企业竞争情报系统［M］．北京：华夏出版社，2002.

[106] 高晶，关涛，王雅林．信息技术应用与组织结构变革的互动研究［J］．科学学与科学技术管理，2007（10）：41－46.

[107] 田淑云．质量认证对中小企业技术创新的影响及度测研究［D］．哈尔滨：哈尔滨理工大学，2006.

[108] 时丹丹．信息化对工艺创新影响的评价［J］．统计与决策，2011（22）：58－60.

[109] 聂文杰，苏慧文．中小企业技术创新研究初探［J］．经济研究导刊，2010（34）：32－34.

[110] 王宏梅．基于技术标准专利化的我国企业技术创新研究［D］．济南：山东大学，2006.

[111] 李晓鹏．高技术企业应重视工艺创新 [J]. 科学管理研究，1997，15（5）：43－45.

[112] 惠龙，覃正，张烨霞．一种基于过程的动态联盟技术创新系统组织结构及决策机制 [J]. 科学管理研究，2004（4）：12－16.

[113] 侯先荣，吴奕湖．企业创新管理理论与实践 [M]. 北京：电子工业出版社，2003：23－27.

[114] 张玲玲，佟仁冬．企业信息系统建设中的若干问题 [J]. 管理评论，2003，15（2）：36－39.

[115] 陈劲，龚焱，金珺．创新管理——技术、市场与组织变革的集成 [M]. 北京：清华大学出版社，2002.

[116] 刘顺忠．我国制造业信息化技术创新源研究 [J]. 工业技术经济，2005（6）：91－92.

[117] 孙德花．制造业企业产品创新与工艺创新互动关系研究 [D]. 哈尔滨：哈尔滨理工大学，2007.

[118] 刘杰，郭红丽．从 ERP 系统失败原因看企业信息化的分阶段实施 [J]. 山西财经大学学报，2005，27（3）：52－55.

[119] 刘树森．现代制造企业信息化 [M]. 北京：科学出版社，2005：89－113.

[120] 郭迅华．中国企业信息化成长水平分析与技术采纳特点研究 [D]. 北京：清华大学，2005：68－81.

[121] 龚炳铮．我国信息技术应用发展战略的思考——分层次分阶段推进信息技术应用 [J]. 中国信息界，2007，5（Z1）：39－43.

[122] 倪明，徐福缘．企业信息化水平评价指标及评价方法研究 [J]. 图书情报工作，2007（4）：75－79.

[123] 任剑婷，李瑜婷．对我国信息化测度的建议 [J]. 图书情报工作，2011（8）：25－29.

[124] 宋玲．信息化水平测度的理论与方法 [M]. 北京：经济科学出版社，2001：179－189.

[125] 徐革．应用模糊理论获得电子资源绩效指标权重的有效性研究 [J]. 情报学报，2007（2）：191－197.

[126] 陈衍泰，陈国宏，李美娟．综合评价方法分类及研究进展 [J]. 管理科学学报，2004（2）：69－79.

[127] 宋晓梅，刘富铀，弓宝平．合作创新还是自主创新 [J]. 科学管理研究，2005，25 (5)：19-21.

[128] 于宝君．企业信息系统成长过程及演化机理研究 [D]. 长春：吉林大学，2008：59-71.

[129] 李婉红，毕克新，艾明晔．制造企业 IT 资源——IT 能力对工艺创新的驱动研究 [J]. 中国科技论坛，2011 (9)：37-42.

[130] 康荣平，柯银斌．核心能力论在中国的应用 [J]. 科研管理，1999 (5)：1-5.

[131] 黄娟．国外企业提升自主创新能力的经验及启示 [J]. 理论月刊，2006 (10)：153-155.

[132] 邹炎，王涛，任荣．企业能力体系的动态演化分析 [J]. 华东经济管理，2010 (11)：95-98.

[133] 崔金花．提高自主创新能力的若干思考 [J]. 理论探索，2006 (2)：74-76.

[134] 徐建中，李亚平，姜树凯．国防科技工业自主创新能力体系分析 [J]. 科技进步与对策，2011 (9)：55-58.

[135] 周智颖，孟卫东．基于扩展价值链的企业能力体系研究 [J]. 现代管理科学，2010 (1)：26-27.

[136] 陈劲，王如富．知识经济与企业核心能力的培养 [J]. 中国软科学，1999 (3)：77-80.

[137] 王秀伦．现代工艺管理技术 [M]. 北京：中国铁道出版社，2004：18-22.

[138] 王黎娜，龚建立，温瑞珺．创新模式选择与自主创新能力提升机理研究 [J]. 科技进步与对策，2006 (7)：5-7.

[139] 李艳，赵新力，齐中英．基于技术竞争情报和组织学习提升企业技术创新能力 [J]. 科学管理研究，2010 (3)：16-19.

[140] 毛荐其．技术创新进化过程与复杂性 [J]. 科学学研究，2007，25 (1)：168-172.

[141] 郭立新，陈传明．模块化网络中企业技术创新能力系统演进的驱动因素——基于知识网络和资源网络的视角 [J]. 科学学与科学技术管理，2010 (2)：59-66.

[142] 焦李成．神经网络系统理论 [M]. 西安：西安电子科技大学出版

社，1996：93-94.

[143] 何晓群．现代统计分析方法与应用 [M]．北京：中国人民大学出版社，1998：83-88.

[144] 李子彬．中国中小企业发展报告（2008—2009）[M]．北京：中国经济出版社，2008.

[145] 施放，朱国锭，徐再仕．技术创新的群集效应及其实现对策研究 [J]．科技进步与对策，2007，24（10）：21-23.

[146] 丁民生．信息化人才与我国信息化人才队伍现状分析 [J]．人才开发，2007（8）：20-21.

[147] 惠华强，李斌，姜文亭．信息化人才培养的现状与对策 [J]．新疆医科大学学报，2008，31（4）：486-487.

[148] 毕克新．中小企业技术创新测度与评价研究 [M]．北京：科学出版社，2006.

[149] 胥军，杨超，李金．后发优势下的制造业信息化技术服务体系研究 [J]．科学进步与对策，2007，24（5）：81-84.

[150] 徐仕敏．企业技术创新的信息需求及其满足 [J]．情报理论与实践，2001（3）：190-193.

[151] 曲刚，季绍波．环境不确定条件下组织间协作 IT 应用协作绩效关系初探 [J]．管理世界，2007（1）：160-161.

[152] 昃向博，刘魁，杨波．标准化技术在制造企业信息化建设中的应用 [J]．制造业信息化，2007（11）：87-91.

[153] 陈氢．基于创新的企业知识管理实务探析 [J]．情报科学，2006，24（5）：668-671.

[154] 欧阳峰．建设以人为本的企业信息文化研究 [J]．科学管理研究，2005，23（3）：74-77.

[155] 齐从谦．制造业信息化导论 [M]．北京：中国宇航出版社，2003：44-50.

[156] 张申生．并行设计和产品创新——中国企业的敏捷化之路探索（I）[J]．中国机械工程，2000（Z1）：133-138.

[157] 晓雨．让信息系统成为企业神经中枢 [J]．机械工业信息与网络，2009（1）：38-39.

[158] 王飞绒，陈劲．网络环境对技术创新组织的影响与趋势分析 [J].

科学学与科学技术管理，2006（6）：50－54.

［159］高鹏．论现代企业技术创新组织模式的虚拟化特征［J］．自然辩证法研究，2007，23（4）：50－53.

［160］汪江．虚拟企业大学的基本特征与创建原则［J］．中国人力资源开发，2007（6）：29－31.

［161］GORDON J R，GORDON S R. Structuring the interaction between IT and business units［J］. Information System Management，2000，17（1）：7－16.

［162］DAS S R，ZAHRA S A，WARKENTIN M E. Integrating the content and process of strategic MIS planning with competitive strategy［J］. Decision Sciences，1991（22）：953－983.

［163］KING W R. Strategic planning for management information systems［J］. MIS Quarterly，1978，2（1）：27－37.

［164］ROCKART J F. Chief executives define their own data needs［J］. Harvard Business Review，1979，57（2）：81－93.

［165］PORT M E，MILLAR V E. How information gives you competitive advantage［J］. Harvard Business Review，1985，63（4）：149－160.

［166］NOLAN R L. Managing the computer resource：a stage hypothesis［J］. Communications of the ACM，1973，16（7）：399－405.

［167］NOLAN R L. Managing the advanced stages of technology：the information research challenge［M］. Boston：Harvard Business School Press，1984：269－283.

［168］SABHERWAL R，KIRS P. The alignment between organizational critical success factors and information technology capability in academic institutions［J］. Decision Sciences，1994，25（2）：301－330.

［169］REICH B H，BENBASAT I. Measuring the linkage between business and information technology objectives［J］. MIS Quarterly，1996，20（1）：55－81.

［170］YASH P G，JAHANGIR K，TONI M S. Alignment to a firm’s competitive strategy and information technology management sophistication：the missing link［J］. IEEE Transactions on Engineering Management，1997，44（4）：399－413.

[171] BARBARA F, DAVID T, FRANK L. The great IT benefit hunt [J]. European Management Journal, 1994, 12 (3): 270-279.

[172] MAHMOOD M G, MANN I, DUBROW M. Information technology investment and organization performance: a lagged data analysis [J]. Proceeding of the 1998 Resources Management Association International Conference, 1998: 561-569.

[173] CAROL S, SHAILA M. Information acquisition in group decision making [J]. Information & Management, 1998, 34 (2): 55-74.

[174] THEOPHANIS S, BRUCE D. Dose successful investment in information technology solve the productivity paradox? [J]. Information & Management, 2000 (38): 103-117.

[175] PETER E D L, ZAHIR I. An exploratory study of information technology and benefits management practices of SMEs in the construction industry [J]. Information & Management, 2004 (42): 227-242.

[176] TUSHMAN M L, ROSENKOPF L. Organizational determinants of technological change: toward a sociology of technological evolution [J]. Research in Organizational Behavior, 1992 (14): 313-347.

[177] OECD/EUROSTAT. Oslo manual: guidelines for collecting and interpreting technological innovation data [R]. OECD/Eurostat, 2005: 101-106.

[178] ABERNATHY W J, TOWNSEND P L. Technology, productivity and process change [J]. Technological Forecasting and Social Change, 1975 (7): 379-396.

[179] DAMANPOUR F. Organizational innovation: a meta-analysis of effects of determinants and moderators [J]. Academy of Management Journal, 1991, 34 (3): 555-590.

[180] ROSENBERG N. Inside the black box [M]. Cambridge: Cambridge University Press, 1982: 89-107.

[181] GOPALAKRISHNAN S. The dynamics of the adoption of product and process innovations in organizations [J]. Journal of Management Studies, 2001, 38 (1): 45-66.

[182] EDQUIST C, HOMMEN L, MCKELVEY M. Innovation and employment: process versus product innovation [M]. Northampton: Edward

Elgar Publishing, 2001: 118 - 129.

[183] MOHR L B. Explaining organizational behavior [M]. San Francisco: Jossey - Bass, 1982: 295 - 311.

[184] SWAMIDASS P M, WALTER A M. A classification of approaches to planning and justifying new manufacturing technologies [J]. Journal of Manufacturing Systems, 1990, 9 (3): 181 - 193.

[185] CHAU P Y K, TAM K Y. Factors affecting the adoption of open systems: an exploratory study [J]. MIS Quarterly, 1997 (1): 1 - 20.

[186] PATRICIA W, MEYERS K, SIVAKUMAR C N. Implementation of industrial process innovation: factors, effects, and marketing implications [J]. Production Innovation Management, 1999 (16): 295 - 311.

[187] DAMANPOUR, FARIBORZ. The adoption of technological, administrative and ancillary innovation: impact of organizational factors [J]. Journal of Management, 1987 (13): 675 - 688.

[188] JONATHAN D, LINTON P E. The role of relationships and reciprocity in the implementation of process innovation [J]. Engineering Management Journal, 2000, 12 (3): 34 - 38.

[189] KEVIN W B, JOSE E C, JOHN F C. Process innovation: case studies of critical success factors [J]. Engineering Management Journal, 2000, 12 (4): 17 - 44.

[190] HORST A. Culture and technical innovation: a cross - cultural analysis and policy recommendations [M]. Walter de Gruyter, 1994: 247 - 298.

[191] DETERT J R, SCHROEDER R G, MAURIEL J L. A framework for linking culture and improvement initiatives in organizations [J]. Academy of Management Review, 2000, 25 (4): 850 - 863.

[192] SHALINI K, MARIANNE W L, KENNETH K B. Innovation - supportive culture: the impact of organizational values on process innovation [J]. Journal of Operations Management, 2006 (8): 35 - 42.

[193] BARTON L. Core capability and core rigidities [J]. Strategy Management Journal, 1992, 2 (13): 111 - 126.

[194] BURGELMAN R, MAIDIGUE M A. Strategic management of

technology and innovation [M]. New York: McGraw - hill, 2004: 8 - 12.

[195] JUAN J C, PUN K F. An audit of technological innovation capabilities in Chinese firms: some empirical findings in Beijing, China [J]. Research Policy, 2008 (33): 1123 - 1140.

[196] OECD. The measurement of science and technology activities [R]. Oslo Manual, 2005: 101 - 106.

[197] CLARK K B, TAKAHIRO F. Product development performance: strategy, organization and management in the world auto industry [M]. Boston, MA: Harvard Business School Press, 1991: 107 - 130.

[198] ARROW K J. The economic implication of learning by doing [J]. Review of Economic Studies, 1962 (29): 156 - 173.

[199] GRANT R. Toward a knowledge - based view of the firm [J]. Strategic Management Journal, 1996 (17): 109 - 122.

[200] ROMER P M. Endogenous technological change [J]. Journal Political Economy, 1990, 98 (5): 71 - 102.

[201] HURLEY R, HULT T. Innovation, market orientation and organizational learning an integration and empirical examination [J]. Journal of Marketing Research, 1998 (62): 42 - 54.

[202] SOUITARIS V. External communication determinants of innovation in the context of a newly industrialized country: a comparison of objective and perceptual results from Greece [J]. Technovation, 2001 (21): 25 - 34.

[203] ROUVINEN P. Characteristics of product and process innovators: some evidence from the finish innovation survey [J]. Applied Economics Letters, 2002 (9): 575 - 580.

[204] SOUITARIS V. Technological trajectories as moderators of firm level determinants of innovation [J]. Research Policy, 2002 (31): 877 - 898.

[205] CALOGHIROU Y, KASTELLI I, TSAKANIKAS A. Internal capabilities and external knowledge sources: complements or substitutes for innovative performance [J]. Technovation, 2004 (24): 29 - 39.

[206] JAMES R E, SAMUEL J M J. A new approach to the evaluation of process innovations [J]. Technovation, 1985, 4 (3): 263 - 281.

[207] VAN Z J. Process innovation imperative [J]. Change Manage-

ment and the New Industrial Revolution, 2001 (10): 454 - 459.

[208] BOUTELLIER R, GASSMANN O. Management of dispersed product development teams: the role of information technologies [J]. R&D management, 1998, 28 (1): 13 - 25.

[209] RAMILLER, NCAS, EB. Organizing visions for information technology and the I. S. executive response [J]. Journal of Management Information Systems, 2003 (20): 13 - 50.

[210] NAMBISAN S. Information systems as a reference discipline for new product development [J]. MIS Quarterly, 2003, 27 (1): 1 - 18.

[211] SONG M, BERENDS H, BIJ H V D, et al. The effect of IT and co - location on knowledge dissemination [J]. Journal of Product Innovation Management, 2007 (24): 2 - 68.

[212] SONG M, BIJ H V D, WEGGEMAN M. Determinants of the level of knowledge application: a knowledge - based and information - processing perspective [J]. Journal of Product Innovation Management, 2005 (22): 430 - 444.

[213] MALHOTRA A, MAJCHRZAK A, CARMAN R. Radical innovation without collocation: a case study at Boeing - Rocketdyne [J]. MIS Quarterly, 2001, 25 (2): 229 - 249.

[214] SONG M, BIJ H V D, WEGGEMAN M. Factors for improving the level of knowledge generation in new product development [J]. R&D Management, 2006, 36 (2): 173 - 187.

[215] BHARADWAJ A S. A resource - based perspective on information technology capability and on firm performance: an empirical investigation [J]. MIS Quarterly, 2000, 24 (1): 169 - 196.

[216] ROSS J W, BEATH C M, GOODHUE D L. Develop long - term competitiveness through IT assets [J]. Sloan Management Review, 1996, 38 (1): 31 - 42.

[217] MATA F J, FUERST W L, BARNEY J. Information technology and sustained competitive advantage: a resource - based analysis [J]. MIS Quarterly, 1995, 19 (4): 487 - 505.

[218] SOH C, MARKUS M L. How IT creates business value: a

process theory synthesis [C]. In Proceedings of the 16th International Conference on Information Systems, Amsterdam, The Netherlands, 1995: 29 - 41.

[219] MADHAVAN R, GROVER R. From embedded knowledge to embodied knowledge: new product development as knowledge management [J]. Journal of Marketing, 1998, 62 (4): 1 - 12.

[220] FRISHAMMAR J, HÖRTE SÄ. Managing external information in manufacturing firms: the impact on innovation performance [J]. Journal of Product Innovation Management, 2005 (22) : 251 - 266.

[221] CUI L L, ZHANG C, ZHANG C H. Exploring e - government impact on shanghai firms' informatization process [J]. Electronic Markets, 2006, 16 (4): 312 - 328.

[222] CLEMONS E K, ROW M C. Sustaining IT advantage: the role of structural differences [J]. MIS Quarterly, 1991, 15 (3): 275 - 292.

[223] SANTHANAM R, HARTONO E. Issues in linking information technology capability to firm performance [J]. MIS Quarterly, 2003, 27 (1): 125 - 153.

[224] BANKER R D, BARDHAN I R. Plant information systems, manufacturing capabilities, and plant performance [J]. MIS Quarterly, 2006, 30 (2): 315 - 337.

[225] GOODHUE D L, WYBO M D, KIRSCH L J. The impact of data integration on the costs and benefits of information systems [J]. MIS Quarterly, 1992, 16 (3): 293 - 311.

[226] GATTIKER T F, GOODHUE D L. What happens after ERP implementation: understanding the impact of interdependence and differentiation on plant - level outcomes [J]. MIS Quarterly, 2005, 29 (3): 559 - 585.

[227] SONG M, BERENDS H, WEGGEMAN M. The effect of IT and co - location on knowledge dissemination [J]. Journal of Product Innovation Management, 2007 (24): 52 - 68.

[228] SONG M. The effect of perceived technological uncertainty on Japanese new product development [J]. Academy of Management Journal, 2001, 44 (1): 61 - 80.

[229] DEWAN S, KRAEMER K L. Information technology and productivity: evidence from country - level data [J]. Management Science, 2000, 46 (4): 548 - 562.

[230] HITT L M, BRYNJOLFSSON E. Productivity, business profitability, and consumer surplus three different measures of information technology value [J]. MIS Quarterly, 1996, 20 (2): 121 - 142.

[231] CHATFIELD A T, YETTON P. Strategic payoff from EDI as a function of EDI embeddedness [J]. Journal of Management Information Systems, 2000, 16 (4): 195 - 224.

[232] MUKHOPADHYAY T, KEKRE S. Strategic and operational benefits of electronic integration in B2B procurement processes [J]. Management Science, 2002, 48 (10): 1301 - 1313.

[233] BRESNAHAN T F. Measuring the spillovers from technical advance: mainframe computers in financial services [J]. American Economic Review, 1986, 76 (4): 742 - 755.

[234] BRYNJOLFSSON E. The Contribution of information technology to consumer welfare [J]. Information Systems Research, 1996, 7 (3): 281 - 300.

[235] MELVILLE N, KRAEMER K, GURBAXANI V. Review: information technology and organizational performance: an integrative model of IT business value [J]. MIS Quarterly, 2004 (28): 283 - 322.

[236] MCKINNON RONALD I. Money and capital in economic development [M]. Washington D. C. : The Brookings Institution, 1973.

[237] LEVINE R. Financial development and economic growth: Views and agenda [J]. Journal of Economic Literature, 1997 (35) .

[238] KING R, LEVINE R. Finance, entrepreneurship and growth: theory and evidence [J]. Journal of Monetary Economics, 1993 (32) .

[239] LEVINE, ROSS, LOAYZA. Financial intermediation and growth: Causality and causes [J]. Journal of Monetary Economics, 2000 (58) .

[240] CHOU Y K, CHIN M S. Financial innovations and endogenous growth [J]. Applied Mechanics and Materials Journal, 2006 (3) .

[241] GUPTA K L. Finance and economic growth in developing countries

[M]. London: Groom Helm, 1984.

[242] FRANKLIN A, GALE D. Comparing financial system [M]. Cambridge MA: MIT Press, 2000.

[243] TYKVOVA T. Venture capital in Germany and its impact on innovation [C]. Social Science Research Network Working Paper, Presented at the 2000 EFMA Conference.

[244] CHRISTIAN K. Venture capital backed growth [J]. Journal of Economic Growth, 2004, 9 (2) .

[245] ENGEL DIRK, KEILBACH MAX. Firm - level implications of early stage venture capital investment—An empirical investigation [J]. Journal of Empirical Finance, 2007, 14 (2): 150 - 167.

[246] GEBHARDT G. A soft budget constraint explanation for the venture capital cycle [D]. University of Munich, 2006.

[247] PENEDER MICHAEL R. The impact of venture capital on innovation behavior and firm growth [EB/OL]. http://ssrn.com/abstract=964954, 2007 - 02 - 26.

[248] WONG SUNWAI. Does venture capitalist quality affect corporate governance? [D]. Stanford Graduate School of Business, 2007.

[249] DAFT R. A dual - core model of organizational innovation [J]. Academy of Management Journal, 1978 (21): 193 - 210.

[250] ABERNATHY W J, UTTERBAC J M. A dynamic model of process and product innovation [J]. The International of Management Science, 1975 (3): 639 - 656.

[251] BIGONESS W J, PERREAULT W D. A conceptual paradigm and approach for the study of innovators [J]. Academy of Management Journal, 1981 (24): 68 - 82.

[252] ETTILE J E, REZA E M. Organizational integration and process innovation [J]. Academy of Management Journal, 1992, 35 (4): 795 - 827.

[253] DAVENPORT T H. Process innovation: reengineering work through information technology [M]. Cambridge MA: Harvard Business School Press, 1992: 263 - 316.

[254] PAPINNIEMI J. Creating a model of process innovation for re-

engineering of business and manufacturing [J]. Int. J. Prod. Econ., 1999: 95-101.

[255] OECD. The measurement of science and technology activities [M]. Oslo Manual, 2005: 321-369.

[256] OECD. The measurement of science and technology activities [M]. Oslo Manual, 2007: 173-181.

[257] LIPPMAN S, RUMELT R P. Uncertain imitability: an analysis of interfirm differences in efficiency under competition [J]. Bell Journal of Economics, 1982 (13): 418-438.

[258] KOGUT B, ZANDER U. Knowledge of the firm, combinative capability, and the replication of technology [J]. Organization Science, 1992 (3): 383-397.

[259] SCHUMPETER, JOSEPH A. Capitalism, socialism, and democracy [M]. University of Illinois at Urbana-Champaign's Academy for Entrepreneurial Leadership Historical Research Reference in Entrepreneurship, 1942.

[260] PENROSE E T. The theory of the growth of the firm [M]. Great Britain: Basil Blackwell and Mott Ltd., 1959.

[261] WERNERFELT B. A resource-based view of the firm [J]. Strategic Management Journal, 1984, 5 (2): 171-180.

[262] BARNEY J B. Firm resources and sustained competitive advantage [J]. Journal of Management, 1991, 17 (1): 99-120.

[263] BARNEY J B. Strategic factor markets: Expectations, luck, and business strategy [J]. Management Science, 1986, 32 (10): 1231-1241.

[264] PENROSE E T. The growth of the firm—a case study: The Hercules Powder Company [J]. Business History Review 34, 1996, (1): 1-23.

[265] SELZNICK P. Leadership in administration: A sociological interpretation [M]. Quid Pro Books, 2011.

[266] PRAHALAD C K, HAMEL G. The core competence of the corporation [J]. Harvard Business Review, May-June, 1990: 235-256.

[267] LANGLOIS R N. Transaction-cost economics in real time [J]. Industrial and Corporate Change, 1992, 1 (1): 99-127.

[268] FOSS N J. Theories of the firm: Contractual and competence perspectives [J]. Journal of Evolutionary Economics, 1993, 3 (2): 127-144.

[269] HAMEL G, PRAHALAD C K. Competing for the future: Breakthrough strategies for control of your industry and creating markets of tomorrow [J]. Harvard Business School Press, Boston, MA, 1994, (7): 26-34.

[270] KOGUT B, ZANDER U. Knowledge of the firm, combinative capabilities, and the replication of technology [J]. Organization Science, 1992, 3 (3): 383-397.

[271] LEONARD-BARTON D. Core capabilities and core rigidities: a paradox in managing new product development [J]. Strategic Management Journal, 1992, 13 (S1): 111-125.

[272] GRANT R M. Toward a knowledge - based theory of the firm [J]. Strategic Management Journal, 1996, 17 (S2): 109-122.

[273] SPENDER J C. Making knowledge the basis of a dynamic theory of the firm [J]. Strategic Management Journal, 1996, 17 (S2): 45-62.

[274] SPENDER J C, GRANT R M. Knowledge and the firm: overview [J]. Strategic Management Journal, 1996, 17 (S2): 5-9.

[275] FOSS N J. Knowledge-based approaches to the theory of the firm: Some critical comments [J]. Organization Science, 1996, 7 (5): 470-476.

[276] PORTER M E. Towards a dynamic theory of strategy [J]. Strategic Management Journal, 1991, 12 (S2): 95-117.

[277] TEECE D, PISANO G. The dynamic capabilities of firms: an introduction [J]. Industrial and Corporate Change, 1994, 3 (3): 537-556.

[278] LEI D, HITT M A, BETTIS R. Dynamic core competences through meta-learning and strategic context [J]. Journal of Management, 1996, 22 (4): 549-569.

[279] ELSENHARDT K M, MARTIN J A. Dynamic capabilities: What are they? [J]. Strategic Management Journal, 2000, 21 (1): 1105-1121.

[280] TEECE D J, PISANO G, SHUEN A. Dynamic capabilities and strategic management [J]. Strategic Management Journal, 1997, 18 (7): 509-533.

[281] ZOLLO M, WINTER S G. Deliberate learning and the evolution of dynamic capabilities [J]. Organization Science, 2002, 13 (3): 339-351.

[282] ZOTT C. Dynamic capabilities and the emergence of intra-industry differential firm performance: insights from a simulation study [J]. Strategic Management Journal, 2003, 24 (2): 97-125.

[283] CHEN H I, MA D Z, FAN F Y. A methodology for evaluating enterprise informatization in Chinese manufacturing enterprise [J]. International Journal of Advanced Manufacturing Technology, 2004 (23): 541-545.

[284] SWANSON E B. Information systems innovation among organizations [J]. Management Science, 1994, 40 (9): 1069-1092.

[285] COOPER R B, ZMUD R W. Information technology implementation research: a technological diffusion approach [J]. Management Science 1990, 26 (2): 123-129.

[286] DUNCAN R. Characteristics of organizational environments and perceived environmental uncertainty [J]. Administrative Science Quarterly, 1972, 17: 313-327.

[287] DAFT R L, LENGEL R H. Organizational information requirements, media richness and structural design [J]. Management Science, 1986, 32 (5): 554-571.

[288] TUSHMAN M L, NADLER D A. Information processing as an integrating concept in organizational design [J]. Academy of Management Review, 1978, 3: 613-624.

[289] BERENDS H, BIJ H V D, DEBACKERE K. Knowledge sharing mechanisms in industrial research [J]. R&D Management, 2006, 36 (1): 85-95.

[290] JENSEN M C, MECKLING W H. Theory of the firm: managerial behavior agency cost and ownership structure [J]. Journal of Financial Economics, 1976 (3): 305-360.

[291] KUMAR R L. A framework for assessing the business value of information technology infrastructure [J]. Journal of Management Information Systems, 2004, 21 (2): 11-32.

[292] BRANCHEAU J C, JANZ B D, WETHERBE J C. Key issues in information systems management: 1994-95 SIM delphi results [J]. MIS Quarterly, 1996, 20 (2): 225-242.

[293] NICHOLAS S. VONORTAS L X. Process innovation in small

firms: case studies on CNC machine tools [J]. Technovation, 1997, 17 (8): 427 - 428.

[294] ERIKSSON I, RAVEN A, CARLSSON S, et al. Understanding shared knowledge creation spaces around business processes: Precursors to process innovation implementation [J]. Technology Management, 2001 (22): 149 - 173.

[295] ARROW K J. Preface: Edwin mansfield' s research on technology and innovation [J]. Technology Management, 2000, 19 (1): 117 -129.

[296] WATERSON P E, CLEGG C W, BOLDEN R, et al. The use and effectiveness of modern manufacturing practices: A survey of UK industry [J]. International Journal of Production Research, 1999 (37): 2271 - 2292.

[297] SONG M, BERENDS H, BIJ H V D. The effect of IT and co - location on knowledge dissemination [J]. Journal of Product Innovation Management, 2007 (24): 52 - 68.

[298] XINHUA B, CUILING Y. Absorptive capacity of information technology and its conceptual model [J]. Tsinghua Science and Technology, 2008, 13 (3): 337 - 343.

[299] COHEN W M, LEVINTHAL D A. Absorptive capacity: a new perspective on learning and innovation [J]. Administrative Science Quarterly, 1990, 35 (1): 128 - 152.

[300] DELISI P S. Lessons from the steel axe: culture, technology, and organization change [J]. Sloan Management Review, 1990, 32 (1): 83 - 93.

[301] LEIDNER D E, KAYWORTH T. Reviews: a review of culture in information systems research: toward a theory of information technology culture conflict [J]. MIS Quarterly, 2006, 30 (2): 357 - 399.

[302] XU S, ZHU K, GIBBS J. Global technology, local adoption: a cross - country investigation of internet adoption by companies in the United States and China [J]. Electronic Market, 2004, 14 (1): 13 - 24.

[303] SRINIVASAN R, LINIEN G L, RANGASWAMY A. Technological opportunism and radical technology adoption: an application to e - business [J]. Journal of Marketing, 2002 (66): 47 - 60.

[304] KLINE S, ROSENBERG N. The positive sum strategy [M]. Washington D. C: National Academy Press, 1986: 73-84.

[305] CRISTIANO B M. Relative measurement and the power function [J]. European Journal of Operational Research, 2000, 121 (3): 627-640.

[306] RAJNEESH N. Innovation systems and "inertia" in R&D location: Norwegian firms and the role of systemic lock-in [J]. Research Policy, 2002 (31): 795-816.

[307] PENROSE E T. The theory of the growth of the firm [M]. Oxford: Oxford University Press, 1959: 55-60.

[308] PRAHALAD C K, HAMEL G. The core competence of the corporation [J]. Harvard Business Review, 1990, 68 (3): 79-91.

[309] BARNEY L. Firm resources and sustained competitive advantage [J]. Journal of Management, 1991 (17): 99-120.

[310] GARUD R, NAYYAR P R. Transformative capability: continual structuring by intertemporal technology transfer [J]. Strategic Management Journal, 1994, 1 (15): 365-395.

[311] ABEMATHY, UTTERBACK. The dynamics of product and process innovation [J]. Omegn, 1976 (3): 639-655.

[312] DREJER A, RIIS J O. Competence development and technology: how learning and technology can be meaningfully integrated [J]. Technovation, 1999 (19): 631-644.

[313] NICHOLAS S, VONORTAS L X. Process innovation in small firms: case studies on CNC machine tools [J]. Technovation, 1997, 17 (8): 427-428.

[314] RICHARD B, RACHEL G, JOHN V R. Dynamic count data models of technological innovation [J]. The Economic Journal, 1995, 105 (429): 333-344.

[315] CARRILLO J E, GAIMON C. Improving manufacturing performance through process change and knowledge creation [J]. Management Science, 2000, 46 (2): 263-288.

[316] KRETSCHMER T. Integration through incentives within differentiated organizations [J]. Organization Science, 2008, 19 (6): 860-875.

[317] LIU X S, DENG L Z. Research on the appraisal model of knowledge management of talents of new product innovation of the enterprise [C]. Proceedings of 2004 International Conference on Management Science & Engineering, 2004 (10): 1254 - 1264.

附　录　制造业企业信息化与工艺创新能力调查问卷

问卷填写说明：

1. 调查数据的时间为 2008 年 1 月 1 日至 2011 年 1 月 1 日。

2. 该问卷由熟悉企业情况的技术部门负责人、IT 部门负责人或高层管理人员填写。

3. 请根据企业的情况，选择合适的选项，问题采用 7 级打分法，1～7 依次表示从“完全不同意”到“完全同意”的过渡，请在合适的数字上打√。

第一部分　背景资料

1. 企业名称________________________。

2. 填表人所在部门____________；填表人职务____________；填表人电话________________。

3. 企业登记注册类型是__________；企业成立时间是__________。

A. 国有企业　　　　　　B. 集体企业

C. 股份合作企业　　　　D. 联营企业

E. 有限责任公司（是否为国有控股？□是　□否）

F. 股份有限公司（是否为国有控股？□是　□否）

G. 私营企业　　　　　　H. 港澳台商投资企业

I. 中外合资经营企业　　J. 中外合作经营企业

K. 外资企业　　　　　　L. 外商投资股份有限公司

M. 其他（请注明）________________________________

4. 企业规模________________________。

A. 大型企业（同时满足资产总额 4 亿元及以上、销售额 3 亿元及以上、从业人数 2000 人及以上等条件的企业）

B. 中型企业（同时满足资产总额 0.4 亿～4 亿元、销售额 0.3 亿～3 亿元以下、从业人数 300～2000 人以下等条件的企业）

C. 小型企业（同时满足资产总额 0.4 亿元以下、销售额 0.3 亿元以下、从业人数 300 人以下等条件的企业）

5. 企业主营（核心）业务：______________________________。

6. 本年度开发新产品（品种）数量（个）______________；本年度新产品平均开发周期（从构想到新产品上市平均需要花费的时间）：______________天。

7. 企业本年度投入的研发经费（包括购买知识产权费）__________万元。

第二部分　调查问卷

附表 1　　制造业企业信息化水平调查表

制造业企业信息化水平		完全不同意	很不同意	有点不同意	不确定	有点同意	很同意	完全同意
		1	2	3	4	5	6	7
企业人员信息化水平	大专以上学历员工的比重	□	□	□	□	□	□	□
	专职信息技术人员的比重	□	□	□	□	□	□	□
	信息化技能的普及率	□	□	□	□	□	□	□
	电子化学习的员工覆盖率	□	□	□	□	□	□	□
产品研发信息化水平	信息技术投入占研发支出的比重	□	□	□	□	□	□	□
	研发过程信息技术的应用率	□	□	□	□	□	□	□
	信息技术研发产品占企业总产品数比例	□	□	□	□	□	□	□

续　表

制造业企业信息化水平		完全不同意	很不同意	有点不同意	不确定	有点同意	很同意	完全同意
		1	2	3	4	5	6	7
生产制造信息化水平	生产过程计算机自动控制应用率	□	□	□	□	□	□	□
	生产过程计算机自动控制质量水平	□	□	□	□	□	□	□
	主要产品生产线或关键工序的数控比率	□	□	□	□	□	□	□
经营管理信息化水平	企业主要业务流程再造的程度	□	□	□	□	□	□	□
	办公自动化水平	□	□	□	□	□	□	□
	决策信息化水平	□	□	□	□	□	□	□
	管理信息系统使用的覆盖率	□	□	□	□	□	□	□
企业商务信息化水平	供应商关系管理系统建设和应用水平	□	□	□	□	□	□	□
	客户关系管理系统建设和应用水平	□	□	□	□	□	□	□
	电子商务建设和应用水平	□	□	□	□	□	□	□
企业信息化基础建设水平	信息化投入占同期固定资产投入的比重	□	□	□	□	□	□	□
	每百人计算机装备率	□	□	□	□	□	□	□
	网络性能水平	□	□	□	□	□	□	□
	信息安全技术操作水平	□	□	□	□	□	□	□

附表 2　　工艺创新能力调查表

工艺创新能力		完全不同意	很不同意	有点不同意	不确定	有点同意	很同意	完全同意
		1	2	3	4	5	6	7
工艺创新信息化建设能力	工艺创新信息化投资比重	□	□	□	□	□	□	□
	工艺创新信息化制造设备比重	□	□	□	□	□	□	□
	工艺创新信息化软件系统比重	□	□	□	□	□	□	□
	工艺信息数据库建设水平	□	□	□	□	□	□	□
工艺创新信息化应用能力	工艺创新信息化手段覆盖率	□	□	□	□	□	□	□
	工艺创新计算机辅助设计应用率	□	□	□	□	□	□	□
	工艺创新计算机辅助制造应用率	□	□	□	□	□	□	□
	工艺创新办公自动化水平	□	□	□	□	□	□	□
工艺创新人力投入	工艺创新人员比重	□	□	□	□	□	□	□
	工艺创新 R&D 人员比重	□	□	□	□	□	□	□
工艺创新财力投入	工艺创新 R&D 经费比重	□	□	□	□	□	□	□
	技术引进与技术改造经费比重	□	□	□	□	□	□	□
	工艺创新教育培训经费比重	□	□	□	□	□	□	□

续 表

工艺创新能力		完全不同意	很不同意	有点不同意	不确定	有点同意	很同意	完全同意
		1	2	3	4	5	6	7
工艺创新设备投入	微电子设备比重	□	□	□	□	□	□	□
	机器设备和软件比重	□	□	□	□	□	□	□
工艺创新研发能力	工艺创新专利中请量比重	□	□	□	□	□	□	□
	企业工艺创新产品率	□	□	□	□	□	□	□
	引进工艺技术的改进率	□	□	□	□	□	□	□
	新工艺开发成果数量比重	□	□	□	□	□	□	□
工艺创新制造能力	生产设备的技术水平	□	□	□	□	□	□	□
	工艺人员技术等级	□	□	□	□	□	□	□
	先进工艺技术采用率	□	□	□	□	□	□	□
	工序质量控制水平	□	□	□	□	□	□	□
工艺创新管理能力	企业领导工艺创新欲望和责任心	□	□	□	□	□	□	□
	工艺创新部门之间的配合与协作程度	□	□	□	□	□	□	□
	企业对工艺创新活动的有效控制程度	□	□	□	□	□	□	□
	组织文化和氛围对工艺创新的适合程度	□	□	□	□	□	□	□
工艺创新服务能力	产品故障诊断工艺服务水平	□	□	□	□	□	□	□
	产品拆装维修工艺服务水平	□	□	□	□	□	□	□
	产品回收处理工艺服务水平	□	□	□	□	□	□	□

续 表

工艺创新能力		完全不同意	很不同意	有点不同意	不确定	有点同意	很同意	完全同意
		1	2	3	4	5	6	7
工艺创新经济效益	工资成本降低率	□	□	□	□	□	□	□
	材料能源消耗降低率	□	□	□	□	□	□	□
	废品降低率	□	□	□	□	□	□	□
	劳动生产率提高幅度	□	□	□	□	□	□	□
	工艺创新技术输出收入比重	□	□	□	□	□	□	□
工艺创新社会效益	工艺创新对减少环境污染的影响程度	□	□	□	□	□	□	□
	工艺创新扩散程度	□	□	□	□	□	□	□
	职工劳动强度的减轻率	□	□	□	□	□	□	□
	职工劳动安全的提高程度	□	□	□	□	□	□	□

后 记

本书是我在博士论文《基于信息化水平的制造业企业工艺创新能力体系研究》的基础上，经进一步补充修改而成的。倘若本书能够使人们更为深入地理解制造业企业信息化与工艺创新的含义，完善工艺创新理论，并对提升我国制造业企业核心竞争力有所助益，将是我最大的荣幸！

在书稿付梓之际，心中无限感慨。回想博士生涯，一路走来，苦甜相融的学业生活，历历在目；畏惧退缩的生活态度，常常相伴；亲人朋友无私伟大的关心帮助，记忆犹新。在此，谨向所有给予我关心和帮助的人表示最衷心的感谢！

首先，诚挚地感谢我的恩师——毕克新教授。在我四年的求学过程中，毕克新教授无私地帮助我，使我在各方面都得到了很大的提高。同时，毕克新教授的严谨、勤奋、渊博、开拓、敬业、真诚、宽容等品格给我留下了深刻印象，其勤奋刻苦的钻研精神和严谨的治学态度给我树立了榜样！

其次，衷心感谢哈尔滨理工大学其他老师在我求学期间对我的支持和帮助，特别感谢王宏起教授、滕春贤教授、綦良群教授、高长元教授、王宇奇教授。他们的鼓励、指导意见和严谨治学的态度对我在读博期间完善知识和形成端正的科研态度有着潜移默化的影响！

此外，哈尔滨工业大学胡运权教授、吉林大学张少杰教授和毕新华教授、哈尔滨工程大学范德成教授和陈恒教授等对本书结构以及相关问题提出了宝贵的建设性意见，在此谨向他们致以深深的谢意！

本书完成的研究内容是作者负责承担的黑龙江省教育厅人文社会科学研究项目（项目编号：1254b007）和哈尔滨商业大学博士科研启动项目（项目编号：13DW021）的部分研究成果，本书的顺利完成得益于上述基金的资助。

特别感谢哈尔滨商业大学金融学院李国义院长、陈敏副院长和温红梅副院长三位领导的长期教诲和帮助！

由衷感谢所有关心和帮助过我的朋友和同学们，特别是孙庆、胡引霞等同学。感谢实验室的师兄、师姐、师弟和师妹们，付睿臣、王艳杰、陈申、孙群英、高瞻、吕健、程蕴娇、李莹、王霄、王筱、杨绍宇、张宁、赵瑞瑞、施芳芳、尹冲、田莹莹、刘克楠、李健、杨淑芳、祁心雨等同学，他们无论是在科研方面还是在学习方面都给予了我很大的帮助。

衷心感谢哈尔滨商业大学金融学院庞海峰教授、田立教授、刘任重副教授、王春宇副教授、仲深副教授、南海龙博士、张晓京博士、张德华博士、窦以新博士等，我在哈尔滨商业大学金融学院工作期间，他们都给予了我很多理解和帮助。

在本书的写作过程中，我还参考了大量国内外同行的相关研究成果，从中得到了许多启示和帮助，在此也向这些成果的完成者们表示衷心的感谢！特别要向那些可能因为疏忽而未被注明的作者深表歉意！

感谢中国财富出版社的谷秀莉编辑在本书出版过程中给予的支持！她的辛勤工作和高度的敬业精神，给了我强有力的帮助。

感谢我的爱人甄志勇，在我写作过程中，给予我全力以赴的精神支持以及生活上无微不至的帮助、包容和体谅！感谢我的父母以及其他家人，他们一直在关注着我的学习与生活，让我感受着亲人的无限温暖！正是他们的支持、鼓励、关心和照顾，使我得以完成书稿。

最后，再次感谢所有关心和帮助我的领导、老师、同事、同学和朋友们！

高　巍

2015 年 6 月